国家出版基金项目
NATIONAL PUBLICATION FOUNDATION

"十三五"国家重点图书

网络信息服务与安全保障研究丛书

丛书主编 胡昌平

国家社会科学基金项目（项目编号：16BTQ063）成果

面向产业链的
跨行业信息服务融合

Cross Industry Information Service Integration for Industrial Chain

■ 胡潜 著

WUHAN UNIVERSITY PRESS
武汉大学出版社

图书在版编目(CIP)数据

面向产业链的跨行业信息服务融合/胡潜著.—武汉:武汉大学出版社,2022.1

"十三五"国家重点图书 国家出版基金项目

网络信息服务与安全保障研究丛书/胡昌平主编

ISBN 978-7-307-22897-9

Ⅰ.面… Ⅱ.胡… Ⅲ.产业链—信息服务—研究 Ⅳ.F263

中国版本图书馆 CIP 数据核字(2022)第 019542 号

责任编辑:程牧原   责任校对:汪欣怡   版式设计:马 佳

出版发行:**武汉大学出版社** (430072 武昌 珞珈山)

　　　　(电子邮箱:cbs22@ whu.edu.cn 网址:www.wdp.com.cn)

印刷:武汉中远印务有限公司

开本:720×1000 1/16 印张:20.25 字数:361 千字 插页:5

版次:2022 年 1 月第 1 版 2022 年 1 月第 1 次印刷

ISBN 978-7-307-22897-9 定价:88.00 元

作者简介

胡潜，博士，毕业于武汉大学信息管理学院，赴美国北得克萨斯大学信息学院访问研究一年。现任华中师范大学信息管理学院教授，博士生导师，研究方向为大数据资源管理与数字信息服务。主持完成国家及部委项目多项，其中国家社会科学基金项目"行业信息资源的协同配置与集成服务研究"结项评审为优秀。在所从事的专业领域发表学术论文40余篇，出版专著、教材4部，获省部级奖2项。

网络信息服务与安全保障研究丛书

主　编：胡昌平

副主编：曾建勋　胡　潜　邓胜利

著　者：胡昌平　贾君枝　曾建勋

　　　　胡　潜　陈　果　曾子明

　　　　胡吉明　严炜炜　林　鑫

　　　　邓胜利　赵雪芹　邰杨芳

　　　　周　知　李　静　胡　媛

　　　　余世英　曹　鹏　万　莉

　　　　查梦娟　吕美娇　梁孟华

　　　　石　宇　李枫林　森维哈

　　　　赵　杨　杨艳妮　仇蓉蓉

总　序

　　"互联网+"背景下的国家创新和社会发展需要充分而完善的信息服务与信息安全保障。云环境下基于大数据和智能技术的信息服务业已成为先导性行业。一方面，从知识创新的社会化推进，到全球化中的创新型国家建设，都需要进行数字网络技术的持续发展和信息服务业务的全面拓展；另一方面，在世界范围内网络安全威胁和风险日益突出。基于此，习近平总书记在重要讲话中指出，"网络安全和信息化是一体之两翼、驱动之双轮，必须统一谋划、统一部署、统一推进、统一实施"。① 鉴于网络信息服务及其带来的科技、经济和社会发展效应，"网络信息服务与安全保障研究丛书"按数字信息服务与网络安全的内在关系，进行大数据智能环境下信息服务组织与安全保障理论研究和实践探索，从信息服务与网络安全整体构架出发，面对理论前沿问题和我国的现实问题，通过数字信息资源平台建设、跨行业服务融合、知识聚合组织和智能化交互，以及云环境下的国家信息安全机制、协同安全保障、大数据安全管控和网络安全治理等专题研究，在基于安全链的数字化信息服务实施中，形成具有反映学科前沿的理论成果和应用成果。

　　云计算和大数据智能技术的发展是数字信息服务与网络安全保障所必须面对的，"互联网+"背景下的大数据应用改变了信息资源存储、组织与开发利用形态，从而提出了网络信息服务组织模式创新的要求。与此同时，云计算和智能交互中的安全问题日益突出，服务稳定性和安全性已成为其中的关键。基于这一现实，本丛书在网络信息服务与安全保障研究中，强调机制体制创新，着重于全球化环境下的网络信息服务与安全保障战略规划、政策制定、体制变革和信息安全与服务融合体系建设。从这一基点出发，网络信息服务与安全保障

---

① 习近平. 习近平谈治国理政[M]. 北京：外文出版社，2017：197-198.

1

作为一个整体，以国家战略和发展需求为导向，在大数据智能技术环境下进行。因此，本丛书的研究旨在服务于国家战略实施和网络信息服务行业发展。

大数据智能环境下的网络信息服务与安全保障研究，在理论上将网络信息服务与安全融为一体，围绕发展战略、组织机制、技术支持和整体化实施进行组织。面向这一重大问题，在国家社会科学基金重大项目"创新型国家的信息服务体制与信息保障体系""云环境下国家数字学术信息资源安全保障体系研究"，以及国家自然科学基金项目、教育部重大课题攻关项目和部委项目研究成果的基础上，以胡昌平教授为责任人的研究团队在进一步深化和拓展应用中，申请并获批国家出版基金资助项目所形成的丛书成果，同时作为国家"十三五"重点图书由武汉大学出版社出版。

"网络信息服务与安全保障丛书"包括 12 部专著：《数字信息服务与网络安全保障一体化组织研究》《国家创新发展中的信息资源服务平台建设》《面向产业链的跨行业信息服务融合》《数字智能背景下的用户信息交互与服务研究》《网络社区知识聚合与服务研究》《公共安全大数据智能化管理与服务》《云环境下国家数字学术信息资源安全保障》《协同构架下网络信息安全全面保障研究》《国家安全体制下的网络化信息服务标准体系建设》《云服务安全风险识别与管理》《信息服务的战略管理与社会监督》《网络信息环境治理与安全的法律保障》。该系列专著围绕网络信息服务与安全保障问题，在战略层面、组织层面、技术层面和实施层面上的研究具有系统性，在内容上形成了一个完整的体系。

本丛书的 12 部专著由项目团队撰写完成，由武汉大学、华中师范大学、中国科学技术信息研究所、中国人民大学、南京理工大学、上海师范大学、湖北大学等高校和研究机构的相关教师及研究人员承担，其著述皆以相应的研究成果为基础，从而保证了理论研究的深度和著作的社会价值。在丛书选题论证和项目申报中，原国家自然科学基金委员会管理科学部主任陈晓田研究员，国家社会科学基金图书馆、情报与文献学学科评审组组长黄长著研究员，武汉大学彭斐章教授、严怡民教授给予了学术研究上的指导，提出了项目申报的意见。丛书项目推进中，贺德方、沈壮海、马费成、倪晓建、赖茂生等教授给予了多方面支持。在丛书编审中，丛书学术委员会的学术指导是丛书按计划出版的重要保证，武汉大学出版社作为出版责任单位，组织了出版基金项目和国家重点图书的论证和申报，为丛书出版提供了全程保障。对于合作单位的人员、学术委员会专家和出版社领导及詹蜜团队的工作，表示深切的感谢。

　　丛书所涉及的问题不仅具有前沿性，而且具有应用拓展的现实性，虽然在专项研究中丛书已较完整地反映了作者团队所承担的包括国家社会科学基金重大项目以及政府和行业应用项目在内的成果，然而对于迅速发展的互联网服务而言，始终存在着研究上的深化和拓展问题。对此，本丛书团队将进行持续性探索和进一步研究。

胡昌平
于武汉大学

前　　言

　　"互联网+"环境下全球产业链的发展和企业知识创新价值链的延伸，提出了与新的产业形态相适应的行业信息服务体系变革问题。从面向企业和产业集群的信息服务组织上看，有必要将行业服务拓展到与本行业关联的产业链中，即实现面向产业链的跨行业信息服务融合，以及基于大数据智能与云计算的数字化协同。对于企业和相关主体而言，可以在"互联网+"服务全面推进中，实现创新发展目标。

　　围绕跨行业信息资源集成和融合服务的实现，我们申请并获准承担国家社会科学基金项目"互联网+背景下面向产业链的行业信息服务融合研究"。在项目实施中，立足于互联网与制造业的结合，根据动态化、智能配置生产要素和资源的要求，从产业链中的企业信息交互和对相关行业的信息融合利用出发，揭示产业链中各行业信息服务的内在关联，进行行业信息服务融合机制和基于产业链的企业创新发展机制研究，立足于大数据智能环境下的技术发展，围绕行业信息资源整合、服务功能融合和面向用户的集成服务实施，构建行业信息服务融合平台，推进基于平台的服务组织。该项目强调理论研究与实证的结合，旨在取得研究成果的同时，推进成果的应用。本书在项目理论成果和应用成果的基础上完成，在探索和实践中进行了对重点问题的提炼，突出了机制问题和面向企业的跨行业信息服务的组织构架与实施路径，同时结合行业发展进行了面向企业的数字化集成服务的拓展。

　　实现面向产业链的行业信息服务融合和基于创新价值链的服务协同推进，是全球化环境下产业链交互延伸中的企业信息服务多元化交互组织的必然趋势。在大数据与智能条件下，面向企业的信息服务协同组织，旨在改变企业信息需求基本依赖于本行业机构的状况，实现基于产业链和创新价值链关系的跨行业信息融合服务保障目标。基于这一认识，本书从产业链信息交互和企业信息需求形态出发，进行行业信息交互需求引动下的服务融合组织研究，在基于

1

平台的服务推进中，同步进行安全保障。本书分为 9 章，内容包括：引论；"互联网+"背景下的行业信息服务及其融合发展；全球产业链中的企业信息需求与跨行业服务融合要求；面向产业链的行业信息服务融合构架与行业协同；跨行业信息服务融合中的资源整合；动态网络环境下行业信息服务融合技术支持体系；跨行业信息融合服务平台建设与实现；面向用户的行业信息服务融合推进；云环境下行业信息服务融合中的安全保障与监管。

本书由胡潜在所主持的国家社会科学基金工作基础上撰写完成。项目组易明、曾刚、万莉所进行的研究为本书撰写提供帮助。

全球化背景下的产业链延伸和创新发展的价值实现，随着大数据技术、云服务、智能技术和网络技术的发展，处于不断变革和发展之中，因此在面向企业的信息服务组织中，需要进行动态环境下的适应性变革，以实现行业信息服务与企业发展的同步。本书所涉及的研究主题，将得到进一步深化。

胡　潜

目　录

1 引 论

　　推动互联网与产业链的深度结合，培育新的产业业态，已成为一种必然趋势。与美国工业互联网、德国工业 4.0 同步，我国"互联网+"行动计划中的产业发展已进入一个新的阶段。在这一背景下，与新产业链业态相适应的行业信息服务变革已成为值得关注的重要问题。从面向企业的行业信息服务组织上看，有必要将行业信息服务拓展到与本行业关联的产业链之中，即实现面向产业链的相关行业信息服务的交互融合。对于企业而言，可以通过行业信息机构的服务融合平台，实现上、中、下游行业信息的全方位利用。

1.1 "互联网+"背景下的行业信息服务融合现状与问题

　　随着互联网的发展，行业信息服务也面临新的变化，科技、经济与社会发展需求以及数字网络技术的进步，使基于信息资源社会化组织的行业信息融合服务得以实现。在这一背景下，拟立足于面向各行业的信息组织与服务构架，进行行业信息服务融合分析，确立围绕现实问题的研究发展目标，在实践中推进研究成果的应用。

1.1.1 研究依据

　　互联网作为产业经济提质、增效的新引擎，正改变着各行业企业的运行方式和产业链关系。在这一背景下，存在行业信息服务组织形态与机制变革问题，其中行业信息服务融合已成为值得关注的重要课题。基于此，本研究在梳理国内外研究成果的基础上，立足于"互联网+"推进中的产业业态变化，针对产业链中的行业信息关联与交互服务需求，从信息形态、组织机制和服务实施角度展开研究。

实现面向产业链的行业信息服务融合，是行业信息资源整合和集成在新环境下的发展需求。解决产业链交互延伸中的行业信息服务多元交互组织问题，旨在改变企业信息需求基本上依赖于本行业机构的服务现状，实现基于产业链关系的行业信息融合保障。基于这一认识，本项目准备围绕产业链信息交互需求形态和行业信息交互需求引动下的服务融合组织展开研究，在基于融合平台的服务推进中，同步进行安全保障。

1.1.2 研究目标和研究价值

本研究的理论目标：揭示"互联网+"背景下产业链中企业信息形态变革的客观规律和内在机制，进行产业链信息需求结构的理论描述，构建企业信息交互需求模型；从信息分布结构、内容结构和利用结构层面进行行业信息服务融合构架，取得面向产业链的行业信息服务融合理论成果。其研究是面向用户的信息组织与服务集成的理论发展，在产业链企业需求引动下的行业信息服务融合中，进行行业信息服务面向企业的协同机制研究，明确协同基础上的服务融合构架，在融合模型及其应用中取得进展。

本研究具有很强的实践性，理论模型的构建需要在面向产业链的服务融合中进行实现。根据信息服务融合与产业链信息化的关系，本研究进行行业信息服务融合平台架构，以互联网技术环境为依托，开展针对具体问题的应用研究。项目应用研究目标的实现是，在目前行业信息资源协同配置、服务共享、数据库互用和行业云的基础上，实现从信息来源层面的内容融合、系统功能融合，向全方位服务融合层面的深化，取得应用于产业链的行业信息服务融合应用成果。

本研究的价值主要体现在以下两个方面：

①学术价值。本研究从产业链所依赖的互联网信息环境和服务组织出发，构建基于信息关联的行业信息服务融合平台，实现行业信息机构面向产业链的全方位服务融合目标；研究的理论意义不仅体现在信息服务协同基础上的融合组织理论创新，而且在于解决行业信息机构面向集群企业的服务拓展问题。从面向现实问题的研究构架上看，这是面向用户的信息集成服务的进一步发展。由于问题具有普遍性，围绕跨行业信息融合服务所进行的研究，在信息管理学科的理论发展中具有重要性。

②应用价值。项目研究直接关系到面向企业用户的行业信息服务组织、产业链创新发展和信息服务业务拓展。"互联网+"背景下所进行的产业链信息形态演化、信息服务融合机制和服务融合组织研究，对于行业信息服务规划、信

息资源组织和服务推进具有现实意义。鉴于解决现实问题的重要性，"互联网+"背景下的行业信息服务融合研究，对于行业信息服务面向产业链的发展具有重要的实际应用价值，其成果拟应用于基于产业链的行业信息服务融合平台建设与服务的开展。

1.1.3　研究所解决的主要问题

一是"互联网+"背景下行业信息服务变革与跨行业融合发展问题。目前的行业信息机构的服务对象限于本行业企业和相关组织，这种服务模式可归纳为行业系统模式。"互联网+"背景下的产业链交互延伸致使行业之间的关联度不断提高，由此提出了行业信息服务多元交叉和融合问题。对这一问题的研究是实现面向产业链的跨行业信息服务融合的关键。在研究中，进行了基于网络数据的产业链信息需求分析，揭示了产业链企业信息利用形态的变革和信息需求的关联机制，明确了互联网与产业深度结合中的企业融合服务需求结构；从面向需求的服务组织出发，进行行业信息服务基于产业链关系的融合构架。

二是在实证研究和实证基础上的应用拓展问题。实践基础上的应用拓展研究是研究成果应用中的一个重要环节，在这一环节中，着重于面向产业链的行业信息服务融合案例分析，进行面向研发、生产、销售和使用环节的信息服务平台构架，以此出发实现关联行业信息机构的服务融合。由于涉及多个行业信息机构和企业，其研究具有组织实施和技术实现上的难度。同时，以实证为基础的成果应用必须考虑不同产业链的差异，因此必须通过产业链对信息服务融合模型的适应性分析，提出相应的有针对性的对策。这方面的研究具有复杂性，其中的细化研究是本项目必须面对的。

1.2　国内外相关研究情况

在行业信息服务组织和面向企业的研究发展中，国内外相关研究主要集中在产业链中的企业信息关联、行业信息服务组织、信息交互利用和服务集成与融合实现等方面。本研究项目2016年立项并实施，在国内外相关研究和项目前期探索的基础上进行了面向产业链的行业信息服务融合研究构架。

1.2.1　国内外相关研究

2006年，John Caron H等从行业信息组织出发，进行了行业间信息交互关

3

系研究，在明确面向产业链的资源整合中，确立了行业信息的跨系统协同开发构架。2007 年，Bell G G 等在信息化发展中，研究了产业链上、中、下游企业间的信息流动和交互网络的形成，强调了跨行业信息交流的重要性。① 2008 年，Bernstein P A 和 Haas L M 分析了行业信息集成需求结构，认为面向企业的行业信息资源整合需要在信息—数据工具集层面上，进行跨行业的数据交流与共享，由此提供了跨行业数据存储、处理和转换融合问题。② 2009 年，Arvanitis S 研究了集群企业与相互关联的研究机构和行业组织的关系，提出了基于集群产业链和价值链关系的跨行业系统服务集成组织对策。2012 年，Halbert L 提出了企业的协作关系构建问题，针对法国巴黎地区数字产业组织的协同发展需要，进行了行业信息关联网络建设研究。③ 2012 年，Patel A 等对敏捷开放方法、基于构件的软件工程、面向对象的软件开发和 Mashups 技术进行了简要而清晰的回顾，归纳总结了它们的特征和优缺点，生成了概念性思维导图，为协助制定和设计新的服务融合开发方法奠定了基础，并提出通过构建跨系统信息服务融合平台满足用户提供综合性服务需求。④ 2013 年，Casanueva C 等指出，企业在产业链网络中的位置与企业的产品创新和市场发展直接相关，为了提高企业的创新绩效，必须实现面向企业的信息集成和信息服务向企业业务流程的嵌入。⑤ 2013 年，胡昌平等分析了产业链中的跨行业信息需求，提出了通过跨行业、跨系统的信息资源整合来服务于产业链的协同信息服务体系的组建策略，构建了面向我国工业体系中的行业集成服务平台的整体框架，分析了湖北省信息资源整合平台建设的进展，提出针对湖北省战略

① Bell G G, Zaheer A. Geography, Networks, and Knowledge Flow［J］. Organization Science, 2007, 18(6): 955-972.

② Bernstein P A, Haas L M. Information Integration in the Enterprise［J］. Communications of the ACM, 2008, 51(9): 72-79.

③ Halbert L. Collaborative and Collective: Reflexive Co-ordination and the Dynamics of Open Innovation in the Digital Industry Clusters of the Paris Region［J］. Urban Studies, 2012, 49 (11): 2357-2376.

④ Patel A, Seyfi A, Taghavi M, et al. A Comparative Study of Agile, Component-based, Aspect-oriented and Mash up Software Development Methods［J］. Technical Gazete, 2012, 19 (1): 175-189.

⑤ Casanueva C, Castro I, Galan J L. Information Networks and Innovation in Mature Industrial Clusters［J］. Journal of Business Research, 2013, 66(5): 603-613.

性新兴产业的信息服务体系的平台架构。① 2014 年，Johnston R 等对企业的网络交互行为进行了分析，从中展示了行业信息交互利用关系。2014 年，Hsu P F 等采用技术—组织—环境（TOE）关联模型对 200 家企业进行了采用行业云计算服务的机制分析，展示了行业信息服务在企业开放环境下的融合发展趋势。② 2015 年，张公一等分析了面向产业集群的信息资源集成服务平台的构建原则和构成要素，设计了平台内各要素的相互合作模式，并在此基础上研究平台的架构与运行机制，研究结果表明产业集群中的政府、企业、高校和科研机构的合作是信息集成服务平台建设成功的首要条件，平台层次性对实现信息资源的标准化至关重要。③ 2017 年，严炜炜等针对科研协同技术创新信息服务需求，根据面向技术创新资讯整合服务、专利与标准服务、参考咨询服务和项目协同管理服务四个方面的信息服务融合对象，构建了面向科研协同的跨系统技术创新信息服务融合平台，服务于多元创新主体协同参与技术创新活动的需要。④ 这些研究围绕现实问题进行，同时提出了新的研究发展课题。

在信息服务融合的技术实现研究中，2010 年，Hoyer V 等研究了不同行业信息资源的协同利用关系，从信息组织与服务角度构建了一种分布资源协同配置框架，实现了系统间的服务调用。⑤ 2012 年，Fujiwara I 等提出了一种基于信息交互的多元处理模型，在交互基础上，多种服务资源得以综合利用。⑥ 针对行业信息服务融合技术实现过程中需要跨领域知识，2013 年，Bianchini D 等人提出了利用支持关联数据协作的 LINKSMAN 方法来整合行业内外部知识，

---

① 胡昌平，张晶. 面向产业链的跨行业信息服务协同组织[J]. 情报杂志，2013，32（4）：166-170，182.

② Hsu P F, Ray S, Li-Hsieh Y Y. Examining Cloud Computing Adoption Intention, Pricing Mechanism, and Deployment [J]. International Journal of Information Management, 2014, 34(4)：474-488.

③ 张公一，郗玉娟，李渝. 面向产业集群的信息资源集成服务平台功能设计[J]. 图书情报工作，2015，59(23)：130-136.

④ 严炜炜，张敏. 面向科研协同的跨系统技术创新信息服务融合平台构建[J]. 科技进步与对策，2017，34(2)：32-37

⑤ Hoyer V, Stanoevska-Slabeva K, Vom Brocke J. On the Contribution of Reference Modeling for Organizing Enterprise Mashup Evironments [C]//Business Process Management Workshops, 2010：695-706.

⑥ Fujiwara I, Aida K, Ono I. Combinatorial Auction-based Marketplace Mechanism for Cloud Service Reservation[J]. Ieice Transactions on Information and Systems, 2012, 95(1)：192-204.

以满足日益增长的 Web API 访问的软件组件目录的 Web 应用程序融合开发需求，并展示了如何在此关联数据集上形式化和实现融合开发人员之间典型的协作模式，描述了原型应用程序。① 2014 年，Choi C R 和 Jeong H Y 研究了面向用户的服务选择和利用问题，构建了基于云交互平台的服务融合标准化管理概念模型。② 2015 年，Smirnov A 等进行了基于情景的知识融合模式研究，提出了简单融合、扩展融合、适应融合的技术构架，通过仿真进行了技术模型的应用探索。③ Wang，Han 等针对用于特定情境和临时业务问题的数据服务融合开发无法提前确定融合计划时缺少基于上下文的相关帮助这一问题，提出了一种通过挖掘历史日志和匹配输入/输出参数来分析数据服务与数据流模式之间关系的方法，将数据融合计划转换为混合图，并在其上应用基于图的子结构模式挖掘(gSpan)算法的框架，提供交互式融合模式和目标数据服务推荐。④ Huang 等人针对服务融合组件之间连接复杂且困难的问题，从数据驱动角度用通用的分层图模型对融合组件之间的关系进行建模，允许开发人员选择一些初始组件作为起点，并导航到潜在相关的融合组件来帮助开发人员选择相关的融合应用程序。⑤ 2016 年，Deng，Wu 等针对融合服务的创建过程，提出了一种用于服务融合创建的遗传算法(GA4MC)，通过选择服务融合组件和部署平台，以创建具有最佳性价比的服务融合，实验结果显示 GA4MC 方法可实现接近最佳性能的服务融合，且随着实验规模的增加，具有良好的可扩展性。⑥ 2018 年，

① Bianchini D, De Antonellis V, Melchiori M. A Linked Data Perspective for Collaboration in Mashup Development[C]//2013 24th International Workshop on Database and Expert Systems Applications, Los Alamitos, CA, 2013：128-132.

② Choi C R, Jeong H Y. Quality Evaluation and Best Service Choice for Cloud Computing Based on User Preference and Weights of Attributes Using the Analytic Network Process[J]. Electronic Commerce Research, 2014, 14(3)：245-270.

③ Smirnov A, Levashova T, Shilov N. Patterns for Context-based Knowledge Fusion in Decision Support Systems[J]. Information Fusion, 2015(21)：114-129.

④ Wang G, Han Y, Zhang Z, Zhang S. A Dataflow-pattern-based Recommendation Framework for Data Service Mashup[J]. IEEE Transactions on Services Computing, 2015, 8(6)：889-902.

⑤ Huang G, Ma Y, Liu X, Luo Y, Lu X, Blake M B. Model-based Automated Navigation and Composition of Complex Service Mashups[J]. IEEE Transactions on Services Computing, 2015, 8(3)：494-506.

⑥ Deng S, Wu H, Taheri J, Zomaya A Y, Wu Z. Cost Performance Driven Service Mashup：A Developer Perspective[J]. IEEE Transactions on Parallel and Distributed Systems, 2018, 27(8)：2234-2247.

针对云服务融合中的风险与信任问题，Cayirci E 等提出了联合信任和风险模型，基于云服务提供商的服务性能表现历史，依靠可信赖的第三方来收集信任数据，通过概率分布和静态随机模拟解决性能表现的不确定性问题，在云中进行连续的风险监控。[①] 2020 年，Malki A 等人针对信息服务融合中信息检索返回结果的相关性排序问题，在 top-k 查询模型的基础之上，基于 Web 数据 API 绑定探针和索引探针两种访问方式分别提出了对应算法，可优化对数据融合前 k 个查询的相关性评估。[②] 已取得的成果主要集中在信息资源协同组织和信息层面的融合架构上。

在工业与信息化融合推进和行业信息服务发展中，国内围绕行业信息组织和服务方面的近期成果，如 2003 年朱英明分析了产业链中集群行业间的交互关系，提出了行业信息交互环境构建问题;[③] 2010 年，高长元等从价值关联的角度研究了联盟企业间的交互行为，其中涉及信息网络支持问题;[④] 2013 年，胡昌平在创新型国家的信息服务体系构建研究中，进行了面向企业的跨行业信息服务需求引动分析，建立了需求引动下的行业信息服务协同组织与资源融合模型。[⑤] 针对国家研发信息管理和全球研发趋势分析，Kwon L N 等于 2014 年分析了基于韩国 NTIS 和欧盟 CORDIS 提供的研发信息关联数据进行服务融合的可能性，基于关联数据使用语义 Web 技术进行服务融合，提出了基于本体和推理构建的智能知识信息提取方法和深层次国家研发管理信息服务模型。[⑥] 2016 年，刘建准等对当前现代信息服务业区域发展模式进行剖析，总结了信息服务业区域发展模式存在的主要问题，提出了信息生态理论视角下的信息服务区域发展集成一体化模式的设计框架，提供了一种信息服务产业协同创新发展的融合模式。[⑦] 跨系统信息服务融合因其动态可拓展性，从而能为创

---

① Cayirci E, De Oliveira A S. Modelling Trust and Risk for Cloud Services[J]. Journal of Cloud Computing, 2018, 7(1): 7-14.

② Malki A, Benslimane S M, Malki M. Towards Rank-aware Data Mashups [J]. International Journal of Web Services Research(IJWSR), 2020, 17(4): 1-14.

③ 朱英明. 论产业集群的创新优势[J]. 中国软科学, 2003(7): 107-111.

④ 高长元, 杜鹏. 高技术虚拟产业集群成员企业合作竞争与知识创新关系研究[J]. 管理学报, 2010, 7(2): 212-217.

⑤ 胡昌平, 等. 创新型国家的信息服务与保障体系研究[M]. 北京: 学习出版社, 2013.

⑥ Kwon L N, Choi K S, Kim J S, et al. A Study on Semantic Web Design for Global National R&D Status Analysis[J]. Cluster Computing, 2013, 17(3): 791-804.

⑦ 刘建准, 姜波. 现代信息服务业区域发展集成一体化模式研究——基于信息生态理论视角[J]. 现代情报, 2016, 36(12): 19-23.

新集群发展提高有效的信息服务。2016 年，严炜炜等以武汉光谷的光电子信息产业集群为例，针对光电子信息产业集群的信息服务融合组织方式与嵌入实施途径，分别从知识、技术、创新传播和创新应用层面进行来跨系统信息服务融合设计。① 2016 年，Wang L 等针对遥感信息服务和知识共享不能完全满足遥感用户共享遥感信息服务需求问题，对智能遥感信息服务和知识共享技术进行了研究，利用本体和工作流服务技术，设计并制作了遥感信息服务融合和共享框架系统原型，提供遥感领域的信息共享和智能增值服务。② 2017 年，Wang X V 等开发了一种基于功能块的机制来集成跨系统信息资源，构建了基于云技术集成工业信息资源的信息服务体系结构，并拟应用于 WEEE 再造行业的基于云技术的生产系统，研究表明该系统提供了灵活的信息集成与服务环境。③ 2018 年，Vesyropoulos N 等人针对业务信息的跨系统服务融合，提出了一种利用 BIP 组件框架的方法来降低跨系统融合开发和维护复杂的成本，使 BIP 引擎能够处理增值服务的业务流程并监控所请求的属性，提供与 BIP 语义相符合的复合应用程序的业务逻辑，帮助企业开发符合要求的融合服务，满足了创新资源整合利用需求，提供了更多个性化服务。④ 国内所进行的行业信息服务组织研究与国外基本同步，且具有面向实际问题的针对性。

在面向用户的信息集成和服务融合研究方面，2008 年，李春旺等认为基于网络的信息服务已进入跨系统平台、跨组织机构的融合发展阶段，在服务组织中进行了信息内容集成研究。⑤ 2009 年，刘芳等从协议规范化出发，探索了基于 UWA 和 W3C 组件的服务跨系统集成标准体系问题。⑥ 2010 年，徐赐

①　严炜炜，张敏. 面向创新集群的跨系统信息服务融合推进——以光电子信息产业为例［J］. 情报理论与实践，2016，39（3）：113-117.

②　Wang L，Xue Y，Guang J. Customization of Remote Sensing Workflow Service Based on Ontology［C］//IEEE International Geoscience and Remote Sensing Symposium（IGARSS），2016.

③　Wang X V，Wang L H. A Cloud-based Production System for Information and Service Integration：An Internet of Things Case Study on Waste Electronics［J］. Enterprise Information Systems，2017（11）：952-968.

④　Vesyropoulos N，Georgiadis C K，Katsaros P. Ensuring Business and Service Requirements in Enterprise Mashups［J］. Information Systems and E-business Management，2018，16（1）：205-242.

⑤　李春旺，肖伟. 集成融汇：概念、模式与应用［J］. 现代图书情报技术，2008（12）：22-26.

⑥　刘芳，李春旺，王昉. Mashup 组件技术研究［J］. 现代图书情报技术，2009（12）：7-11.

军等通过知识元素关系分析进行了知识融合规则研究，根据语义规范提出了基于本体的知识融合组织与服务框架。① 2010 年，孟健等研究了一种基于 REST 协议和语义网技术的数据集成模型，进行了分布式商品信息集成构架。② 2011 年，翟晓娟等利用 Open API 资源结合 SOA 框架，设计了一种集文献信息服务、地图服务等功能于一体的，满足用户个性化定制需求的开放式服务平台。③ 2012 年，严玲对企业信息服务融合模式选择进行了研究，通过组织协同导向下的企业信息交流与行业信息全面保障需求分析，提出了基于需求的模式选择和服务组织原则。④ 2012 年，蒋黎黎等在分布式和多源知识融合研究中，将粒度计算理论应用于知识融合，取得了相应的成果。⑤ 2014 年，张斌、马费成对大数据环境下的信息资源服务创新问题进行了综合分析，提出了基于内容聚合的服务集成发展策略。⑥ 2014 年，王桂玲等针对特定环境下用户自发的、难以预知的需求，提出了一个用户主导的情景数据集成应用构造环境 DSS，它以数据服务作为网络信息资源的统一抽象形式，支持普通用户交互式的网页资源个性化服务封装，DSS 支持当前常见的网络信息资源，并将 Spreadsheet 和嵌套关系模型相结合，以支持用户进行数据服务的组合。⑦ 2015 年，严炜炜等对面向创新集群的跨系统信息服务融合需求进行了案例分析，其中涉及企业集群中的产业链关系和面向产业集群的服务推进问题。⑧ 2016 年，Yan，Deng 等研究了影响数字图书馆中信息服务融合的采用意图的因素，采用

① 徐赐军，李爱平. 基于本体的融合知识测度分析[J]. 控制与决策，2014，29(9)：1649-1654.

② 孟健，张李义. 一种基于 REST 服务和 Mashup 的分布式商品信息集成模型[J]. 现代图书情报技术，2010(1)：15-21.

③ 翟晓娟. 运用 SOA 构建促进复用的图书馆采访微服务模型[J]. 情报资料工作，2011，32(1)：55-60.

④ 严玲. 组织协同导向下的企业信息服务融合模式选择[J]. 情报科学，2012，30(10)：1497-1501.

⑤ 蒋黎黎，梁坤，叶爽. 基于粒度计算理论的知识融合模型研究[J]. 计算机应用研究，2012(10)：3698-3700.

⑥ 张斌，马费成. 大数据环境下数字信息资源服务创新[J]. 情报理论与实践，2014，37(6)：28-33.

⑦ 王桂玲，曹波，张赛，耿美珍，张峰. 一个用户主导的情景数据集成应用构造环境[J]. 计算机科学，2014，41(9)：96-100.

⑧ 严炜炜，胡昌平. 面向创新集群的跨系统信息服务融合需求与推进研究[J]. 情报资料工作，2015，36(3)：63-67.

信息服务融合理论，开发了基于技术接受模型（TAM）的度量模型的结构化问卷，调研了数字图书馆信息服务融合的优势以及每种结构的 Likert 评估，研究结果表明除了感知的有用性和易用性之外，感知的集成和风险都直接影响用户采用信息服务融合的意图。① 2016 年，Mayer S 等提出了一种服务融合系统，利用嵌入式语义 API 描述来动态创建满足用户目标的融合服务，通过将语义元数据和推理与可视化建模工具相结合，为最终用户实现了目标驱动的智能环境配置，系统的可应用于智能家居管理和工业自动化或医疗保健领域的智能环境配置。② 2020 年，Zhang F 等针对在可持续服务融合过程中，推荐与用户的偏好、位置、时间和 QoS 无关并且无法准确表达和可持续融合的问题，提出了一种结合了融合服务相似性和服务参数相关性的即时 Web 服务推荐方法，研究结果显示该方法比现有技术更适用于可持续融合服务的即时服务组织。③从总体上看，信息集成服务方面的研究进展直接关系到行业信息服务组织。

1.2.2　研究起点和目的

面向各行业用户的信息服务已从信息资源层面的共享，向内容层面的集成与融合方向发展。各行业企业间的信息交互与网络关联，决定了基于信息内容层面的跨行业服务融合需求结构。国内外相关研究表明，产业链中企业运行所需要的信息已不再局限于行业内，更多地来自产业链中的相关行业。与此相关的研究成果，一是从不同角度进行的行业资源配置、信息集成和服务交互研究；二是更广范围的多源信息集成构架、信息融合模型和技术实现研究。然而，对于"互联网+"背景下面向产业链的信息服务融合，缺乏研究上的深化和可资利用的专门成果，其研究处于分散状态。本项目拟在国内外研究的基础上展开，取得面向产业链的跨行业信息服务融合理论与应用成果。

本书的研究对象是行业信息机构的信息服务，研究的核心内容是行业信息机构在"互联网+"推进中面向产业链的服务融合问题。立足于"互联网+"背景

---

① Yan W W, Deng S L, Zhang Y. Factors Influencing the Intention to Use Information Service Mashups: An Empirical Study of Digital Libraries in China[J]. Electronic Library, 2016, 34(4): 696-716.

② Mayer S, Verborgh R, Kovatsch M, Mattern F. Smart Configuration of Smart Environments[J]. IEEE Transactions on Automation Science and Engineering, 2016, 13(3): 1247-1255.

③ Zhang F, Chen B, Liu C. Web Service Instant Recommendation for Sustainable Service Mashup[J]. Sustainability, 2020, 12(20): 8563.

下的产业链业态，按产业链结构属性和价值属性，从上、中、下游产品结构关系和价值链关系出发，分析产业链中的企业信息交互与跨行业部门的服务需求；根据需求导向的信息服务组织理论，研究面向产业链的行业信息服务融合机制；在服务融合构架的基础上，进行行业信息服务融合平台构建；通过实证进行面向产业链的行业信息服务融合组织和服务融合中的权益保护与安全保障实现研究，取得行业信息服务融合理论与应用成果。

1.3　研究思路与框架

本书研究在国内外专题调研及进展研究的基础上，梳理相关成果，进行面向理论问题和现实问题的研究架构；按拟解决的理论与应用问题，进行行业信息服务融合机制研究和服务融合平台构建，同步进行组织实现研究；以此出发实现理论创新和应用拓展目标。本项目研究路线的确立强调规范研究、逻辑演绎与实证研究结合，通过阶段性成果的应用深化研究内容，按问题梳理—调查分析—理论研究—应用拓展—提炼成果的思路进行。

1.3.1　研究思路

我国"互联网+"行动计划实施中，互联网与制造业的结合，需要灵活、智能地配置生产要素，实现产业链的延伸和基于网络的行业协同发展。在这一背景下，本项目从产业链中的企业信息交互和对相关行业信息的融合利用出发，揭示产业链中各行业信息服务的内在关联关系。在此基础上，进行行业信息服务融合机制和基于产业链关系的服务融合模型研究；立足于互联网环境下的技术发展，围绕服务资源融合、服务功能融合和用户交互融合的实现，构建行业信息服务融合平台，推进基于平台的服务组织。本书强调理论研究与实证相结合，旨在取得理论创新成果的同时，推进成果的应用。

1.3.2　研究框架

项目研究框架如图 1-1 所示。本研究在互联网服务面向行业的深层发展中展开，立足于现实问题的解决，进行融合服务理论、行业融合信息服务平台模型和面向产业发展的服务组织的研究，包括以下五个方面的内容：

①产业链中的企业信息交互与服务融合需求分析。"互联网+"背景下，产业链中的企业上、下游交融关系决定了信息的交互利用。企业信息交互与服务

融合需求分析内容，包括产业链中的企业信息交互形态与信息流机制、基于互联网的行业关联和产业链中的企业信息需求结构。以此出发，进行关联行业企业的信息交互分析，从而明确面向集成化信息需求的行业服务融合要求。

②企业融合需求引动下的行业信息服务机制研究。面向企业需求进行服务组织，是行业信息服务融合的基本出发点。企业信息交互与融合需求引动下的行业信息服务机制研究内容，包括企业交互信息需求形态对服务融合的影响、服务融合需求与"互联网+"环境的关系、行业信息服务融合的动力机制、行业信息服务融合的层次演化。

③"互联网+"背景下跨行业信息融合服务平台构建。"互联网+"背景下的行业信息服务必须适应本行业企业基于产业链延伸的发展需要，同时拓展面向上下游企业的服务，这就需要构建跨行业的信息融合服务平台。研究内容包括跨行业信息融合服务平台的目标选择与定位、"互联网+"环境下跨行业信息融合服务平台协同建设模型、跨行业信息融合服务平台的技术架构和功能实现。

④基于平台的行业信息服务融合组织。行业信息服务融合是一种基于平台的融合，通过融合平台，产业链中的关联企业实现基于信息资源共享的数据挖掘和聚合利用。服务组织研究包括产业链中的行业多源数据集成服务、基于平台的服务功能组合、基于产业链关系的融合服务接口，以及行业信息服务融合平台安全和用户安全保障。

⑤面向产业链的行业信息服务融合实证研究。面向产业链的行业信息服务融合研究，最重要的环节是进行服务融合的组织与实现，旨在通过实证，完善理论模型和技术实现机制。研究拟选择新能源汽车产业链，进行关联行业信息服务融合实证；实证研究中，确立以龙头行业为依托的跨行业信息服务融合平台构架和建设，实现基于平台的信息服务和安全保障的同步。

目前的行业信息机构的服务对象基本上限于本行业企业和相关组织，这种服务模式可归纳为行业系统模式。"互联网+"背景下的产业链交互延伸致使行业之间的关联度不断提高，由此提出了行业信息服务多元交叉和融合问题。对这一问题的研究是实现面向产业链的行业信息服务融合的关键。在研究中，进行基于网络数据的产业链信息需求分析，揭示产业链企业信息利用形态的变革和信息需求的关联机制，明确互联网与产业深度结合中的企业融合服务需求结构；从面向需求的服务组织出发，进行行业信息服务基于产业链关系的融合构架。

本项研究的创新主要在以下两个方面：

①面向产业链的跨行业信息服务融合研究，在理论上将行业信息集成共享的固有模式，变革为面向产业链的行业信息服务交互融合模式，从而形成基于

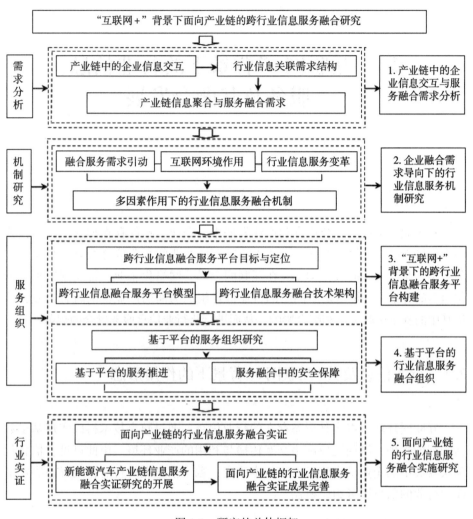

图 1-1 研究的总体框架

融合平台的行业间信息服务的互用关系。项目根据产业链关联关系所构建的跨行业信息服务融合体系和平台，适应了产业集群化发展和新的产业链业态下的企业发展需要。

②行业信息服务融合必然会引发新的信息安全问题，本项研究将行业信息服务组织与行业信息安全保障作为一个整体对待。在面向产业链的行业信息服务融合推进中，建立相对完善的服务安全体系，相关研究有利于改变二者分离的局面，从而适应了行业信息服务与行业信息安全保障一体化的发展需要。

2 "互联网+"背景下的行业信息服务及其融合发展

在工业与信息化融合推进和产业发展中，企业信息的存在形式、交互方式和作用机制已发生深刻变化，由此决定了面向企业的行业信息服务的组织模式和基于产业链关系的服务构架。在互联网金融、网络化企业、智能制造和全球化运营的背景下，拟从基于网络的行业信息组织与面向产业链的融合出发，分析其中的基本关联关系和综合影响，从而进行跨行业信息服务融合的规范。

2.1 行业信息及其"互联网+"背景下的作用形态

互联网环境下以多种形态存在的行业信息，通过数字技术得以实现基于数据的智能管理，继而适应网络交互传播与利用的产业环境。由此可见，信息化深层发展中的企业信息流已发生根本改变，数字信息流的行业作用形态决定了面向行业的信息服务组织机制。

2.1.1 行业信息及其存在形式

"互联网+"背景下的企业发展中，信息技术的进步和行业信息网络的交互利用，深刻地改变着行业信息资源的分布、组织和开发环境。行业网络信息服务以其巨大的优势和潜力，日益成为面向企业的信息服务的主流形式。同时，"互联网+"背景下的信息服务不再仅限于面向行业内企业提供特定的信息服务，产业链的全球化发展和企业的跨行业信息需求拓展，对传统的部门信息服务模式提出了开放化和融合组织的要求，从而加速了企业信息需求社会化的进程，[1] 由

---

① 胡昌平，等. 信息服务与用户[M]. 武汉：武汉大学出版社，2014：227.

此决定了"互联网+"背景下行业信息资源组织与服务的融合模式。

行业信息是社会的重要资源和财富,是科学技术、经济和社会发展不可缺少的基础性资源和前提性要素,也是行业信息服务的基础。随着"互联网+"的推进,有效地利用企业信息资源已成为推动行业经济发展的重要基础。在当今的国际竞争与合作中,行业信息资源已成为企业关注的重要资源。21世纪,全球化的信息资源开发和利用因此而成为行业信息服务组织所必须面对的问题。从总体上看,行业信息服务以行业信息生产、内容组织和开发利用为核心展开,其网络化信息服务在信息的跨行业交互中具有不可替代的作用。

"互联网+"背景下的行业信息资源结构与分布已发生根本性变化,产业链中的各行业信息的无序存在和多种载体形式的交互造成了跨行业信息利用障碍。与此同时,互联网信息作为行业信息的重要组成部分,分布式数据库存在着有效信息量有限、信息内容加工深度不够、资源来源分散等方面的缺陷。对于企业而言,存在着信息量快速增长和获取、利用不足之间的矛盾。这说明,行业网络信息的无序扩张已超出人们的想象。企业用户通过行业信息网所获取的信息,从内容上看往往是一种表层信息,需要进一步的挖掘和加工。与此同时,由于企业创新发展中的知识信息不可能限于某一个行业,而需要进行跨行业信息面向应用的集成。从这一现实问题出发,互联网环境变化和企业运行关系与产业链结构的改变,决定了跨行业信息资源融合组织导向。对于行业信息服务而言,在跨行业信息资源共享的基础上进行集成信息的深层次加工,目的在于针对企业用户的特定需求进行跨行业信息资源有效开发,以消除行业网络信息资源结构与企业信息需求结构间的差异;同时在行业网络信息服务组织上进行变革,从总体上使行业信息服务与行业信息存在、组织与利用形态相一致。

在全球网络发展和产业链延伸的背景下,以网络信息组织与开发为基础的行业信息服务对全球环境下的产业发展具有关键作用。在行业信息网络服务组织中,信息服务提供者已不再限于本行业,而需要跨行业的服务共同体来充当。作为信息服务需求者的企业和相关用户,应具有更广的信息交互关系;行业信息服务的组织则需要以此出发,进行信息服务面向跨系统用户的拓展;对于行业网络信息服务支持而言,则需要强化基础设施的协同利用和行业网络平台建设。

从行业信息服务实现上看,跨行业网络信息服务不仅需要信息资源组织上的协同,而且需要基于网络的行业交互。大数据与智能化环境下,基于分布式资源网络的服务协同实现,需要理顺各方面关系,实现面向产业链的公用云服务中心建设发展目标,在智能化推进中实现面向企业的服务嵌入。①

对于行业中的企业用户而言,出于"互联网+"背景下的运营需要,在其产业活动环节中需要使用相应的服务。与传统的信息服务需求相比,企业运行中信息的存在形态和作用形态决定了服务的组织与利用。"互联网+"背景下企业运行依托于互联网进行,一是基于互联网的研发、生产、市场经营和商务活动,包括智能制造、技术创新和运营中的智能支持与数据嵌入;二是基于网络的行业信息获取、组织、交流与利用,即行业活动中的信息资源保障。这两个方面的信息流具有相同的机制,分别依托于网络系统、软件技术和行业机构进行保障。

需要指出的是,"互联网+"发展过程中,企业用户的信息需求形态已发生根本变化,在信息资源的利用上,文本形式的信息已不能满足企业最基本的信息需求,无论是产品研发、产业链活动,还是市场运行和管理,都需要互联基础上的数据获取、挖掘、嵌入和利用。这种载体形式上的变化在更深层次上决定了行业信息服务组织和资源加工上的形态改变,与此相适应的数字化信息技术的深层利用已成为发展主流。在面向用户的服务中,单一的对象服务形式向多元交互服务形式的转变已成必然。从行业信息服务架构形式上看,跨行业系统的服务融合需要解决的是整体性问题。

2.1.2　企业运行中的信息流与信息资源保障

企业与行业组织的运行与创新发展机制决定了产业链中的信息流模式,体现了行业信息资源对于企业运行与发展的基本支撑作用,而信息流的跨行业作用最终提出了创新行业信息服务的要求。

按通常的表述,我们可以将广义的生产活动区分为生产、科学研究和其他活动。企业运行和发展中,不仅需要一定的资本投入、物质资源保障和技术支持,同时还需要相应的信息投入和保证。随着信息化的深层发展,企业对信息资源的依赖程度不断提升。全球化和互联网环境下,其保障已成为企业创新发展的基石。

如图 2-1 所示,企业运行中的物质、能源和信息的利用是以其组织、流通为前提的,即支撑物质、能源和信息利用的是物质、能量流(统称为物流)和信息流,其中,信息流起着联系、导向和调控作用。通过企业信息流,物质、

————————

①　刘捷先,张晨. 公共服务平台下虚拟联盟成员选择机制及联盟企业间协同制造问题研究[J]. 中国管理科学,2020,28(2):126-135.

能源得以被充分开发利用，企业技术成果得以转化为应用。另外，伴随着物质、能源和信息交换而形成的资金流反映了社会各部分及其成员的分配关系和经济关系。由此可见，物流和信息流正是在社会经济与分配体制的综合作用下形成的。

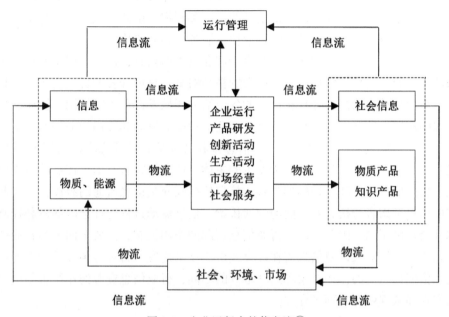

图 2-1 企业运行中的信息流①

在产业链中，信息流即产业链各方主体交互和进行生产经营活动中的信息流动。就流向和流动机制而言，信息流不仅反映了产业运行中的各种交互关系和产业链活动状况，而且支撑着企业知识创新、产品研发、供应链组织、市场经营和战略发展全过程，直接关系到产业运营目标的实现。从效率和效益上看，信息的无障碍和适时交互流动，是企业高效发展的重要保障。信息化发展环境中，其数字信息流作为企业信息化水准的重要构成方面而存在。从社会运行和发展来看，效益直接体现在网络化数字信息流之中。信息流作为知识传播、资源增值和资本积累的必然产物，伴随着一系列复杂的社会活动而产生，不仅反映了社会运行状况，而且维持着产业链的协同运行关系。

---

① 胡昌平，等. 信息服务与用户[M]. 武汉：武汉大学出版社，2014：24.

在生产活动中，只有充分利用现有的知识、掌握最新信息，才可能生产出具有创造性的新成果和新知识。这说明信息流是知识生产的主流，随着企业经营环境的变化、技术的发展、产品的多样化、市场的加速和企业应用技术开发周期的缩短而加速，由此对基于产业链的行业信息服务提出了新的变革要求。包括生产企业，科学研究机构，商业、金融、文化等部门在内的社会组织，在各自的社会活动中都存在内外部信息的流动和利用，由此构成了纵横交错的社会信息流，决定了基于信息流的行业信息服务内容与结构。

对于企业生产、经营而言，产生于产业链中的信息，汇集而成企业可利用的信息资源。信息资源作为人类社会的精神财富，是可开发的智力资源，它具有一系列的社会功能，并且在社会的各个活动领域发挥着关键作用。行业信息资源的作用、功能发挥，是以信息在产业活动中的流动和传递为前提的。企业信息流动由信息生产者(发出者)、信息接收者和信息传播媒介(传播通道)构成。信息生产者是信息流通行为发生的主体；信息接收者是信息传播的接收对象，也是信息用户和活动的参与者；信息传播媒介是信息流通的载体，是产业链中信息发出者与接收者之间的沟通桥梁。信息流动过程受社会内部机制控制和社会环境制约。因此，研究行业信息资源的作用机制，需要全面考察产业链信息流的作用对象以及信息流在社会经济、技术研发、管理等各类活动中的运动。依据信息流的作用对象和运动范围的不同，行业信息资源的作用机制可以从宏观和微观两个方面来建立。

2.1.3 网络环境下基于产业链的跨行业信息服务协同与融合

"互联网+"背景下的企业运行与创新发展中，其产业活动建立在国家创新价值链上。随着经济全球化发展，产业链逐渐从国内延伸到国际，形成了面向创新国际化的开放价值链。由于企业的信息需求结构和服务运作方式的变化，对行业信息服务体系提出了变革要求。在这一背景下，应依据企业创新价值链的运作机制，推进与"互联网+"环境相适应的行业信息服务体系变革和重构。

网络环境下基于产业链的行业信息服务，面向具有关联关系的产业链企业进行组织，其中在价值实现环节所形成的价值链具有关键性意义。从价值实现关系和企业知识创新内容上看，涉及高等学校、科研机构与企业协同组织的技术创新与产品研发，同时包括产品生产及市场营销诸环节。在企业创新中，创新活动的价值属性和价值实现关系决定了研究机构、关联企业和产业市场部门的融合。包括研究机构、生产企业、供应链保障和产业市场运营在内的跨行业主体，在共同的价值实现中融为一体。其中产业链中的各行业企业不仅需要按运营目标组织业务开展，而且需要基于创新价值链和产业链的跨行业协作。基于这一关系，企业价值链可视为一种产业链中相关主体联结而成的创新组织结构，如图 2-2 所示。

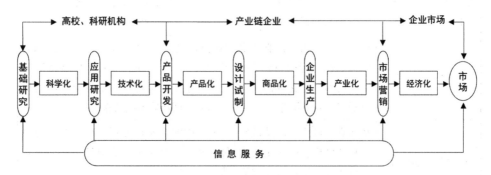

图 2-2　基于产业链的企业创新价值链

从协同运行中的行业关系和创新发展结构上看，产业链中的创新价值实现，在跨行业协作基础上展开，包括具有产业链关系的研发、生产、经营、供应等方面的机构合作或协同，其中的跨行业结构决定了基本的产业链构成。

从产业关系和企业创新价值链的作用上看，产业链协同关系决定了企业知识创新价值的全面实现；从供应关系的上、下游结构上看，无论是技术创新，还是产品研发，都需要在生产、经营中实现企业运营的价值目标，以获取社会经济效益。因此，产业链中的各主体协同与合作关系的确立具有重要性。其中的产业关系和从属的行业结构决定了企业的合作关系和运行结构。同时，基于产业链关系的创新价值链的活动在于协同实现创新经营目标，面向相关企业或机构进行资源配置，从而实现创新运营发展目标。

产业链和创新价值链构建，强调行业分工与系统协同。在产业链价值实现中，不同的业务环节存在不同的价值创造主体。这些主体的跨行业协作有着明确的定位和不同的分工，整体上通过协作推进各行业企业的发展。这说明在价值链节点上，各环节的主体活动都离不开相应的信息服务支撑，在信息保障中需要通过协作进行资源的有效配置，以实现协同发展目标。因此，行业信息服务应针对企业的产业链关系和创新价值链结构进行组织，实现行业信息服务面向价值链的嵌入。这意味着必须根据企业运行和产业链创新环节需求，提供针对性服务，以保证企业运行和创新活动的连续性和有效性。就创新价值链上各环节的具体任务而言，对产业链和创新价值链中的协同运行关系和信息交互可进行基于运营环节的归纳(如表 2-1 所示)。

表 2-1 产业链和创新价值链中的企业协同运行与行业信息交互

基于产业链的企业协同运营环节	基于产业链的协同创新和运营主体	产业链和创新价值链中的行业信息交互
协同知识创新	科学研究机构、行业技术机构、相关企业研究机构、技术产业化部门、合作研究行业组织等	协同知识创新是企业创新发展的基础,基础研究、应用研究和技术发展协同决定了跨系统、跨行业的信息交互利用机制和面向创新价值链的作用形态
技术与产品研发	基础研发机构、产品试验与测试机构、产业化技术交易部门、行业研究发展中心等	产业链中的企业作为行业信息服务的主体,基于产业链关系的信息交互形态和协作运行模式决定了跨行业信息需求与服务融合形态
企业供应链活动	产业链中的上下游企业、供应链机构、具有协作关系的合作企业等	处于产业链中的企业具有明确的上下关系,从物流形态上看,需要进行企业间的信息交互利用,同时在行业层面进行供应链信息保障
企业生产组织协同	企业内各部门组织,包括研发部门、物资保障部门、生产组织、产品经营与服务部门等	"互联网+"背景下的企业生产正处于向智能制造的转变之中,基于产品生产与研发关系的信息嵌入具有重要性,对于跨行业的生产组织则需要实行全程信息保障
市场经营与管理	市场经营部门、代理商、物流管理机构、市场运营与保障部门等	市场经营对各行业企业而言都是不可缺失的,企业经营管理中的信息需求包括各种数据需求和运行管理信息需求,需要相应的专门化服务作支撑

　　企业运行产业链和创新价值链具有必然的内在联系。产业链中的企业所存在的上、下游关系决定了产品生产与经营中的协作运营结构,创新价值链则在更广范围内决定了企业技术创新产品研发和市场拓展。在企业创新发展中,二者的结合直接关系到企业运行的全过程。表 2-1 以此出发,按协同知识创新、技术与产品研发、企业供应链活动、企业生产组织协同和市场经营与管理等环节,进行协作关系和协作组织分析,旨在明确各行业企业和相关部门、机构之

间的关联关系，以及基于产业链和创新价值链的行业信息作用形态。从整体上看，产业链和创新价值链中的行业信息作用可归纳为以下几个方面：

①交互作用形态。基于产业链和创新价值链的企业运行，是产业链中的上、下游企业交互协作以及基础研究、应用研究、试验发展和企业技术与产品研发的有机融合。其中，各方面主体的协同和交互决定了产业链和创新价值链中跨行业、系统和部门的信息流形态，即信息的跨系统、跨部门和跨行业流动方式决定了产业链和创新价值链的存在形式和交互模式。

②全程保障形态。企业生产、经营中的知识创新和供应链活动处于不断变化的环境之中，数字网络的发展和面向企业的服务推进，不仅适应了数字时代制造业发展的需求，而且为智能制造和企业的网络化运营提供了保障，从而使处于分离状态的科技信息服务、网络传播服务、商务信息服务和各行业系统服务转变为面向企业的跨系统、部门和行业的融合服务。在信息的多源融合中，企业知识创新、供应链活动、生产组织和运行环节决定了全程保障形态的形成，其基本作用在于为数字制造和企业创新发展提供全面信息保障。

③跨行业作用形态。"互联网+"背景下的跨行业信息服务融合，从信息形态上适应了数字环境下的企业信息需求。在面向企业的服务组织中，其作用在于将分散分布的行业信息资源进行跨系统、部门的集成，所形成的集成服务和数字化平台可以为产业部门、企业和相关机构用户共用。与此同时，跨行业融合信息服务在功能上将行业信息的多源搜索、数据挖掘、交互传播、智能处理和嵌入利用融为一体，从而实现了基于集成平台的行业信息利用上的集中。

从信息服务在企业创新价值链中的作用上看不难发现，基于产业链和创新价值链的行业信息服务是一种动态、集成、高投入的服务，不仅需要充分完善的信息资源保障，同时还需要各类专业服务人员、信息技术和经费的投入。因此，在信息服务行业发展中，已经形成了相对完善的服务体系，其结构包括行业信息组织体系、行业信息技术支持体系和服务业务体系。完整的行业服务体系构建对于产业发展而言是重要的，然而在面向企业产业链和创新价值链的服务组织中，面对产业链需求变革应进行相应的体系变革与调整，使之形成面向产业活动和企业创新价值链的有序组合。

如表2-1所示，面向企业运行和创新的行业信息服务组织中，一是要实现多行业服务的合作；二是突出基于企业创新价值链的服务组织。这两个方面的现实存在提出了跨行业信息服务的融合和协同组织问题。其中，关键是明确各行业信息服务面向企业主体的协同关联，以便在分系统、部门的信息服务基础上，逐步实现"互联网+"背景下的体系变革。

2.2　行业信息服务环境与环境影响

行业信息服务组织存在于社会大系统之中，组织外部存在的其他系统与组织必然产生一定的关联，而且各系统构成的社会大系统的各种要素与要素作用决定了各系统的结构和运行。这说明从系统论的观点看，环境对行业信息服务组织的结构作用实为系统中的关联作用，其作用体现在组织构成和运行模式等方面，由此决定了基本的组织构架和发展机制。

2.2.1　信息环境及其作用

环境对信息服务组织变革的影响主要体现在环境变化对组织的作用上，环境是否稳定对组织结构变化具有重要性。一般来说，稳定环境中的要求是设计出"机械化"的组织结构，其中的部门与人员职责界限分明，且运行相对稳定。变化的环境则要求组织结构具有灵活的自适应性，采用"有机式"的组织结构，其中对部门的责权关系和运行需要做出适应性的调整。在21世纪的信息服务组织发展中，环境的速变是一个客观存在的现实问题。事实上，"互联网+"背景下企业运行关系和组织形式已发生根本性变化，全球化发展环境不仅体现在互联网基础设施建设、技术发展和信息资源的数字化组织上，而且影响着信息的传播和利用环境。这两方面综合作用于行业信息服务组织的各个层面，从客观上提出了行业信息服务体系变革的要求。

对于面向各行业企业的行业信息服务而言，信息环境的变革不仅体现在行业信息的大数据化、存在形态的多样化、来源结构的复杂化、利用价值的动态化和信息内容的冗余上，而且体现在数字网络技术的发展和互联网组织形态的变化上。在信息网络动态化的环境下，社会经济、科技和人文环境随之发生改变，从而在行业信息组织层面和社会规范上对行业信息服务产生影响。从总体上看，网络信息环境的变化不仅改变着行业信息采集机制，而且改变着包括行业信息服务在内的服务方式和组织构架。从环境对行业信息服务的作用上看，可以将其区分为宏观信息环境的影响和微观信息环境的影响。其中，宏观信息环境是指行业信息服务机构所处的大环境，包括社会发展环境、人文环境、科技与经济环境等；微观信息环境则是指行业组织所面临的具体环境，包括行业内企业状况、行业交互关系、行业信息存在环境等。将信息环境的各要素综合起来看，行业信息环境诸要素中，信息技术、信息资源以及科技、经济与人文环境的影响已成为主导性因素。

概括地说，宏观信息环境是行业信息组织所处的社会与技术环境，微观信息环境作为起具体作用的环境而存在。在宏观和微观环境的要素作用下，行业信息服务的组织应具有对环境的适应要求。另外，对于行业信息服务而言，微观环境是指与实现信息服务组织目标直接相关的那部分环境，又称特定环境或具体环境，它由对组织运行和绩效产生影响的要素所组成。具体环境对每个组织而言各不相同，并随着条件的变化而变化。例如，对于信息服务机构来说，其业务往来商、用户、合作与竞争者、业务关系等方面的差异，构成了不同的具体环境。

从总体上看，在信息服务中，信息服务组织环境具有复杂性、关联性、动态性和不确定性的特点。

环境的复杂性是指环境的组成要素作用复杂。例如，信息服务的市场环境由正式与潜在的用户、代理商、市场管理机构和竞争者构成，同时决定市场的关联要素还包括经济、社会要素以及其他作用因素，各方面要素又受更深层因素的影响，因而从多方面要素作用下的市场环境形成上看是复杂的。一般来说，环境的复杂程度取决于环境中的要素数量和决定这些要素的深层影响因素；此外，环境复杂程度还取决于环境性质。这意味着，要素少的和关系固定的环境复杂程度较低，要素多的和受多层因素影响的环境复杂程度较高。

一方面，产业链运行环境具有复杂结构；另一方面，各环境要素之间又具有不同程度的关联性。例如，体制的变革会引起经济环境的改变，而市场环境又会对社会文化和其他环境产生作用。这说明宏观环境因素的作用具有关联性，组织的一般环境正是各方面因素综合作用的产物。同时，宏观环境与具体环境也存在着有机联系。一般环境从总体上决定了具体环境，总体环境的改善有利于具体环境的优化，如我国市场经济体制的不断完善极大地优化了经营的具体环境；与此同时，具体环境的改善必然对宏观环境的优化产生实质性影响，为组织变革奠定基础。这方面在我国的改革开放实践中已得到充分体现。

环境的动态性是指组织环境总是处于不断变化之中，环境的变化是绝对的，而稳定则是相对的。环境变化的根本原因，一是构成环境的要素(企业制度、产业发展、经济形态、文化等)因社会的变革而变化；二是行业组织自身活动对环境产生了影响。这两方面的作用，既有积极因素，又有消极因素。例如，某信息服务集成商在某地区的服务销售中，采用接近于成本的价格进行促销，其结果将导致该类服务在这一地区市场竞争的激烈化，甚至引起同类企业的服务价格战，如果不加限制必然引起市场的混乱，使包括自己在内的所有竞争者因市场环境的变化而受损。这一问题具有典型性，因而治理和控制环境的变化，使之向最优化的方向发展，是宏观管理与调控的一项基本任务。

环境的不确定性是指环境的变化和环境要素影响的不确定性，其影响在很大程度上具有随机性，有些变化和影响甚至难以预测。如不能预测和有效控制的自然灾害对社会各方面的综合影响，都会引起环境的变化，而这种变化是人们始料不及的。环境的不确定性带来了信息服务组织管理中的风险，直接关系到组织的正常运行和绩效。组织环境的不确定性与组织的目标活动和业务性质有关。对行业信息服务来说，由于企业技术创新和产业链风险性，经营环境的不确定性远高于一般企业。因此，在服务组织中应针对其目标、性质作系统性的环境分析，从中寻找引发不确定性的根本因素，以便利用有效的方法进行控制。

2.2.2 信息环境对行业信息服务组织的影响

行业信息服务组织虽然在行业内进行，但它却受所依赖的环境制约，特别是在基于产业链的开放服务中，只有充分考虑环境因素对服务的影响以及对环境的依存，面向企业的服务才可能有效地进行。

环境对行业信息组织与服务的影响，可以从宏观环境的整体影响和微观环境的深层影响两个方面进行分析。从行业信息组织和作用上看，宏观环境的影响是全局性的全面影响，从根本上决定了行业信息服务的组织和实现战略，关系到信息服务体制与体系结构，微观环境则从某一方面影响着行业信息服务关系和组织策略。从环境系统作用上看，宏观环境作用于微观环境的同时，微观环境的改变也影响着宏观环境，因此而成为信息服务大环境变革的促动因素之一。

从总体上看，宏观环境的形成和变革受社会因素、经济因素和科技发展的影响。

①社会因素对行业信息环境形成的影响。社会因素按社会作用的基本层面可区分为制度因素、体制因素、政治因素、法律因素和人文因素。在各方面因素的综合作用下，基本的信息行为规范、服务组织原则和面向社会发展的行业信息体系得以形成。由于各国社会制度、构成、体制和结构上的差异，其社会环境既有对国际交往和全球化发展的适应性，又存在各国针对各自环境的特定性。互联网背景下的全球化趋势是各国所面临的共同问题，全球命运共同体的形成和合作协同发展已成为现代社会发展的主流，尽管有单边主义和不平等的交往行为的存在，但全球化融合发展和合作环境必然对行业信息流通和利用产

生全面影响，由此决定了开放组织机制的形成。

②经济因素对行业信息环境形成的影响。经济基础对上层建筑的作用和影响客观存在，是任何经济体都必须面对的现实。经济全球化中的产业链延伸和跨国经济交往决定了企业国际化发展的战略实施，其全球资源分布与供应结构直接关系到各国的产业布局，由此决定了行业的全球化进程。对于各行业企业而言，不仅需要面对国内经济环境的变化，而且需要考虑国际经济环境对企业经济的影响，以此出发进行企业供应链组织、产品研发和市场经营，寻求企业适应新环境的运营方式。经济环境的变化同时也改变着行业运行中的信息资源建设和服务投入，基于信息化的行业发展提出了从资源经济向信息经济的转型问题，以便在适应环境变革中确立行业信息的投入、产出机制。

③科技因素对行业信息环境形成的影响。科学技术的发展，特别是网络通信、计算机技术和电子技术的不断进步，改变着互联网物理环境和应用环境。当前大数据和智能技术的广泛应用，为行业信息组织、存储、交流与利用提供了新的条件。在多方面技术因素的作用下，行业信息资源结构、分布和组织形态正向智能化、虚拟化方向发展。对于行业信息服务和各行业信息交互利用来说，智能虚拟环境的形成决定了"互联网+"服务的深层次发展。从行业信息跨系统利用上看，多模态信息形态的形成和面向企业的服务嵌入已成为信息服务发展中的一个现实问题，这一问题的解决有利于企业信息化的深入发展。

在社会因素、经济因素和科技发展因素的综合作用下，行业信息服务的社会基础结构已发生深刻的变化，显示出全球信息化中行业信息的数字化融合和面向产业链的服务组织基础。

从行业信息保障上看，信息服务组织环境由行业发展和产业链关系决定，因时因地而异，其影响主要包括政府、公众、用户、竞争者和其他方面的环境影响。

世界各国的社会历史、政治体制、经济制度以及发展模式各不相同，各国情况不尽一致，但政府的行政管理和治理职能却具有一致性。其影响信息服务的组织也无例外，在信息服务组织上必须严格执行国家政策，接受行政部门的管理。同时，政府需要维护正常的信息活动秩序和各方正当利益。因此，政府制定的政策以及针对行业信息服务发展提供的保障，是决定行业信息服务具体环境的基本要素之一。

从更基本的层次来看，全球化产业链中的企业运行越来越依赖于支持其发展的信息基础设施和数字化信息服务的跨行业开展。这是由于信息环境作为一种基础性的社会环境，是产业经营在信息产生、传递、控制和交互利用上的基本作用要素，由此决定了产业活动中的信息关系和交互融合关系。另外，信息环境与企业组织既相互联系又相互影响，全球化环境下的产业链延伸和知识创新的国际化，决定了互联网服务面向企业运行环节的组织机制，从而确立了面向行业信息融合服务的技术支持和新一代网络建设目标。

2.2.3 数字化网络环境影响下的跨行业信息服务融合

面向企业的跨行业信息服务融合在"互联网+"背景下进行，互联网技术的发展是决定服务构架和发展水平的基础性因素。其融合特征，一是体现在跨行业系统的信息集成提供；二是强调行业数字化信息服务面向企业生产、研发和运营环节的嵌入，以此实现数字制造、网络化经营和决策的有机结合。这两方面的需求决定了行业信息服务的融合目标和路径。在行业信息服务融合组织中，数字网络空间结构改变着传统的面向需求的服务模式，体现了基于数字网络的服务组织原则。

行业信息服务融合机制在各方面因素的共同作用下形成，从整体上可以概括为三个方面的变因结果。一是需求的变化，主要体现在企业信息需求的数字化、智能化和面向企业流程的全程化保障要求等方面；二是资源的变化，包括数字文本和音、视频等多媒体信息的交互转化，以及虚拟数据库的分布式存在和多元数字载体的并存；三是技术的变化，包括数字智能技术推动下的信息交流系统重组和网络服务中大数据平台构建的技术发展。对于行业信息服务融合的实现，理应在需求引动下，在新一代数字技术的支持下，依托于不断发展的行业网络进行。

接下来谈谈数字化网络发展的影响。20世纪80年代国际互联网的建立为信息环境赋予了新的内涵和外延。尼葛洛庞帝(Nicholas Negroponte，美国麻省理工学院教授，媒体实验室创办人)于1995年率先提出"数字化信息空间"理论，认为在数字通信成指数级发展的今天，我们正处于互联网新的变革之中。在数字化网络信息空间中，人们的各种活动信息以更快的速度流通。企业在这个虚拟空间中可以进行运行方式的变革，形成基于互联网和产业链协同的数字化经营模式。当前，网络和通信技术已成为推动社会发展的重要力量。① 在"互联网+"背景下的行业信息服务创新发展上，应立足于大数据和智能技术在行业网络中的应用，推进面向企业的跨系统信息资源集成和多功能服务融合，

---

① ［美］尼葛洛庞帝. 数字化生存［M］. 胡泳，范海燕，译. 海口：海南出版社，1997.

通过服务于企业的数字网络，提升企业数字化运营的整体水平，形成新的产业链协同关系，取得信息化发展基础上的信息作用效益。其中，企业利用协同网络，可以实现基于产业链的协同运行目标，通过产品的数字化研发、测试和面向供应关系的运营管理，实现规模化运营和发展目标。美国芝加哥大学的 Ian Foster 以此出发，对网络目标的实现进行了基于实践的解释，特别强调数字网络在支持"互联网+"智能制造中的重要性。作为下一代分布式系统和智能网络，在全产业链范围内企业可以便捷地实现对所有可用资源的交互利用。① 与这一模式相对应，面向产业链的行业信息服务，需要实现企业发展导向下的行业服务与企业运行的结合。对此，美国在推进智能制造的过程中进行了规范部署；德国在发展工业互联网的过程中着重于数字化基础上的服务融合。我国在整体布局上，对"互联网+"服务进行了全面规划。由此可见，面向产业链企业的行业信息服务融合基础，在全球发展中业已确立。

信息技术的迅速发展被视为社会信息化的一大标志，信息资源的开发和社会信息的传递很大程度上取决于信息技术。对于行业信息资源组织与服务的技术实现，高性能计算技术、数字网络技术、虚拟存储和数字传输技术的发展，以及大数据智能技术的全面应用发挥着关键性作用。在行业应用层面上，互联网技术研究、设计制造和企业经营融合的目的在于，从技术上为数字化信息服务面向产业链的协同组织提供基础。对于产业链中的行业而言，面向企业的信息服务只有通过跨行业的系统集成，才能适应新的产业发展环境和运行需求，从而为企业资源集成和基于互联网的运行发展提供全面的信息保障。

大数据网络环境下，信息载体的多样化扩展了信息资源整合的内容。从信息载体演化的角度看，可以方便地将多种载体形式的信息转化为数字形态的信息，从而为面向企业的行业信息服务组织提供基本的资源条件。从多模态、多类型信息资源的数字化转化和组织形态上看，应着重于两方面问题的解决：一是对文本信息、音视频信息和多源数据进行基于内容的统一揭示、转化和分布存储；二是通过智能交互和机器学习进行行业信息用户需求的数字化揭示，实现多源信息面向行业信息用户的虚拟集中，以方便用户使用。

对于信息载体数字化条件下的信息资源异构整合，各国相关机构进行了持续性研究，其中包括多领域集成项目的推进和数字资源的集成组织应用，如

---

① 国务院关于积极推进"互联网+"行动的指导意见[J]. 中华人民共和国国务院公报，2015(20)：11-23.

Infobus、TSIMMIS、IM、Infosleuth 和 AgentRAIDER 等进行的工作，对于数字化的资源组织而言，有效解决了数字化信息资源的异构整合问题。① 从总体上看，行业数字信息资源异构整合的实现，应立足于异构数据的结构转化和基于内容的统一描述，在面向行业的信息服务组织中进行数字内容的粒度分析和内容关联表达，通过数据单元的映射实现异构信息资源集成管理目标。

在行业信息服务跨系统协同中，一体化建设面向数据的集成管理和应用展开，在跨系统资源整合中按其内涵与外延进行描述，以利于从简单的数据集中提取关联要素，以此出发进行数据关联的深层次揭示。其中，整合对象不仅限于行业信息资源集成，还包括数字信息组织流程重构、服务系统重组和相关技术应用的整合。由此可见，行业信息集成与服务组织的目标在于实现信息资源和服务资源的有效融合，为面向产业链的数字化信息保障提供基础。在行业信息服务中，融合内容还包括信息资源与行业发展的融合，其目标在于为行业发展创造良好的资源环境。

行业信息资源载体演化与信息资源整合直接相关，其中的关联结构和基于线性资源整合的行业信息服务融合，旨在构建一体化的行业数字资源分布结构体系，在系统设施、虚拟网络保障和数字内容转化服务上实行面向产业链的行业信息系统协同运行目标。图 2-3 展示了文本信息、实物信息、企业交互信息、行业知识创新信息等不同载体类型信息的数字化转化机制，以及自然资源、设施资源和流动资源的系统整合构架。这两方面的基础共同支持基于产业链的行业信息服务融合实现。

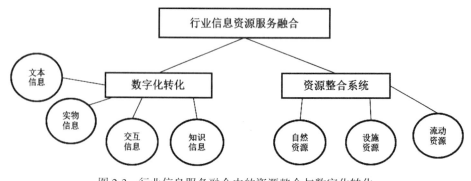

图 2-3　行业信息服务融合中的资源整合与数字化转化

---

① 唐明伟，蒋勋. 数字图书馆异构性成因分析及对策研究［J］. 图书情报研究，2015，8（3）：77-81，26.

随着信息技术的发展，传统信息交流模式已为基于互联网的数字化交流所取代。在传统信息交流体系中，信息资源往往通过正式的、线性的集中方式进行交流，在系统变革中，数字化信息资源及其支持的跨领域交互流通的互联网络，便成为信息资源融合的基础。需要明确的是，在数字化、网络化的信息资源环境组织与服务实施中，融合工具的采用具有重要的作用。这些工具随着技术的变革而演化，目前，值得关注和采用的工具主要包括后端融合工具和集成融合工具等。

①后端融合工具。后端融合工具的采用立足于面向最终用户应用一致性，旨在在不改变前端结构的情况下进行数字信息资源异构环境下的交互映射和转换。后端融合工具利用 REST 接口，对于提供网络化交互和访问的行业数据及服务具有有效性。目前，后端融合工具在 Web 服务基础上已进行了全面拓展，有利于在行业信息服务中的拓展应用，其中，融合访问的数据和服务，有Kapow、Yahoo 等。

②集成融合工具。与后端融合工具相比，集成融合工具从根本上改变了行业信息集成处理方式和服务衔接方式，实现了端到端的交互和基于数字内容的组织和互操作。按集成基础上的融合方式，基于产业链的行业信息资源集成和服务融合可以在数据层面上进行，也可以在分布式数据库环境下进行内容映射和面向需求表达的重组；此外，还可以方便地进行数据集中基础上的行业门户建设，以开展功能完善的多种服务定制。

在行业信息服务面向产业集群的融合构架中，基于部件结构的跨系统信息服务组织方式具有现实性。其优势在于，在现有服务功能的基础上，利用信息服务交互适应功能和手段，按需进行服务重组，以适应用户在各个节点上的交互需求。因此，基于部件结构的行业信息服务融合可在应用中进一步发展。

2.3　基于产业链的行业协同与集群信息交互

对于各行业企业而言，虽然供应链关系和产业结构各异，然而就产业链关系而论却有其共性。从总体上看，其共同的特点是按基本的企业运行流程方式，在跨行业交互供应和支持中，实现基于网络的运行流程组织和基于产业链与创新价值链的协同保障。这种关系，导致了供应链基础上的集技术创新和产品研发于一体的全方位合作和协同，因而，基于产业链的行业协同和产业集群交互处于重要位置。

2.3.1 互联网环境下的产业链结构与特征

对于处于同一细分行业的企业来说，虽然供应链中的企业组成不同，但是企业的产业链关系和结构都具有共性特征。按固定的产业关联和供应链关系，应从行业协同创新发展的角度进行面向产业链企业的跨行业协同服务组织，其服务融合应以链式结构的合作为基础，进行面向流程的行业信息跨系统整合和服务体系架构。

对于产业链形成和产业链中的集群企业运行，经济合作与发展组织（OECD）将集群关系解释为一种集群企业的生产链结构关系。① 因此，应按产品生产、交易中的产业链和价值链结构进行企业的关联。"产业集群"可视为具有供应链合作关系的企业协同运行组织形式，产业集群在一定环境和范围内产生，随着规模效益的扩大而发展。

基于价值链的企业协作关系的形成，不仅出于企业的创新发展需要，而且关系到产业链整体价值的实现。对此，Porter 通过产业竞争发展分析，构建了用以揭示企业价值创造的链式模型。在行业创新发展中，某一创新阶段的输出亦为后续创新阶段的输入，随着产业关联性的加强和创新主体之间的有序协同，开放创新环境下企业的价值创造越来越依赖于整个产业链的协同。以此出发，价值链得以进一步延伸。值得指出的是，以产业链为依托的企业创新发展在于，以市场为导向，通过生产企业与研究机构和关联企业的合作，实现从研发、设计、生产到市场营销的价值实现。在这一过程中，一是进行以产品规模化生产为中心的研发组织；二是进行基于产业链关系的上、下游企业合作，以形成开放的资源服务保障体系。鉴于生产企业与产业链中各主体间的价值关联关系，产业集群企业运营，除具有供应链结构关系外，也需要技术研发和知识创新价值的实现作保证。由此可见，产业集群创新价值活动应以技术研究、应用发展、产品开发、规模生产和市场营销为主线展开，以实现基于产业链的经营发展目标，其中，产业链中的相关企业和相关机构发挥着主体作用。对于产品开发和规模生产而言，由生产企业主导实现；相关企业在面向市场的经营中受益，从而实现各自的市场经营目标。在这一过程中，创造产业集群经济效益，应以主体企业为中心完成产业链核心价值的实现。

---

① 王凯. 企业集群创新系统缺陷与集群政策构建[J]. 科技管理研究，2009，29(5)：462-464.

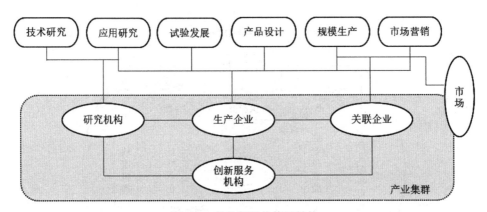

图 2-4 产业集群价值链结构

图 2-4 直观地展示了产业集群的价值链结构和协作关系。产业集群中的企业，彼此之间既相互独立，又具有相对稳定的协作或合作关系。正是由于这种关联的存在，产业集群才可能实现基于产业链和创新价值链的交互和合作。"互联网+"背景下，产业集群所具有的网络化运行特征，决定了行业信息服务面向产业链的组织结构。除产业链运行信息流组织外，基于产业链关系的创新网络构建处于重要位置。从创新网络的物理构成上看，基于产业链的企业创新网络可视为以生产企业为中心的协作运行网络。产业集群网络的基本构成包括网络节点上的核心企业、供应商、合作企业、互补企业，以及协同研究机构、供应链物流保障企业、行业服务机构和行业管理部门；连接节点组织的关联链路承载物质流通、设施提供、资金流动、知识传递和信息交互等资源流组织任务。在产业集群运行中，行业信息服务的跨系统融合组织为节点组织及其关联链路运行提供保障，为基于产业链的企业价值实现提供支持。具有产业链关系的企业和相关主体在合作、交互的基础上产生联系，通过彼此之间的物流、信息流和资金流进行协同运行，在产业集群中实现各自的经营目标。① 在企业运行中，这些关系可视为全球化环境和信任基础上的正式关系。基于产业链关系的产业集群运行并不依靠自上而下的层级控制，而是依靠在合作协议基础上的多边联系和交互。产业集群网络具有动态性和多元特征（如图 2-5），其产业链关系和协同运行模式决定了面向集群企业的跨行业信息服务的协同组织构架。

----

① 刘友金，叶文忠. 集群创新网络与区域国际竞争力[M]. 北京：中国经济出版社，2011.

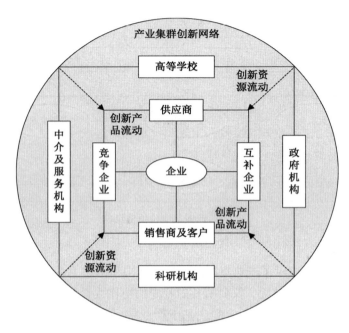

图 2-5　产业集群网络结构

　　事实上,产业集群可视为产业链中的企业和相关组织在技术研发、产品设计、生产流通与经营中的共同体。例如,传统的纺织服装产业链中的服装设计、服装生产(代工)、面料生产、品牌销售企业的多方合作,以及服装生产企业与服装设计研究机构的协同,虽然结构相对简单,但产业合作的集群关系清晰可见。对于以高新技术为基础的产业,产业集群结构相对复杂,对于其网络结构的分析因而具有现实性。基于产业链的产业集群具有空间上的聚集性、结构上的多变性、分工合作上的专业性和组织上的动态性。

　　①聚集性。产业集群由具有产业链关系的诸多企业和组织机构聚合而成,按聚合机制可区分为基于供应链关系的邻近企业之间的协作组织,以及创新价值链中从研发、设计到生产、营销的关联实现。这种集群效应体现在产业链的整体化发展之中。

　　②多边性。集群企业中不仅包括供应链互补企业和产业链上、下游企业,而且包括具有竞争关系的企业。对于企业来说,存在着合作对象和合作方式的选择问题。从产业集群的形成和运行看,合作和协同的多边性决定了网络交互关系的复杂性,因而在集群企业组织上应强调有序化规则,同步确立有效的沟

通机制。

③专业性。虽然产业集群具有合作的多样性和结构的多边性特征，但对于集群中的企业或机构而言，其承担的任务却具有专门性；按社会化分工和合作原则，需要负责他方不可取代的工作。在专业职能的发挥上，行业组织和社会监督部门负责协同工作。

④动态性。基于产业链和创新价值链的产业集群是一种动态化的组织形式，随着核心产业的产生而组建，同时在变化的动态环境下，随着产业模式的变更而变化。因此，在产业集群中应强调组织形式的生命周期，实时进行结构调整，以适应产业创新发展环境。

2.3.2 产业链中集群成员间的交互关系与信息共享

基于产业链的集群成员具有稳定的合作交互关系，彼此相互依赖、共生发展，为了实现创新与发展目标，集群的知识创新具有重要性。在基于创新价值链的集群企业交互合作中，其间的交互关系既体现了科学分工原则，又存在资源共享、业务竞合及协同创新的问题，这一基本关系的演化如图2-6所示。

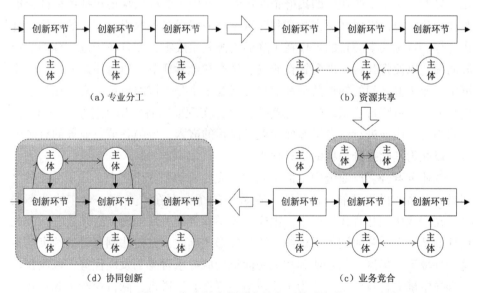

图 2-6　产业链中集群成员交互关系演进

如图 2-6 所示，产业链中的集群企业交互关系的变化经历了专业分工、资源共享、业务竞合和协同创新的过程。究其原因，一是社会经济和科技环境的变化促进了产业经营模式的变革；二是信息化发展中的全球产业链的形成改变了相对封闭的企业运行状态，导致了产业链协同创新发展的场景出现。

①专业分工。产业链发展中，精益生产和敏捷制造的推进促进了劳动分工的精细化，制造业已不再限于粗放的设计、试制和规模生产模式，转而形成了按流程的精细化专业分工和自动化生产管理模式。在这一背景下，供应链的全球化、生产企业及合作企业核心竞争力的提升处于重要位置。为了实现低成本、高效化和定制生产目标，产业链中的企业在零部件制造和集成组装上取得了新的突破，从而形成了产品或零部件代工生产的优势。在这一环境下，研发企业专注于产品整体设计和基于行业标准的技术创新；生产制造企业利用设施和技术优势完成产品生产；供应链中的供应商则进行专门化物质保障。在面向客户端的市场营销与个性化定制中，随着专门化技术的发展，产业链分工不断完善，从而极大地提升了单个企业研发和生产的水准。

②资源共享。"互联网+"背景下的资源共享，一是共享技术资源、设施资源、客户资源和供应商资源，以提高专业分工中的资源分散利用限制；二是共享信息资源和具有产权的知识资源，以实现产品生产与服务的标准化和集成化。另外，在基于产业链的集群企业运营发展中，资源共享还包括各种社会资源和行政资源，以便在国家政策和区域发展战略导向下取得进一步的竞争、合作优势。资源共享的目的不仅在于降低资源利用成本，而且在于进行合理的资源调配，以便将其科学地配置在研发、生产和经营环节。值得注意的是，产业链中企业集群之间的知识共享和信息交互处于十分关键的地位，需要在数字网络环境下进行跨行业系统的信息资源整合，实现面向各环节主体的交互推送。与此同时，应该进行信息资源面向业务流程的嵌入，保障各节点业务的有效衔接，以此为基础提升集群的信息化水平。

③业务竞合。产业链中集群企业的形成处于动态变化之中，其集群成员之间具有多边选择的可能，这说明产业链中的企业存在着竞争、合作的动态关系。在产业协调和合作发展中，供应链关系和合作关系的确立必须建立在彼此信任的基础上，其协同关系最终以协议的形式确立，且受法制监管的约束。在这一环境下，集群中的企业和相关协同机构应寻求自身的发展优势，以便在多元合作中确立自身的地位。为了使竞争、合作有序进行，除行业约束和行政监管外，基于行业信息融合平台的竞、合信息组织与合规利用具有重要性。从客观、公正的角度看，需要明确信息获取和利用权限，在保护企业秘密和权益的前提下，对产业链企业的业务信息进行规范化存储和提供，同时在行业平台中进行集群信息的合规管理。

④协同创新。当前，产业链和创新价值链中的集群企业发展应全面适应一体化经营、创新与发展环境，从根本上改变产业集团之间的单一竞争方式和分散化组织形态。面对投入、产出结构的变化，需要确立协同发展体制，在产业链多边关系的形成上，推进基于创新项目的多元协同组织，即按产业链和价值链环节协同推进研发、生产和经营，以实现集群企业的共同发展目标。在协同发展中，企业和相关组织机构的跨行业联系和交互具有重要性。在运行中，应以行业中的主体企业为中心，在产业链上实现上下游企业的生产协同，在知识创新跨行业组织中实现与研究机构、应用设计部门和责任企业的协同。这一横向和纵向联系网络，决定了跨行业服务融合面向产业链和创新价值链的发展目标。

随着"互联网+"的深入推进和大数据环境下的智能技术发展，行业协同发展中的产业集群运行正处于新的变革之中，需要在跨行业信息服务融合的基础上，进行面向企业的数字资源开发和信息流网络的重构。在基于产业链和创新价值链的产业集群企业协同发展中，图 2-7 显示了其中的交互协作关系，以此出发，展示了其内在发展机制。

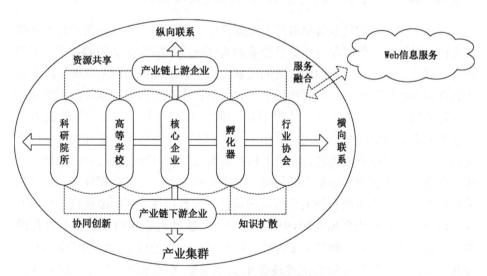

图 2-7 产业链中集群成员的交互关系

产业链中集群成员的交互，一是基于产业链关系的纵向交互；二是基于产品、技术研发和产业创新价值链的横向协同。对于生产企业来说，具有其行业背景下的核心关联作用。例如，对于从事网络计算、存储和交换设备制造的企业来说，其硬件设备制造不仅需要芯片、电源、控制等部件供应，而且需要显示、音视频部件以及相应的软件支持，供应企业及其原材料和生产设施提供商必然涉及相关行业的生产企业，从而形成了具有多层关联的产业链结构。从产品研发和技术创新角度看，从事网络计算、存储和交换设备制造的企业，同时需要科研机构、研发企业和行业组织的协同，由此构成了横向交互网络。与产业链相比，横向交互具有更广的范围，需要对此展开全方位研究和保障。

综合来看，行业信息服务跨系统融合应面向产业集群协同发展进行，应立足于开放创新和产业信息的分布式共享利用。与此同时，在与第三方信息服务融合中，进行信息服务的整合与交互，为各方面用户提供共享环境与协作空间。行业信息服务的跨系统融合通过分布式资源的整合，实现数据内容服务的增值，同时提升知识创造、传播与利用效率。产业集群协同所具有的动态性，决定了行业信息服务跨系统融合的时效性，其目的在于适应协同创新主体的动态化运行环境。对于行业服务的定制而言，产业集群具有较高的复杂性和不确定性，这就需要面对创新环节或任务进行具有差异的针对服务。

2.3.3 基于产业链的跨行业服务协同发展和融合

在基于产业链和创新价值链的企业运营中，尽管因行业不同而具有不同的需求内容和结构，但产业链中集群企业的跨系统协同需求和服务的技术要求却具有一致性。鉴于产业链和价值链的关联，行业信息服务的跨系统融合应着重于数据整合和信息集成，同时进行基于大数据技术和云构架的服务协同实现。

行业信息跨系统服务融合需要有统一的标准和规范，以此为基础进行异构、多源数据资源的整合利用。其中，成熟的综合性元数据标准和规范可以直接采用。这样可以方便地进行在公共信息资源元数据基础上的行业信息加工和接口安排，从而实现数据整合的目标。与重新部署相比，元数据标准、规范的采用具有较广的适应面和较灵活的应用优势。元数据规范和标准接口，可以有效地解决行业间异构数据资源的标准化问题，通过消除异构数据的互操作障碍，提高行业系统融合服务的兼容性，同时适应动态的行业系统和产业链环境变化。另外，元数据采用的优势还在于支持数据交换和信息服务的跨系统组织，统一的数据协议和管理规范可以有效实现数据交互发布和互操作管理。

具体而言，在跨行业系统数据交换和分享基础上，数据整合需要实现数据抽取、转换和存储，同时屏蔽数据的异构性，以实现对数据资源的整合目标。在如图2-8所示的数据整合流程中，其组织包括三个阶段：数据采集阶段，实现跨行业系统数据提取目标，其操作在于按不同的来源结构进行不同模式的数据获取；数据处理阶段，对采集到的跨行业数据源进行过滤和归并，将其转换为预定的格式；数据存储阶段，在跨系统行业信息平台中进行数据转换后的存储或安排分布云存储，其过程可以根据产业链需要进行部署，或在服务中嵌入数据流程，以将整合数据提供给用户。

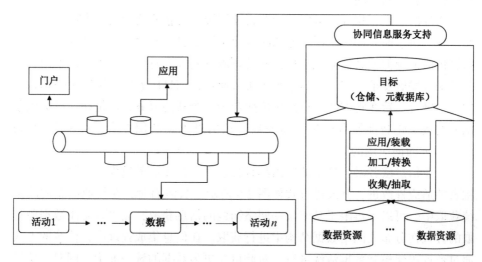

图 2-8　跨行业系统数据整合与存储服务

跨行业系统的数据整合从元数据层面提供数据资源有效链接和转换，其目的在于处理来自异构系统的多源异构数据。按跨系统的数据采集、交换和存储规范，面向产业集群的跨系统数据整合就是建立分布式或集中联合存储平台，通过链接产业集群的行业信息资源，形成一个可共享的大数据资源库，以实现面向产业集群的分布式数据共享和资源协同利用目标。

行业信息在资源序化加工后而获取，可以通过智能分析工具或采用相应的加工算法经过滤来实现。产业链和创新价值链中的信息内容具有多样性和分布结构，这就要求在跨系统集成中按信息的不同表达形式，在数据采集和内容提炼的基础上进行内容展示。显然，信息内容服务建立在行业信息元数据整合的基础之上，其集成处理是将分布信息资源链接在一起，在语义网的基础上进行内容揭示。

信息内容集成在信息组织集成和信息服务集成的前提下开展，其中，跨系统的信息内容集成在智能挖掘技术的应用中不断发展。行业信息内容挖掘、知识发现和集成组织中，包括数据库、智能代理、信息过滤和数据挖掘等信息技术的组合运用具有重要的现实性，因而被广泛采用。信息内容集成强调分散于行业链内外的信息内容经链接而成为一个整体，以实现面向行业用户的服务目标，为深化信息服务内容提供保证。行业信息服务中，信息资源定制与内容推送手段使服务得以满足多元化的内容需求，从而为行业协作中的个性化定制提供资源内容层面上的支持。

通过信息内容集成，可以整合跨行业资源，为企业活动的各个环节提供全面保障。对于面向产业集群企业的跨行业系统信息服务而言，信息内容集成是信息价值链延伸的必然体现。从行业信息服务实施上看，进一步体现了内容服务的融合发展要求。相对于信息来源集成而言，信息内容集成服务更强调数据的有机融合，旨在将多源信息与应用融合为一个新的服务，这是在信息集成基础上的数字化智能服务的进一步发展。从信息内容利用上看，可视为"互联网+"服务面向应用的嵌入。

行业信息服务融合技术的应用具有普遍性，是在服务过程中对数据处理和融合的适应性改进，其改进方式如图 2-9 所示。具体而言，在行业信息的跨系统获取中，可以不再限于基于某一网络结构的信息获取，而可以采用数据源选取的方式在分布式网络数据结构中进行获取。在信息集成处理中，传统的方式通过数据源建模和数据清洗进行，对此可变更为数据的统一展示。同时，信息服务融合技术发展可以进一步实现对数据源的定制和个性化链接，以实现多资源间的灵活映射和转换。在呈现形式上，行业信息服务融合在服务功能集成的基础上，可以方便地构建新的服务体系，而不限于诸多分布式服务功能的集成展示。

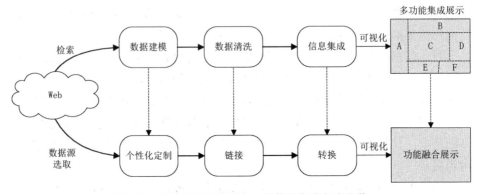

图 2-9 行业信息服务融合中的信息集成方式变革

值得指出的是，跨行业信息服务融合和行业信息门户服务具有不同的组织机制和应用环境。行业信息服务融合系统与行业信息门户虽然均以资源集成为目标，但其仍存在着不同的服务功能和组织构架，如表 2-1 所示。

表 2-1　行业信息服务融合与行业信息门户比较

比较内容	行业信息门户	行业信息服务融合
技术构架	依赖于传统技术，拓展 Web 服务应用	改进技术，如广义 Web2.0 技术和智能技术
组织方式	在服务器中聚合信息，生成标记和标记片段，进行信息整合	利用多站点内容 APIs，数据聚合以新的方式重用
内容处理与标识	面向标记碎片进行聚合，如 HTML、WML、VXML 等	可在 XML 上进行，也可在面向表示的内容层面上进行，如 HTML 上的操作
部署位置	在服务器上进行传统的内容聚合	既可在服务器上，也可在客户端上进行聚合
融合或聚合形式	聚合内容并进行处理，不发生重叠	面向应用的融合，进行内容和数据集成管理
事件描述模型	读取和更新事件模型，通过门户组件 API 定义	实现基于 REST 的 CRUD 操作(包括创建、更新、删除等)
相关标准	门户组件由相关标准 JSR 168、JSR 286 和 WSRP 支持	XML 标准与 REST 或 Web Services 互换，常用的包括 RSS、Atom 等

面向产业链和价值链的行业信息服务融合构架可采用 SOA 框架，在具体实现上，根据用户属性和行业信息需求的不同，跨系统融合服务组织可考虑两种信息融合方式。在企业客户端，可考虑到企业内网用户的需求，在企业内网和行业系统信息交互中，利用客户端融合工具，按其关联结构和权限进行内网络资源与服务的融合，进而实现基于行业信息网络的面向服务架构(SOA)。对于"互联网+"背景下的面向企业的行业信息服务跨系统融合和数字化资源共享，可利用网络信息服务融合工具构建的行业互联网信息资源与服务的融合应用平台，进行具有全局性的 SOA 构架。基于 SOA 的行业信息服务融合如图 2-10 所示。

从基于产业链和创新价值链的行业信息服务融合架构上看，行业信息服务

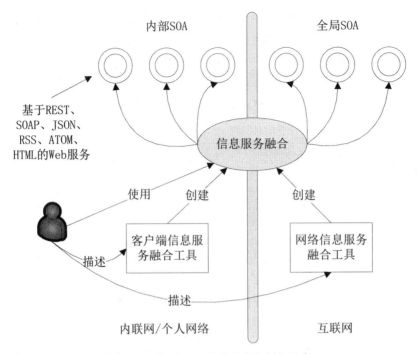

图 2-10　基于 SOA 的行业信息服务融合

融合可分为两种形式：其一，基于 Web 的行业信息服务融合架构，在采用相应工具和基于构架的信息集成与服务融合中实现，以此为基础在客户端进行基于 web 的数据采集和转换；其二，基于服务器的融合架构，需要在行业信息集成服务器端进行数据处理、转换和组织，在集中存储的基础上与客户端相连接。与此相适应的可用于信息集成与服务融合的工具，分别是前端融合工具、后端融合工具和集成融合工具。① 在行业信息集成与服务融合中，可以按产业链关系、主体企业运行机制与系统结构，进行面向需求的组织实现。

2.4　面向产业链的行业信息服务融合发展

行业信息服务融合在基于产业链的企业协同和创新发展的基础上进行，由

---

① Keene C. Five Free Mashup Tools You Should Know About［EB/OL］.［2013-8-27］. http://web2. sys-con.com/node/955886.

产业协调运行目标和信息化过程中的企业创新组织架构所决定。在数字化网络环境的作用下，其中的基本关联关系和企业的网络化运行机制决定了面向产业链的企业信息服务融合组织目标和资源整合与信息集成基础上的服务实现。

2.4.1 行业信息服务的网络化协同与融合引动

信息化基础上的互联网应用拓展决定了企业的供应链关系转变，在全球化环境中企业的产业链合作和协同已成为影响企业发展的主要因素，其基本关系决定了以信息流为中心的物流经济的网络化发展。在这一背景下，企业所面临的环境具有多变性和复杂性，对于面向产业集群的行业信息服务组织而言，不仅需要实现信息集成和服务融合目标，而且需要在服务融合中进行面向企业用户的服务交互，同时推进基于企业流程的服务嵌入。

对于具有产业链关系的集群企业而言，其信息交互和运行关系决定了跨行业的信息服务融合关系。在企业运行与发展中，这两个方面并非孤立存在，而是相互间交叉和互动的，其跨行业交融正是面向企业的服务组织基点。面向产业集群的行业信息服务融合关系如图 2-11 所示。

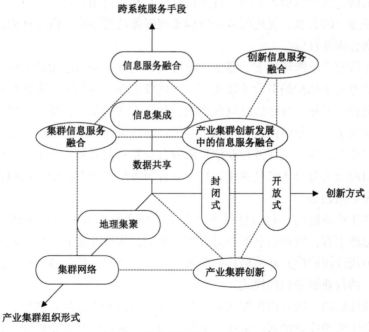

图 2-11　面向产业集群的行业信息服务融合关系

在图2-11所示的面向产业集群的行业信息服务融合中，存在着面向产业链集群企业服务组织问题。按需求导向下的组织原则，集群网络构成、信息交互利用形式以及产业经营方式，直接关系到行业信息服务融合的组织结构。与此同时，大数据、智能化环境下的技术发展决定了行业数据共享、信息内容集成和融合服务的实施。从图2-11中可见，各方面的要素作用，决定了行业信息服务融合的实现路径。在跨行业系统服务组织中，信息服务融合应立足于行业需求，同时适应基于互联网的数字制造和网络运行环境，以进行基于产业链关系的资源集成与服务融合。

基于产业链的行业信息服务融合建立在产业链关联关系和主体企业的信息交互关系之上。同时，跨行业系统的信息集成和数据共享，应与产业链信息分布和结构相适应。在面向具有集群性的多元企业用户的跨系统服务融合中，应集中解决的主要问题可概括为如下两个方面：

其一，消除行业信息服务跨系统协同障碍，实现产业链成员组织间的协同保障，在信息资源共享和整合的基础上，实现相关行业和关联企业的信息融合利用，进行行业系统服务共享和集成。

其二，从产业集群信息服务融合动因出发，按产业链中的信息交互关系和产业链结构，从组织形式上确立行业信息交互利用机制，进行产业集群与行业信息服务融合的关联，优化服务融合构架和服务功能结构，以实现面向企业的全方位融合服务目标。

在开放的产业链环境下，基于产业链关系的企业经营已由简单的线性关系转变为具有复杂结构的多元关联关系，这就要求在关联网络中实现行业服务的交互和融合。另外，行业信息资源组织、利用方式的变化，带动了服务组织运行模式的变革。就整体而论，信息服务机构间的资源共享在增强产业链规模效益中至关重要，这也是促进行业信息服务自身发展的需要。当前，行业信息服务机构间的交流与合作已具规模，行业联合服务组织所开展的国际间合作，已成为一种必然趋势。

在基于产业链的行业信息服务融合中，应进行跨行业协同主体的关系协调。从总体上看，行业信息服务融合中的协同，按产业链和创新价值链的结构可区分为线性协同模式和网络协同模式。对此，应根据信息流和产业链的结构选择相应的行业服务协同模式。

①线性协同。线性协作模式可区分为水平模式和垂直模式两种，行业信息服务融合中两种线性模式的采用，分别对应于产业链的横向结构和知识创新的价值链纵向结构。与水平协同模式相比，垂直模式具有关联性强和层次明晰的

优势，在基于创新价值链的信息服务融合上具有适应性；同时，这种模式还适用于同一系统或同一服务链的纵向整合。利用何种方式进行资源的集成共享，应立足于具体现实问题的解决。另外，水平协同和垂直协同的综合运用，可有效解决产业链和价值链中的全方位融合问题，实现基于产业链和价值链的行业信息资源的有序关联和利用，因而具有广阔的应用前景。

②网络协同。在基于产业链的行业信息服务融合实现中，网络协同是一种综合性的行业机构合作模式，它从行业信息服务跨系统整合出发，实现行业信息的集成，同时按产业链关系进行服务的融合。在服务组织中，应立足于产业链和创新联盟开展行业信息服务集成业务。数字环境下的网络合作，依托纵横交织的行业信息网络，行业服务机构作为网络节点，可以在协同框架下实现服务资源的交互融合，从而为企业提供跨行业的集成化信息服务。例如，新华信集团曾先后与多领域的服务机构建立了协同合作关系，在协同中，通过优势互补和资源共享，不断提高服务能力，在为汽车、IT、旅游、金融等多个行业提供专业化的数据和信息服务产品的同时，提供进一步的增值服务。按服务组织关系，其结构如图 2-12 所示。

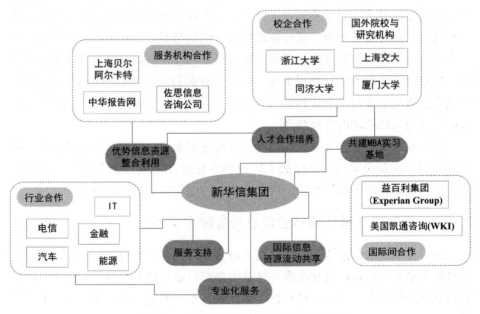

图 2-12　新华信集团的网络化服务协同

从宏观上看，面向产业链的行业信息服务融合包括行业信息传播与分享、行业信息源组织以及面向行业用户的提供。信息资源集成和服务融合环节，依照信息流进行有序组合。随着信息技术的发展，依托网络进行分布存储整合已成为一种趋势。行业网络信息内容提供服务随之从单一的信息内容组织与传输，向基于产业链和价值链的网络化采集、组织、提供与交互利用一体化方向发展。在这一背景下，形成了以网络信息资源的开发为基点，以行业信息网络平台为支撑的网络服务模式。利用这种模式，行业网络链接覆盖了包括多模态数字资源和不同功能的专门工具，其用户也由单纯的机构用户转变为协作服务用户。从宏观流程上看，一方面，在数字化、网络化的基础上不断充实融合服务内容，改变交互形式，而且将多种数字资源和网络相连，形成了新的数字化信息服务平台。以 Amazon、SciFinde 和 Web of Knowledge 为代表的信息服务商还积极开发了新的服务功能，从而直接面向行业终端用户开展全面信息服务。另一方面，网络搜索信息的嵌入日益拓展了对深层信息的组织和提供功能，最后以开放形式与信息生产者联动。对于产业链中的各行业企业而言，还可以通过更为开放、规范和更可持续的开放渠道来传递信息和保存数据。①

跨行业系统的信息集成和服务协同实施，应强调面向产业链企业和协同创新主体的组织要求。对于集群企业而言，一方面，可以根据跨行业信息需求确立系统信息融合服务功能，进行需求导向下的信息服务融合组织体系构建；另一方面，可以定制跨行业信息资源内容和服务功能，按需开展服务业务，继而优化信息服务融合的用户利用策略。此外，在跨行业系统信息服务的嵌入中，应实现数字化交互与企业流程的有机结合，以适应"互联网+"智能制造环节，从而实现与主体活动的有效结合。

跨行业系统信息服务融合在功能上，通过多来源、多形态信息的整合，提取企业用户所需的知识，经过加工处理和序化操作，进行面向企业主体的推送，提供知识资源的增值利用，为产业集群的创新发展提供资源保障。

2.4.2 面向产业链的跨行业信息服务融合实现

跨行业系统的信息资源整合与服务融合，目的在于提升面向产业链企业的信息服务水平和企业信息化水准，这就需要在行业信息系统服务发展中，明确跨行业信息服务融合目标，进行行业信息服务组织规范。从总体上看，面向产业集群的跨行业信息服务融合，应从从宏观、中观和微观三个层次进行规划

---

① 张晓林. 从数字图书馆到 E-Knowledge 机制[J]. 中国图书馆学报, 2005(4): 5-10.

实施。

在发展战略层面，基于产业链的行业信息服务协同直接关系到行业领域的企业发展，为了适应产业集群协同发展的需要，除行业服务主体共同参与外，还需要行业信息资源的投入，在各系统协同下进行跨系统信息服务融合的全面实现。与此同时，建设跨行业融合服务平台，实现产业链企业所需信息资源的交互利用，重构面向产业集群的信息服务体系，确立稳定的协作关系与协同服务机制。

在服务组织层面，行业信息服务融合的开展需要从整体上确立产业链信息的交互利用关系，协调集群创新资源配置与共享，为基于产业链的行业信息服务提供协作空间。依托基于互联网的社会化信息资源系统，应从产业链层面进行跨行业系统信息服务融合的组织实现，从整体上发挥行业网络作用，实现行业信息服务融合目标。跨行业协同服务面向产业链需求进行开放服务架构，这就需要通过多源信息资源的整合，为跨行业信息服务融合提供资源条件。

从实施层面上看，跨行业信息服务融合对基于互联网的分布式异构数据资源进行整合互操作，同时在跨系统服务中，屏蔽行业信息资源异构属性，实现元数据的加工处理和开发利用。在技术实现上，通过构建标准化的行业服务接口，对多源数字信息资源进行集成和存储，为行业信息服务融合提供保障，为产业链中的用户提供跨系统的信息交互与利用空间。在面向企业用户的行业信息服务协同中，利用服务功能封装、融合和嵌入技术，进行面向产业链和价值链的服务功能拓展，适应"互联网+"背景下智能制造和网络运营的现实需求，按行业服务面向企业用户的要求，拓宽企业间的信息交流渠道，提升产业链的服务融合体验。

行业信息服务融合既是产业链延伸和发展的现实需要，也是企业创新和转型发展的需要。行业信息服务融合的最终目标是满足产业链中企业主体多元化的信息需求，提高企业及信息服务的投入—产出效益。在最终目标的实现上，我国的行业信息服务应围绕机构改革、服务组织、资源建设、平台构建和技术融合等方面的具体目标展开，这几方面的基本关联关系如图2-13所示。

①行业信息服务机构改革。当前，行业信息服务机构所面临的技术环境和社会经济环境已发生深刻的变化，全球化过程中的产业创新发展进一步提出了需求导向下的行业信息服务改革发展问题。"互联网+"环境下企业的集成化和智能化信息服务需求，决定了行业信息服务面向企业的组织构架。在此背景下，行业信息服务机构应随着服务的社会化、开放化、市场化发展而进行相应变革。在业务开展上，应从独立运作转向行业机构间协同合作；在组织架构上

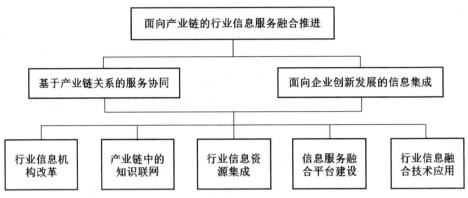

图 2-13　面向产业链的行业信息服务融合推进

应合并职能重复的部门，按创新需求设立新部门；在资源开发利用上，应从以传统的文献资源为主转向以数字化信息为主，以适应行业运行信息化、数字化发展的要求。

②产业链中的知识联网。为实现行业信息服务对企业创新发展的支撑目标，在跨系统信息集成和服务融合的基础上构建基于产业链的知识网络具有重要性。基于产业链的知识网络的服务，无论是在全球化视角下还是在区域范围内，都是必不可少的。行业信息服务系统的网络连接，在时间、空间和功能结构上所形成的合作—协调机制，为实现面向企业创新的知识网络服务联动提供了保障。这种知识联网在跨部门和地域的基础上进行，因此需要改变行业信息网络服务关系，实现与科技、经济、文化信息等网络服务在知识交互组织上的联通。

③行业信息资源集成。产业链发展中，企业用户对数字信息的需求是全方位的，在分布、异构、虚拟的数字信息网络环境下，行业数字资源数量巨大且高度分散。如何将广泛分布的数字信息资源集中起来，向企业用户提供集成化服务，是行业信息服务融合所要解决的一个关键问题。从数字制造和全球化产业链角度看，数据来源的动态性、大流量和复杂化，提出了行业信息服务中的数据整合与共享要求，这就需要在行业数字信息资源共建中，进行行业数字信息服务的集成。为了推进跨行业系统的创新与合作，理应在数字资源共享的基础上实现行业数字信息的跨系统开发、维护和利用，以形成机构间的互补优势，从而实现基于资源数字信息共享的服务协同目标。

④信息服务融合平台建设。产业活动的复杂性要求行业信息服务机构能实时满足企业主体全方位的信息需求与服务要求，以此为基础实现全流程信息保

46

障的目标。因此，在行业信息服务融合中需要整合各方资源，构建跨系统的信息协同服务平台，为企业提供定制化的交互式协同服务，以实现以企业用户需求为导向的全程化信息保障的发展目标。对此，在跨行业系统的信息融合中应立足于互通式协同服务平台建设，实现跨行业信息资源服务的无缝衔接。在平台运行中，建立行业信息服务机构间的协作信任关系，维护平台安全和各方面正当权益。

⑤行业信息融合技术应用。高效化的跨行业信息服务融合离不开信息技术的支撑，因而采用规范和通用的技术是各行业系统所共同关注的问题。然而，在行业信息资源共享和服务集成中，技术的不兼容已成为平台建设与服务的障碍，这就要求在系统建设中实现技术的共用和推进系统互操作。因此，在数字信息网络技术扩展与互用过程中，应进行跨行业系统的技术规范，采用国家有关部门认可、国际通用、可扩展的技术，实现跨行业信息服务技术的优化组合与技术使用的相互适应。与此同时，在数字技术的应用上还应强调新的技术发展趋势，为技术的更新和迭代留有空间，这就需要进行合理规划和实施监督。

值得指出的是，行业信息服务融合目标实现中，服务组织的风险性一定程度上阻碍了服务融合的开展。为了规避融合风险，需要从全局上确立风险控制机制。在安全保护上通过相应的标准与协议进行约束，防止网络攻击和各方面权益损害，同时推进跨系统服务融合中的全面安全保障措施的实施。

行业信息服务融合是一个不断演化和发展的连续过程，其融合对象、方式、内容和服务组织构架，由科技、经济、需求和应用环境决定。处于动态发展中的产业链结构关系和企业运行机制，与相应的网络形态、信息技术水准和信息化设施相互关联。从行业信息服务跨系统组织上看，经历了行业信息资源跨系统共享、行业信息资源整合、行业数字化信息整合、行业信息资源集成和面向用户的融合发展过程。在全球化中，跨行业信息服务融合从总体上适应了产业链和企业的创新发展机制。因此，在面向产业集群的协同发展中，行业信息服务融合应发挥协同优势，立足于产业集群的资源交互共享与服务需求，进行产业集群跨行业信息服务融合的功能拓展和实现深层次发展。

跨系统的行业信息服务融合的深层次发展，离不开大数据、智能化技术背景和产业链延伸基础上的企业协同创新发展机制的形成，其中技术支持和创新需求导向的结合，决定了基本的发展格局。

①以企业集群化创新发展为基础的服务融合形态确立。产业链的延伸和企业集群创新发展对产业经济具有重要作用，因而产业集群发展战略实施具有全局性。以此为基础，在行业信息服务的深层次融合中，应针对不同产业集群的

产业结构和关联关系进行信息服务融合的定位和差异性组织构架,以实现不同的集群服务目标。在面向产业集群的协同服务中,一方面,通过多模态信息资源的分布配置,推进产业集群数字信息资源的协同建设和融合利用,实时满足产业集群信息需求;另一方面,在产业集群创新发展的基础上,将行业信息资源融为一个易于共享和流动的虚拟体,以系统互操作为基础进行跨系统信息资源的协同开发,通过服务融合方式调用分布式的跨行业信息资源,进而深化创新服务内容,实现面向集群的全方位信息保障。

②以产业集群资源和行业信息资源为依托的服务融合基础建设。在全球化开放创新环境下,基于产业链的集群企业信息保障是创新发展的基础,尤其是对高新技术产业创新服务而言,需要面向创新主体进行合作创新服务保障,同时将行业信息资源加以整合,以形成新的服务基础。因此,跨行业融合资源的共建与开放共享已成为提升创新资源利用率的关键,这也是实现集群信息服务融合的一项基本任务。从数字资源共享上看,应加强数据和知识共享的力度,在跨行业信息服务融合中,同时推进虚拟知识交流的融入,利用智能化的知识组织手段,实现产业集群的知识适时交流与转移,以发挥知识共享的作用。从组织机制上看,产业集群中的企业在协同运行目标的驱动下,需要进一步扩展知识创新联盟关系和产业链协同关系,这就要求进行基于资源共享平台的知识网络建设,推进知识的交互应用。

③以信息安全为保障的服务融合机制完善。从各方面利益保障上看,需要建立规范化的服务融合安全机制,以使企业主体在利用融合资源的同时,保障集群协同合作各方的信息安全和利益。在行业信息服务融合中,服务融合的安全组织方式应按服务功能、服务内容和服务对象确立。从服务业务上看,对于涉及用户隐私的功能部件、图表处理部件、经营分析功能部件等,除根据用户的基本需求进行定制外,还应对各功能部件进行封装限制,在确定权限和明确风险的情况下面向企业提供。另外,服务融合开放接口在满足跨系统需求的同时,应按用户的资源需求类型进行封装,并提供安全使用规范。对于企业信息资源的开放存取,要求具有完善的服务安全机制,以确保资源的知识产权安全和主体秘密保护安全。在服务组织上,应该划分用户的不同类型,为其提供不同层级的安全服务,这就要求在行业信息服务融合中为用户隐私与企业秘密保护提供保障。

④在集群用户可定制化服务的基础上进行融合服务功能扩展。由于产业链中的企业用户之间的需求存在差异,为了适应差异性的需求环境,行业信息服务融合应该采用差异化形式进行个性化定制,以便将融合信息资源推送到企业

用户端，提升行业信息服务效率和企业用户的服务利用效益。融合信息资源的
个性化推送是服务定制的主要手段，面向企业的个性化推送在服务系统与企业
用户的交互中进行，其界面支持智能处理和自学的功能实现。同时在服务中依
托融合服务平台，推进"互联网+"背景下的智能制造和数字化经营，最终实现
智能服务目标。另外，为了提升企业的服务体验水平，应根据其定制化的需
求，充分集成应用工具，通过对诸多部件所提供的融合服务功能进行筛选应
用，进行定制化服务功能的拓展。

3 全球产业链中的企业信息需求与跨行业服务融合要求

"互联网+"背景下的全球产业链正发生深刻的变化，互联网金融、智能制造和电子商务的发展，导致了企业信息需求结构的改变和基于网络的行业信息需求的开放化。因此，面向企业的信息服务组织，应立足于基于网络的企业信息需求和"互联网+"发展中的跨行业服务要求，在明确产业链中的企业运行机制和信息结构的前提下，进行需求导向下的跨行业信息服务的融合实现。

3.1 基于互联网的企业信息需求的形成与特征

从行业信息服务与产业链的关系上看，基于产业链的行业信息服务融合从根本上适应于"互联网+"背景下的企业信息需求形态，基于网络的智能制造与创新发展需求的形成决定了面向企业的行业信息服务融合导向，以此出发所进行的行业服务，具有对网络环境的适应性和网络化运行的同步性。

3.1.1 全球化环境下的网络信息需求的引动

全球经济发展中，任何一个企业要取得竞争优势，都需要融入国际化环境。其中，信息要素与其他生产要素的结合，通过优化生产力结构，引导产业资源的合理配置，从而构成新的企业发展基础。从总体上看，面向产业链的行业信息服务融合的时空结构和内容，由网络信息活动和企业产业链协同需求所决定。从实现上看，网络信息服务融合可以使行业信息交流不再受地理位置、企业规模等因素的制约，有可能使不同规模的企业在信息获取、交流与利用上处于同等共享资源的地位，从而有利于企业规模化发展目标的实现，同时极大地提高其产业竞争力。

　　全球化环境下的网络信息需求引动，对于产业链中的行业和企业来说，主要体现在电子商务、政务活动以及企业信息化的各个方面。其原因有两点：一是与企业有密切关联的信息化环境决定了企业的信息服务需求；二是全球化中的企业运行信息需求机制的变化决定了行业信息保障的全方位发展。电子商务是在互联网上开展的商务活动，在产业链运行、供应链保障和产品流通中，企业经营通过互联网与供应链企业和客户相连，其中的各种交易已成为互联网融入的一个重要方面。电子商务随着互联网的发展，20多年来已发生深刻变化，目前已从单一的经营发展为"互联网+"背景下的企业网络化运行模式，即扩展为包括数字制造、数字网络服务嵌入的数字化、网络化运营活动。电子商务作为一种数字化、网络化的市场运作方式而存在。当前全球化环境下，企业网络化运营已成为网络经济的重要内容，"互联网+"服务的融入使企业的产业链环境、经营方式和管理模式发生了新的变化。企业产业链和知识创新价值链的融合，进一步提出了跨行业系统和部门的信息流组织与服务保障要求。其中，行业大数据面向企业运营流程的融入逐步成为一种主流模式。在这一前提下，产业链的关联结构、企业经营规范和市场规范随之发生变化，其经营数据的细化和处理方式的动态变化，使行业信息面向企业的集成、整合更加趋于实时化，行业网络信息资源在行业中的作用更加突出。

　　企业的数字化运行和产业链发展的显著特点，是强调信息资源整合与服务的内外融合。这就需要在"互联网+"背景下，将产业链中的信息进行整合，形成面向企业的共享体系，以实现信息资源的增值利用目标。基于产业链的行业信息资源整合体现了网络经济的作用，各类资源的跨行业协同组织，其目标在于通过信息资源的最优配置，发挥其共享效益。因此，网络信息资源是贯穿着整个产业链信息服务的主线，行业信息跨系统集成基础上的服务协同，强调资源利用的增值性和融合服务的协作性。

　　企业物流和信息流组织直接关系到产业链中的企业运行，企业的数字化运行和基于互联网的物流模式改变，提出了面向产业链的行业信息服务融合要求。在大数据网络和智能化发展过程中，信息流的大数据化是融合服务价值链的显著特点。其中：大数据存储和交互流动确保了产业链信息交换与处理的实时性；供应链商务流和工作流环节的数字化，作用在于及时响应各方面业务，以最大限度地减少信息盲区，支持企业的产业链活动。产业链中的企业价值链关系决定了企业之间的交互合作和协同运营，面向价值链关系的行业信息跨系统融合因而需要从价值链的整体构建出发，实现跨行业协同发展目标。由此可见，价值链活动在实现协同经营目标上具有关键性作用。从总体上看，价值链在企业生产与流通环节中形成，是构建具有产业链关系的集群企业的基础。集群企业价值实现在保持成员企业的个体优势的同时，扩大了其资源协同利用范围，使企业在共享资源中取得新的发展优势。

互联网发展过程中，行业网络结构随之发生变化，从而为产业链中的各行业企业创造了新的发展机遇，因此引发了信息服务融合的新需求。信息的交互和融合利用，应当与环境改变和企业运营同步发展。数字信息技术和互联网应用的深层次发展不断改变着企业的信息沟通方式，调节着产业链信息流向。从企业运营和产业关系上看，行业信息服务融合实现了企业信息获取、加工处理、传输和利用方式的变革。

企业网络信息资源需求中的一个核心问题，是面向产业链行业的信息提供和交互。数字化网络信息资源快速流动和虚拟化分布存储的多源数据结构，对企业而言往往让它们感到无所适从。从实质上看，大数据交互带来了新的数据冗余，客观上导致了关键信息的淹没。对这一现实，需要在大数据融合的基础上，实现面向产业链企业的信息交互、筛选、重组和定制提供。基于此，在行业信息服务融合中，以下几个方面的问题必须面对：

①信息具有竞争含量。网络经济背景下，每一个企业都处于市场竞争环境之中。从整体上看，任何组织在管理和经营中的行动和战略，都是以争取一定的竞争优势、实现自身利益最大化和发展壮大自己为目标的。企业竞争的优势是在企业交互中取得的，因而向用户提供具有"相对价值优势"的产品或服务，在获得用户认同的情况下，将有助于企业用户价值目标的实现。在这一前提下，企业需要及时获取行业市场销售结构、经营产品、技术水准和客户关系等方面的信息；需要针对用户需求，在面向企业的行业信息服务中，进行市场结构、物流组织、用户流量等方面的信息交互利用；同时围绕行业市场、行业技术水平、行业技术环境和市场发展等提供服务，以支持企业竞争目标的实现。

②信息具有创新启迪性。社会经济发展是一个不断创新的过程，支持企业的创新发展因而成为行业信息服务的关键内容。从信息作用机制上看，创新的基础保障和信息资源服务处于关键位置。创新主体的创新作用、环境和内容决定了创新信息需求结构，对于各行业企业来说，需要围绕技术与产品研发进行多层面的创新，在产业链中同时确立创新合作关系。企业作为知识创新链中的成果应用主体，需要前沿技术和跨领域知识创新的保障。在开放环境下，同时需要为知识创新和技术创新提供全面支持。值得注意的是，企业创新价值链中的各协同主体，具有相互依存的关系，这就需要在产、学、研结合中，形成跨系统的创新信息服务集成构架，实现协同框架内的创新知识共享。对于企业而

言，进一步实现具有启迪作用的知识提炼和智能服务融合。

③信息反映事物状态的客观性。网络信息系统具有多层次、多类型、多要素的复杂结构，涉及数据信息、文字信息和其他形态信息的分布组织和利用。网络信息活动由于受主观和客观因素的影响，往往会使信息出现失真。其主要表现为：行业信息中一些信息可能出于发布者的主观臆断而偏离了所反映的客观现实；有些信息缺乏数据上的准确性，或者不能确切反映基本情况；还有一些信息缺乏完整性，不能准确地反映事件的本质。这些现象的出现直接影响了信息的利用，干扰了企业决策效率。信息可靠性实质上包括三方面内容，即可核性、中立性和真实性。可核性是指信息应有明显的出处，可供对方或第三方核实；中立性要求信息交流始终保持客观立场，避免信息发布、传播中的误导偏向；真实性是指信息的内容必须是真实的，需要进行原形展示，其真实结果可以是在一定条件下生成的数值，也可以是对数据的有据分析结果。

④信息服务对环境的适应性。在互联网发展中，行业信息服务日益丰富，其中开放性服务包括开放存取、跨行业数据搜索、智能化信息交互和网络社区服务等。针对这一情况，在跨行业信息服务组织中，各行业协同服务机构应保证相应服务的可用性、及时性和可靠性，同时确保服务利用的便利性和渠道的畅通性。针对产业链中企业的不同结构和需求，可提供不同的定制渠道选择，实现面向用户的渠道融合。因为同时存在着用户难以选择所需服务的问题，在面向企业的服务中应进行合理的渠道规划。对此，我们曾调查了广东省佛山市的五个行业的企业，结果表明，约30%的企业获取物流信息的主渠道是企业间的交互，这是因为行业信息服务机构提供的信息往往是表层的，其可用性有限，这就需要在行业信息服务中进行深层次解决。

3.1.2 企业网络信息需求的特征表现

企业的网络信息需求具有综合性、全方位、及时性和专门化的特征。具体来说，其特征体现在不同企业用户的多方面信息需求上。

①全方位信息需求特征。全球化环境下，企业的产业链关系已发生深刻变化，其开发经营模式决定了信息需求的全方位和多层次。同时，"互联网+"经济的发展给企业带来了新的机遇，势必引发多重信息产生。对于企业而言，必然会注重产品信息、价格信息、市场信息和竞争信息等。全球化中企业所面临的国际竞争和合作，使其信息需求覆盖全行业产业链。市场占有率在全球贸易竞争中起关键作用，企业创新的全方位信息保障便是提升市场份额和形成核心

竞争能力的关键所在。IT 行业企业信息需求的调查结果显示，企业所需信息类型及内容上的满足至关重要，需求内容按需求强度从大到小排序，分别为竞争对手信息、产品应用信息、原材料供应信息、市场动态信息、相关政策信息和技术研究发展信息。

②信息需求的深层化特征。对于企业来说，特别是产业链结构复杂和创新依赖性较强的创新型企业，信息需求已从表层向纵深层次的数据、知识延伸，这就需要提供深层化的信息交互环境和网络化的智能交互工具。鉴于企业产品的高科技化，应以知识创新为导向，强化面向产业链企业的科技创新服务融合。在科学技术对经济发展和社会进步的促进中，知识创新已成为企业生产经营和发展的最重要的因素。在某种程度上，企业未来发展取决于科学与技术的发展，知识不断积聚所形成的大数据环境使企业越来越依赖于知识创新。面向这种需求的服务，所注重的是如何从复杂的数据中得到适合企业创新需求的知识，特别是对于预测性知识和突破性创新知识的提供，对于企业核心竞争力的提升和新领域竞争优势的形成至关重要。

③信息的交叉需求特征。大数据时代的信息来自各领域，对于产业发展中的行业需求来说早已不再限于单一的垂直化需求。多领域创新融合促使企业技术创新与产品研发有机结合，在信息获取和利用上存在着极强的交叉性。在企业技术创新中，企业技术交互已覆盖全产业链企业，在信息需求上体现为信息交叉性、综合性和整体化。例如，某一行业的企业技术专利可能与产业链中其他企业技术专利交叉利用，表现为行业前沿技术领域的一种专利由多企业主体在分支领域上交叉持有。对于这些信息，则需要进行跨行业的搜集和提供，以便在信息集成的基础上进行新的内容发现。由此可见，围绕全产业链的跨行业信息汇集、融合组织和交互利用具有重要性。

④信息需求的动态性特征。企业信息需求具有很强的动态性，面对全球化动态市场环境，处于全球产业链中的企业对信息需求的动态意识随之增强。企业信息需求动态性强的原因还在于信息生命周期缩短，技术替代和更新的加速使产品换代趋于模糊，产业链中技术创新成果的适时应用和模块化生产的发展，使其处于不断变化之中，因而信息的动态提供日益重要。从信息需求内容上看，除为企业运行提供动态信息保障外，企业信息需求范已扩展到企业技术开发和生产经营的全过程和动态化信息保障环节。针对这一现实，跨行业信息服务融合中，应关注信息的生命周期，进行动态信息的采集、交互和适时利用。

3.1.3 面向企业网络需求的跨行业信息服务融合组织

全球化进程中，网络信息资源的大数据化、多源化和复杂化，导致了行业信息服务的困难，因而需要在行业系统信息服务的基础上进行面向企业的跨行业信息服务协同和融合。从协同和融合的实现背景和关联结构来看，应注重以下问题：

①信息基础设施与行业信息服务协同发展。信息基础设施建设和行业信息专网的构建与发展是开展面向产业链的数字信息服务组织的基础性工程。全球互联环境下，我国通用网络建设已形成对服务的全覆盖基础。20 世纪 90 年代以来的高速发展为"互联网+"的推进创造了新的支持条件，为行业信息网络服务的全覆盖提供了实施保障。在新一轮互联网发展中，行业信息网络的融合和分布式资源组织与虚拟技术应用将发挥更大的支持作用。在这一方面，我国的网络建设与社会信息化技术引动机制业已形成，网络与社会服务的协同战略已全面实施。另外，"互联网+"的推进，提出了行业信息服务延伸和拓展的问题，这就需要进一步完善行业信息服务与网络服务的协调机制，充分利用社会化、市场化手段进行服务组织，同时在动态发展中不断调整和适应新的运行环境。面对新的技术环境、市场经济环境和社会发展环境，行业信息服务融合中的网络物理设施和技术保障应进一步完善，使之与产业链用户的跨行业需求相适应。

②网络信息资源分布与组织机制的变化。网络化行业信息服务作为一个开放共享的信息平台，承载着来自多方面的多种形态的信息。跨行业系统的信息集成和集成基础上的服务融合组织，其目标在于实现信息载体上的整合、内容层面上的数据管理和服务实施上的开发利用。在跨行业信息资源整合中，来自产业链企业和相关行业的信息资源可分为文本形式的信息、数据、音视频信息等。在信息的集成利用中，需要基于数字内容的组织、存储和交互。从内容关联上看，跨行业信息资源不仅包括产业链中的企业运行信息，而且包括企业创新价值链中的科学信息、技术发展信息和各种专门信息，因而需要进行这两方面信息的融合管理。数字网络的形成和"互联网+"企业运行方式的转变，决定了多源信息的分布式存储和协同利用关系，其信息资源组织机制的改变决定了跨行业信息集成的组织构架。在基于信息共享的分布式环境下，需要进行数字网络的重构和行业信息资源组织的协同规划，同时进行企业运营网络和行业信息服务网络的连接，以适应分布式的行业信息网络环境。另外，在服务组织中进行面向不同产业链关系的信息服务定制，在信息内容组织上进行时空结构的

转换。

③网络信息资源服务技术与需求同步。行业信息服务组织和跨产业链的服务融合依赖于数字化技术、网络与智能技术的发展。从技术应用和服务组织的关系上看，技术侧发挥着基本的保障作用。从技术侧考虑，交互式信息服务的技术实现应面向企业需求，对信息内容和利用关系进行描述。在服务组织上，应注重技术对服务创新的推动，以及新的服务对用户信息需求的拉动。从利用侧看，需求引动又会促进技术创新和新的服务技术体系的形成。从整体上看，行业网络信息的组织不仅需要技术的"推"动，也需要需求的"拉"动。大数据与智能技术条件下，企业用户需要及时寻找所需信息，同时进行智能交互。企业用户信息需求与网络信息资源技术应具有适应性，大数据和大数据网络与技术发展，一是适应信息量的激增，二是适应用户的智能交互需求。可以认为，一定技术条件下用户信息需求量的激增导致了信息分布的大数据化，同时又促进了大数据应用的智能化。由于行业信息系统的开放性和信息老化现象，用户所使用的信息在任何情况下总是有限的，这就提出了行业信息资源组织与服务中的数据质量问题。

"互联网+"背景下的企业用户的信息需求与信息服务是相互依存的统一体，随着技术应用发展，网络企业用户信息需求和信息服务的发展呈现一种互动的态势。一方面，信息需求要靠信息服务来得到满足，即信息需求是信息服务存在的前提；另一方面，信息服务使信息需求得到满足的同时，又创造和引发新的网络信息需求。

网络环境下行业用户的信息需求与行业系统环境的交互作用，体现在数字信息技术和网络作用机制的改变上。当前，行业信息来源渠道的多元化和全产业链覆盖，以及企业价值链上的各环节需求的相互交织，决定了行业信息多源多维的特征。具体来说，包括行业竞争、前沿技术、市场需求在内的多方面信息，形成了网络化信息空间中的需求结构。围绕企业需求展开的行业信息服务融合，将随着不断演变的环境而发展。从实施上看，需求引动下的行业信息资源服务融合和网络资源与服务技术的结合，形成了面向产业链的跨行业信息服务融合组织体系。

图 3-1 显示了面向产业链的跨行业信息服务融合组织关系和各方面因素的交互作用。这说明，"互联网+"背景下行业信息服务的融合由企业的全方位信息需求和层次化信息需求引动，信息的高可信度要求和服务可取性要求决定了融合服务组织的基本原则。在这两方面因素的作用下，行业信息面向用户的融合服务框架得以形成。另外，互联网资源和服务组织形式作为行业信息服务的

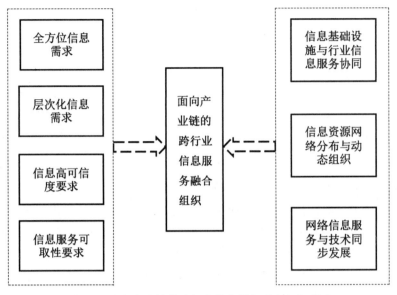

图 3-1 面向产业链的跨行业信息服务融合组织引动

基础架构,在信息基础设施与行业信息服务协同的基础上开展,其中信息资源
网络分布、动态组织以及技术的同步应用决定了行业信息服务融合组织基础和
资源支持基础。在这两方面的作用下,面向产业链的行业信息服务融合组织得
以最终实现。

3.2 产业链中的企业信息交互与跨行业需求分布

经济全球化环境下,企业的发展呈现出两个特点:一是产业链延伸,二是
行业服务细分中企业之间相互依存的关系加强。企业交互中的信息呈大数据增
长趋势,各行业企业在运行中越来越依赖于大数据网络和跨行业服务支持,从
而形成了产业链和创新价值链的新型关系。在这一场景下,信息化的深层发展
和数字化智能技术的全面应用,不断改变着企业的运行模式。从跨行业信息需
求上看,集中体现在"互联网+"背景下企业交互模式的改变和信息需求来源的
变化上。

3.2.1 "互联网+"背景下的产业链关系

在"互联网+"环境与技术的作用下,企业正从准时生产、精益制造和定制

模式转向基于网络的智能制造和跨域发展。这意味着,任何一个企业都不可能进行封闭的、大而全的技术研发和生产经营组织,而需要在融入产业链中寻求自身的优势和核心技术。显然,"互联网+"的发展对于企业来说极为重要。

"互联网+"背景下,企业基于产业链关系的运行可以归纳为网络化运行与创新发展模式,即实现基于互联网的运行和管理。在组织实施上,网络化企业发展的战略选择由企业运行机制决定,企业网络化发展由环境和企业因素所决定。这两方面因素的综合作用决定了网络化发展的组织模式,图 3-2 归纳了网络化运营的综合构架与模型。如图 3-2 所示,网络化中的企业发展环境因素包括:全球产业链的发展对企业经营投入—产出的影响,以及由此引发的产业经济发展的政策导向;技术进步和研究发展的关系的变化,从知识创新和企业研发角度对企业的协同创新关系、科技合作关系和面向产业链的创新组织关系产生的影响;社会发展要素的影响,主要体现在社会化公共服务的组织、社会网络交互关系的形成、企业文化和企业的社会交往方式和内容上;技术环境的影响,主要存在于面向企业的数字化网络建设和基于数字网络的融合服务实施上。对于全球化而言,处于不同环境下的企业模式和关系具有多方面的差异,处于产业链动态变化中的企业不得不从多方面考虑网络平台的利用,进行网络供应链关系和创新价值体系的确立,实现基于网络的经营发展目标。

企业的网络化运行与信息化发展水平和网络服务密切相关。在全球化环境下,企业的行业分工趋于精细化和组合化,企业生产、经营中的粗放型供应链模式,逐步为专业化生产结构所取代。对于具有复杂产品结构关系的企业,特别是高新技术企业来说,其综合优势已从单个企业的运行转变为依托产业链和跨行业合作的协同发展。在这一背景下,依托于产业链和创新价值链的组合发展,需要进行全球化的产业链合作,在行业分工的基础上取得进一步的发展优势。

企业经营网络化是现代企业全球战略的有机组成部分,图 3-2 显示了基于网络支持的企业发展关系和模型。产业链关系和创新发展合作所决定的企业运行,在环境因素和企业发展因素的交互融合作用下,进行基于网络供应链、协同生产与创新合作的组织,在推进智能制造和数字经营中建立与供应商、代理商、合作企业、研发机构和有关行业部门及客户的网络协同关系,在全球产业链和国家创新合作的发展中,确立其运行、管理体系。显然,这种开放式的合作运行和协同生产与经营,提出了跨行业、机构和系统的融合信息保障要求。由此可见,跨行业信息服务与网络化运营具有同一性,其融合关系在网络经济发展中得以确立。

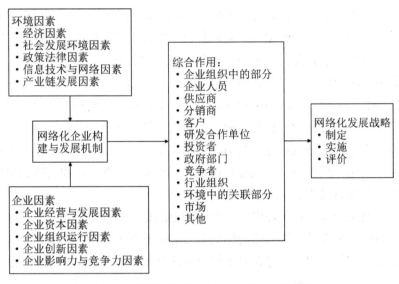

图 3-2　基于网络支持的企业发展关系和模型

　　在跨行业的产业链活动和基于创新协同的企业运行中，企业的产业链关系以价值的融合实现为依据。在产业链的构成和协同运行中，美国学者波特（Micheal Porter）从企业价值分析的角度提了价值链结构模型。按波特的价值理论，基于产业链的企业组织关系是在技术专业化和精细化发展中供应链关系的进一步演化，其组织流程已从单一的物流形式向数字制造和网络化运行相结合的协同形式转变。图 3-3 反映了其中的价值链关系和网络化协同运行关系。

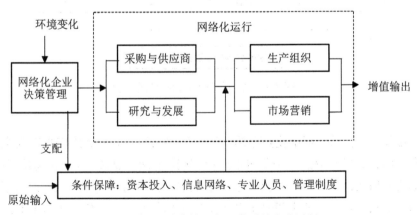

图 3-3　基于价值链和行业关系的企业运行

如图 3-3 所示，基于价值链和行业关系的企业网络化，着重从部门管理向环节管理转变。其中，转型发展和新的行业协同关系的形成决定了基于网络的信息交互和跨行业信息需求分布。在基于产业链的企业运行中，目标管理具有集中控制上的重要性。在企业的网络管理中，目标协同管理使构成企业的组合单元能够相互配合，形成一个相互支持的体系，有助于利益的一致性协调和流程环节的协同。目标管理作为一种技术实现保障，在网络化企业管理中可以简化管理关系以及在系统目标控制前提下的优化，其结果是实现效益最大化。然而，网络化企业组建中，往往存在目标管理模糊的情况，因而应避免信息不充分情况下的决策发生。

在网络化企业运行管理中，应全力避免信息不充分的情况发生。网络化企业运行目标管理涉及网络企业所依赖的行业信息系统、网络支持环境以及物流与信息流管理等。因此，存在着围绕目标体系构建进行信息保障的问题。

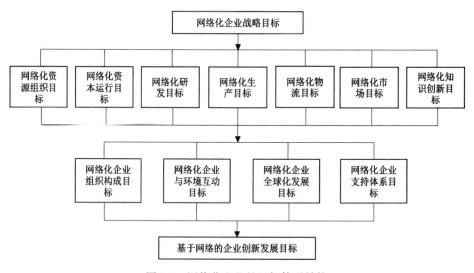

图 3-4 网络化企业的目标体系结构

如图 3-4 所示，网络化企业的目标管理和流程环节目标的实现需要全方位信息保障，其所需信息由企业协同运行、创新发展、研发生产、供应链目标和市场目标所决定。基于产业链关系和知识创新关系的网络化运行，决定了企业的信息需求和利用。产业链和创新价值链中的信息需求决定了跨行业系统和部门的集成服务实现，以及企业运行中的信息的交流和利用。从信息来源、信息功能、信息使用范围和信息层次结构上看，基于产业链和创新价值链的企业网络运行信息分布如图 3-5 所示。

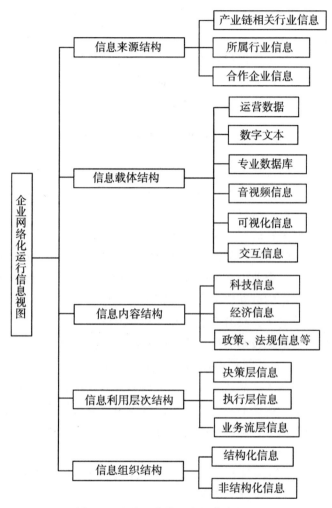

图 3-5 企业网络化运行的信息视图

从信息来源看，企业的网络化信息是来自社会、成员企业和相关行业的市场、技术、产品等方面的信息。企业的网络化运行是互联网和市场发展的产物，更多地体现在信息的利用和交流上。在企业的网络化运行中存在着相应的信息交互关系，其关联信息在核心企业和各成员之间需要进行共享和交换。根据企业网络化活动需求，可以从信息来源结构、载体结构、内容结构、利用层次和组织结构上进行区分，以确立企业网络化运行中的信息保障框架。

在基于产业链的网络化企业运行发展中，企业创新处于重要位置。然而，不少企业的创新仍然在企业内部进行，这一情况应得到进一步改变。对于创新驱动的基于产业链的企业组织而言，在全球化发展中，协同创新由于具有内外创新协作优势，反映了知识创新协同组织的发展趋势。从综合作用上看，协同创新中的价值链关系形成推动了基于产业链的企业发展，由此所决定的企业网络化信息需求，是跨行业信息服务融合组织必须面对的。

3.2.2 基于产业链的企业跨行业信息需求分析

在依托产业链的企业运行中，创新价值链中的主体按其协同关系进行基于产业链的创新发展，其产业链的延伸与创新协同发展需求决定了创新组织关系。从总体架构上看，这种知识创新协同发展导向从整体上决定了产业链延伸和基于创新价值链关系的产业集群发展。

协同知识创新的实现，强调知识创新中各个环节的衔接和整体上的协同。在价值实现过程中，企业创新发展需要产业链中的上、下游企业的创新融合，同时要求进行有序化的创新资源支持和跨系统信息服务保障。

在开放创新环境下，具有产业链和创新价值链关系的企业，按协同创新发展目标进行的网络信息技术支持下的知识创新，不仅适应了全球化中的产业链发展环境，而且为"互联网+"智能制造的深层发展提供了新的保障。当前，数字信息技术开发已融入产品研发环节，从而形成了以核心技术为支撑的网络化运行模式。在基于产业链的企业经营中，可以通过委托代工生产方式将创新技术应用于生产制造环节，即由制造商负责生产组织。在此基础上，生产制造商在生产过程中将创新技术物化为创新产品，交由营销服务商推向市场。从产业链组织关系上看，技术—生产—营销的合作，使创新价值的实现出现在跨企业合作之中，从而有利于基于产业链的协同创新推进。例如，上海某生物医药科技产业基地就集聚着国内外 400 多家生命科学领域企业、科研院所及配套服务机构，从技术研发、产品设计生产到市场开拓，已形成一个以研发为中心，从产品设计生产到市场经营的产业集群。在基于产业链的发展中，研发、生产和经营的融合决定了创新价值链的整体化实现。创新环节之间相互联动、相互制约，其在技术上所具有的关联性决定了上、中、下游环节之间的资源组织和协同利用。对于基于产业链的企业创新发展组织，图 3-6 以生物医药创新产业链为例，描述了产业链上的协同关系。

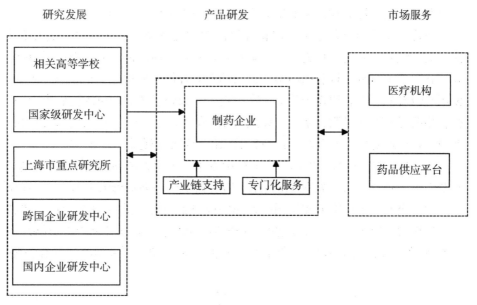

图 3-6　上海某生物医药科技产业基地产业链结构

从产业链中的知识创新到知识价值的实现，需要创新产业链中的主体企业和合作机构进行集研究发展、产品研发和市场服务为一体的协同和合作。值得关注的是，全球化环境下知识创新主体关联关系的变化，决定了产业链主体合作互动、资源共享和优势互补的发展方向。

由于产业链关系和创新组织的复杂性，企业为了适应全球化资源环境，在创新过程中越来越重视与外部组织的联系和合作。当前，产业链全球化发展背景下的创新已从同一产业内合作向跨产业合作方向发展。同一产业内，尤其是以高新技术为依托的新兴产业内，生产企业、研发机构、代工企业和经营主体之间的协作，需要围绕产业创新发展形成整体化的创新合作关系。在创新合作发展导向下，企业可根据市场需求和发展导向，获得自己所需的发展资源，与科研机构合作进行技术研发，从金融投资部门获得资金支持，在产品开发、生产、营销等多环节，进行分工合作基础上的利益共享，从而推动整个产业链的创新发展。在运作中，我国企业与高等学校和科研机构的合作具有重要性。其中，科技园区的创建为知识创新提供了源源不断的动力，其发展不仅体现在产业内知识转移和扩散上，而且体现在加快科技成果向企业的转化上。同时，诸多风险投资公司的参与，为创新注入了所需资金，为加快产品商业化进程创造了新的条件。正是在创新主体的产业协作创新中，才能促进知识、信息和技术在产业链上的便捷流动，从而确立产业集群领先发展优势。①

在跨行业的创新合作中，创新价值链的构建围绕产业链企业运行中的物流、资金流和信息流关系进行，以确立企业和各方面主体间的知识创新协同关系。其中，供应链结构和面向市场需求的企业合作发展构架，在基于产业链和创新价值链的合作和协作中确立。在实现中，以处于核心地位的企业为中心进行各相关行业的信息服务融合，以此为依托提供上、下游企业的信息交互利用保障，在产业延伸中实现具有产业链关系的跨行业信息服务目标。②

图 3-7 从理论模型上展示了产业链中以生产企业为主导的创新价值链结构和节点中的企业关系。如图 3-7 所示，跨行业的企业创新价值链节点由产业链中的生产企业、关联企业和协同企业或机构构成。在创新发展中，节点组织按分工协作关系成为一个交互关联的合作整体。其中：生产企业处于中心位置（图中 C_0 所示）；以核心产业为基础的集群创新需要将创新价值链延伸到具有关联

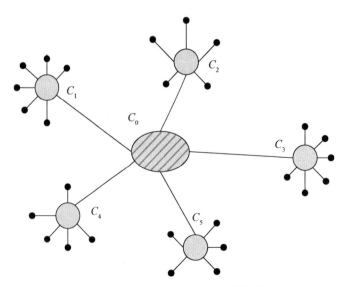

图 3-7　以生产企业为核心的创新价值链

①　饶扬德，等. 创新协同与企业可持续成长［M］. 北京：科学出版社，2012：83-84.

②　Dong F, Li W. Research on the Coupling Coordination Degree of "Upstream-Midstream-Downstream" of China's Wind Power Industry Chain［J］. Journal of Cleaner Production, 2020：1-13.

关系的产业群(图中 C_1 至 C_5 所示);同时,产业链协同创新机构或企业在不同的技术领域进行多种形式的创新协同,以实现集群创新发展目标(图中点所示)。例如:在光电子产业链中,光电子研发、生产企业 C_0 处于核心位置,需要具备总体设计、研发和生产能力,同时主导以光电子产品为核心的产业链协同创新;以此为基础,光学功能材料生产企业 C_1、光电信息行业企业 C_2、光电集成材料行业企业 C_3 以及相关行业中的企业 C_4、C_5 等,承担着协同创新和组件配套任务;除关联企业外,光电子产业协同创新节点涉及电子元器件、插件生产、光电信息通信、光电子微传感器生产等细分行业企业及其相关的科研机构和研发组织。由此可见,产业链中企业通过相互关联和合作,在创新发展中利用各自的优势实现产业协同创新目标。以此出发,不断延伸和整合创新资源,使整个产业集群得以进一步发展。

大数据与智能化发展中,行业信息服务的关联和协同组织在产业链创新中具有重要的作用。因此,融合服务面向产业链节点企业或组织的开展,应强调创新主体、创新环境和创新要素之间的信息关联关系,旨在开展基于产业链关系和创新价值链关系的协同信息利用目标,为产业链运行和创新发展提供信息支持。

企业创新的价值实现过程具有反馈和交互特征。信息在不同创新主体间的流动和作用,使得创新资源随之在价值链中自然形成,从而发挥支持各环节创新的作用。在全球化发展中,这种交互和反馈不仅出现在企业之间,而且存在于行业之间,由此决定了面向产业链交互的信息服务跨行业组织构架。

在以行业信息资源共享为核心的行业信息服务协同中,知识信息和数据资源的交互利用和共享具有关键作用。同时产业链创新中各个环节产生的数据资源和知识资源,在相关节点和关联主体中需要应进行面向过程的嵌入利用,即通过跨行业信息融合为协同创新提供信息支持。企业跨行业信息协同关系如图3-8所示。

如图3-8所示,随着产业链创新的全球化发展,创新价值链从企业内部延伸到外部,从国内延伸到国外。全球经济一体化环境下,各行业企业日益成为紧密联系的经济体。从创新的社会发展推动机制上看,产业创新联盟在一定地域和行业中的实现,有利于创新协同和产业发展,这一前提下的行业信息需求分布由以下几个方面决定:

①企业研发、生产、经营全球化发展中的需求结构。研发、生产、经营的结合已成为客观存在的现实。21 世纪全球化中的多边合作和研发、生产与经营的融合,导致了企业运行模式的变化。单一的技术交易、原材料供应和产品

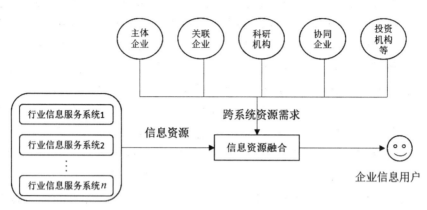

图 3-8 跨行业信息协同需求关系与服务组织

营销,逐渐被核心企业的设计研发、全球化供应链保障、跨域代工生产和面向国内外市场的同步销售模式所取代。例如,美国微软研发基地和制造基地分布于世界上许多国家和地区,其产业链经营和创新发展需要跨域信息交互和保障,由此提出了与开放运行相适应的跨域信息服务协同问题。又如,智能手机的研发、生产和销售及其所依赖的产业链,其跨域经营已成为客观存在的现实。即便是传统的食品产业中的瑞士雀巢公司,每年的销售额有 98% 都是在本国以外产生的。据 2017 年有关机构统计,全球 300 家最大的跨国公司占有世界外贸生产的 90%,[1] 以后的份额呈持续稳定增长趋势。

②企业与企业之间基于产业链的信息空间联系。例如,英特尔公司将 IC 设计业务放在美国的硅谷,美国境外的关联企业则协同从事 IC 代工业务、PC 制造业务和营销服务业务。日本东芝的一些产品部件在法国生产,与汤姆森公司合作在美国生产显示设备,在电子材料与器件生产中,与德国西门子公司合作,提供 DRAM 技术。中国的华为则在网络设备和数字产品研发、设计、制造和服务上进行了全方位产业发展布局和基于产业链关系的企业国际化合作运行。由此可见,企业之间基于核心竞争力的合作关系建立具有现实性。

事实上,无论是大型跨国企业集团,还是处在发展中的高新技术企业和传统行业中的中小企业,都存在基于产业链的企业内、外部信息交互和资源利用

---

① Bergiel B J, Bergiel E B, Balsmeier P W. Nature of Virtual Teams: A Summary of Their Advantages and Disadvantages [J]. Management Research News, 2013, 31(2): 99-110.

问题，其目的是通过信息资源的整合利用支持企业创新发展。在企业创新发展和运行中，除了从相关政府部门、大学和研究机构获取信息外，在生产运营中与相关企业的信息交流具有关键性。如汽车厂商在开发新能源新车型时，离不开与产业链上的协作企业的合作。在合作中，汽车制造整车厂需要车型、发动机配置和操控等核心部件的创新设计和生产组织，配套厂商则在创新设计框架下按技术规范进行电池、智能控制和配套部件的研发和供应，相关的材料供应和基础设施则由产业链末端企业来完成。由此可见，产业链决定了企业的交互关系。从更广的范围看，新能源电动汽车产业创新发展的全球化决定了行业信息服务的进一步发展。

3.3 企业网络化发展中的信息需求形态与结构

全球化中的企业产业链由产业链组织机制所决定，其产业链结构在更深层次上决定了网络化企业信息需求结构。从产业链与创新价值链的形成来看，处于产业链和创新价值链中的企业，其信息需求随着关系的变化处于动态演变之中。与此同时，企业核心主体信息需求形态和需求结构的变化又影响着行业信息服务的组织体系。在全球化和智能制造的推进中，企业信息需求的多元化集成已成为一种必然趋势，其需求结构体现在企业研发、生产和创新发展的基本层面上，由此决定了行业信息服务的网络化融合组织形式。

3.3.1 网络化中的企业信息需求形态

企业信息需求形态是面向企业的行业信息服务组织必须面对的一种基本形态，这是因为只有适应需求形态的信息服务才能为企业用户所接受。从总体上看，企业信息需求形态的形成受社会的信息存在形态、载体形态、信息传播与利用形态的影响。对于企业而言，产业链的全球化发展和多元运营关系的产生导致了分布需求的客观存在，而这种客观存在的需求又受着网络基础设施、企业信息化进程以及企业内外关系的影响，由此决定了企业信息需求的存在形式和内容层次。全球化和"互联网+"背景下，企业信息需求形态既有信息形态的社会适应性，即与社会信息总体形态的一致性，又有着区别于其他社会主形态的特殊性。这一情况集中反映在产业链活动和企业之间的信息流动、扩散和利用上，从形态影响作用上看，以下几方面因素值得关注。

①全球化经济发展中的产业链结构和我国经济发展需要决定了行业信息需求的基本形态。信息化深层发展中，各国经济的互补性逐渐增强，全球化产业链的变化改变着各国的经济结构和国际关系，而这种关系又受各国发展战略的影响。面对国际合作、竞争环境的变化，我国企业经济在国际上的影响力和竞争力持续提升，从而对全球经济发展的作用不断增强。我国国家创新和开放发展战略为企业产业链的延伸提供了新的基础条件，与此相适应的产业链信息交互形态和利用形态随之发生变化。从总体需求上看，各行业信息需求正从相对封闭的行业内信息保障，向开放环境下的跨行业需求和跨域转变，从而提出了面向产业链关系的信息集成要求。

②网络化信息作用机制决定了企业信息需求的意识形态。"互联网+"背景下，企业电子商务系统的升级，物联网的形成和数字生产的产生，不仅是信息化发展中的企业运行需要，更多地表现为企业的主动行为。在大数据与智能技术的应用中，处于核心地位的企业不断增加信息化投入，进行传统模式的数字化替代，其主动适应行为从应用层面上促进了行业信息服务组织形态的变革，提出了行业信息服务机构主动适应用户信息行为的要求。在创新发展中，高新技术企业率先进行智能制造数字嵌入和商务活动的数字信息流重构。这一意识形态不仅反映在企业信息化战略发展层面上，而且融入产业链和创新价值链环节之中，要求在行业信息服务的技术实现上，将信息技术与企业智能制造技术结合，进行面向产业链的服务创新。

③产业链中的企业合作和协同行为决定了行业信息交互需求形态。一方面，企业的上、下游关系决定了供应链组织和基于供应链环节的行业信息保障需求。在行业信息服务中存在着对产品研发和生产经营信息的面向业务流程的获取和利用需求，信息化中的行业协同发展关系的确立导致了系统化信息需求的形态变化，转而形成基于企业协同和合作关系的交互信息需求形态。另一方面，产业链和创新价值链中的主体企业，由于具有不同的分工而存在不同的需求结构。从产业链交互发展上看，不同行业的企业在跨行业系统的交互信息利用上却具有共同的形态特征，由此提出了面向产业链关系和企业运行协同关系的行业信息共享要求。

④云环境下信息流动状态与企业主体分布格局决定了行业信息需求结构形态。大数据、智能化环境下的云服务发展，对于企业的跨系统信息共享和虚拟资源的利用具有重要性。从信息作用上看，信息资源跨部门、系统和机构的流动，一是导致了企业信息来源的多元化和内容结构的复杂化，二是使企业对单一形式的内容需求和保障服务需求向数据、知识需求层次深入，三是使企业对

信息工具的需求成为一种基本的需求形态。无论是综合性信息服务机构，还是面向企业的行业信息服务机构，必须面对企业信息需求结构形态变化，在跨系统的服务融合中实现不同载体类型的信息资源的数字化，在云服务框架下推进分布资源的交互映射，在内容服务上进行适应企业用户的数据挖掘和知识发现，从而与产业链中的企业信息需求结构形态的改变相一致。值得指出的是，企业的不同类型和产业分工决定了信息分布结构的不同状态，这就需要从行业层面上进行区分，以提供面向用户的差异化服务。

⑤产业链发展和企业运行机制的变化使行业信息需求形态处于动态变化之中。产业链的变化和经济全球化发展是一个不断变化和沿革的过程，在大数据技术和智能技术的支持下必然带来产业运行方式的进一步改变。面对动态变化的企业信息需求形态，其服务不仅需要具有一定的前瞻性，而且需要在服务组织上确立动态化体系结构，以此为基础搭建行业信息服务融合平台。在这一背景下，应从产业链中的行业信息系统结构调整出发，进行跨行业信息服务推进。

图 3-9 对企业信息需求形态的结构进行了展示，从整体上反映了企业信息形态变革对服务的关联作用。

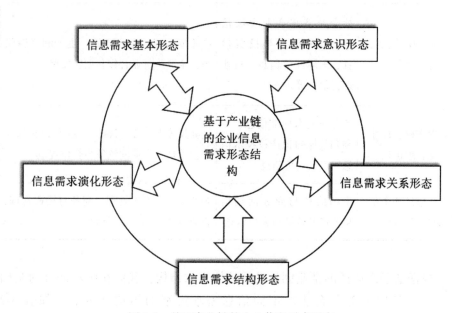

图 3-9　基于产业链的企业信息需求形态

图 3-9 归纳了网络化运营中企业信息形态的形成和结构，显示了其基本的内在联系，以及形态变革对行业信息组织与服务的影响。

3.3.2 形态转化中的企业信息需求结构

网络化环境下的产业链发展和企业自主创新，由于产业链和行业结构等方面的不同而具有差异性。这意味着不同企业主体有着不同的信息需求，因而提出了面向企业的服务个性化要求。然而，从总体上看，企业所处的环境和面对的产业链与市场的关联关系具有共性，其共性特征决定了共同的框架结构。表3-1 归纳了其中的共性特征，进行了信息需求来源结构、内容结构和所需信息作用的分析。

表 3-1　网络环境下企业的行业信息需求来源、内容结构与所需信息作用

信息需求来源结构	信息需求内容结构	所需信息作用
政府部门和行业管理机构	相关的政策文件、条例，相关法律法规信息等	企业制度建设、企业运行设计、企业战略管理支持
产业链中的相关行业和部门	社会经济与产业发展信息、金融行业与投资信息、国际经贸信息、行业运行信息等	产业链构建，企业研发、生产和经营组织，企业跨行业合作和创新发展
知识产权、标准化管理机构	各方面技术标准信息、专利和其他知识产权技术信息、产品规范信息	企业技术与产品创新，企业专利和知识产权管理，企业间竞争与合作规范
市场信息和企业组织信息	市场信息与商务活动信息，产品营销与客户信息	企业投入、产出管理，商务与投资管理，企业市场组织与市场运行

根据基于产业链的企业创新发展总体需求结构，我们在跟踪调查的基础上，分析归纳了部分企业的不同信息需求类型的结构和内容，如表 3-2 所示。

表 3-2 基于产业链的企业创新信息需求引动与结构

产业链中的企业	信息需求引动	信息需求内容结构	信息需求来源结构	行业服务需求结构
机械制造产业：机械设备制造不仅具有材料和技术上的通用性，而且具有设备制造的专门性，以此为基础构成了机械制造业产业链	机械设备制造具有以设备生产制造企业为核心的产业结构，由此引发的信息需求还包括机械设备材料、装备供应和专业设备研发的信息需求	机械设备制造企业信息需求以设备制造行业信息需求为主体，其内容包括机械材料、设计、检测和材料性能等	所需信息主要来源于企业所属的行业，同时需要来源于机械设计、材料领域和数字智能制造方面的信息	在行业信息服务面向企业的组织中，需要提供机械设计与制造专门数据、专利和自动化生产管理等方面的信息
集成电路产业：集成电路作为半导体产业的核心，当前的发展主要集中于芯片等产业链创新发展上，包括 IC 设计、材料、生产加工和封装企业协同发展	集成电路产业中芯片作为高端核心产品，产业链路包括 IC 设计、晶圆加工和封装测试，同时涉及材料及基础软件，由此引发了全产业链信息需求	集成电路产业是多方面技术支持的高端产业，技术起点高，发展迅速，其所需信息内容涵盖 IC 设计、晶圆加工、封装测试和下游利用环节	信息需求来源包括半导体材料、数字技术和测试封装领域，其中专门研究机构和产业部门的信息具有关键性	高端芯片领域的全球竞争决定了信息需求的全球化，由此提出了面向全产业链的融合服务要求，特别是在数据层面和内容层面上进行面向企业的服务嵌入
光电显示产业：上游企业为面板、模块原材料、零组件企业，中游包括 LCD、OLED 等面板及显示模块装备生产企业，下游企业包括电视、电脑显示器、手机等生产企业	数字显示设备的广泛应用决定了光电显示产业的发展，光电子材料研发和显示机制研究与实现是其中的关键，由此引发了其跨行业信息需求	光电子显示产业链中的企业信息需求具有专门化的特征，产业链中的行业细分和技术的组合应用，决定了以细分行业信息为主的全产业链信息需求结构	涉及光学、材料、化学、电子、化工、机械加工、金属等行业，以及液晶、玻璃基板、发光材料、光源生产和采用光电显示设备部件的研发与生产行业信息	光电显示产业链的延伸和技术的综合发展，促进了跨行业信息服务协同体系的形成，在服务上需要面向上、中、下游企业进行研发和运行信息保障

71

产业链中的企业	信息需求引动	信息需求内容结构	信息需求来源结构	行业服务需求结构
生物医药产业：生物医药产业由生物技术产业和医药产业共同组成，其中药品生产企业为产业链的主体企业	生物医学工程作为综合生命科学与工程方法的专门领域，其与医药产业的结合决定了生物医药产业信息需求的内容和形态	在综合生物医学工程和生命科学研究基础上的产业发展，需要进行二者的有机融合，信息需求内容涵盖基因工程、细胞工程、药物材料、基因测序等领域	所需信息来源于生命科学研究与应用领域，同时包括生物医药生产企业，涉及医药、医疗卫生、农业和其他药品生产企业及临床应用	需要提供生物医学工程和生命科学相关领域的信息融合服务，同时需要药品制造、医疗卫生与药品管理部门的信息服务与监督
纺织服装产业链：纺织服装产业链中的企业由纺织行业和服装行业组成，其关联关系和整体化协同决定了基本的业务关系和相互依赖关系	服装面料生产作为服装设计和制作的基础而存在，居于下游的服务行业发展促进了纺织行业的进步，二者的交互关系决定了其跨行业信息需求结构	主体信息需求包括纺织和服装行业中的面料生产、服装设计和市场化推广等方面的内容，从需求内容形式上看，以数字化载体内容和数据为主	纺织行业信息需求除与服务保障有关外，还包括各种纺织原料，纺织工艺、设备，面料印花、染色、处理等方面的内容，服装行业还需要传统文化和社会生活等方面的信息提供	信息需求以纺织和服装行业内的服务保障为主体形式，同时还需要进行纺织与服装行业的信息集成，在融入社会大环境中实现全面的信息保障

表3-2 所归纳的分析结果，可以展示网络化环境下基于产业链的企业信息需求的引动和现实构成，其分析旨在为需求导向下的跨系统行业信息组织和面向企业的服务提供参考依据。值得指出的是，不同行业和产业链结构下的企业信息需求具有客观上的差异性。这种差异性除与产业链关系和行业结构特征有

必然的关联外，还与产业链所依托的社会发展基础和所涉及的领域密切相关。然而，从所归纳的结果上看，其共性特征居于主导位置。

企业在自主创新和基于产业链的经营发展中，需要不断提升原始创新能力，增强产业链中的集成能力和运营能力。在产业链协同和企业合作中，应有效推进技术与产品研发的规模化。在这一目标下，产业链中的企业主体结构和运行机制应不断调整。在基于产业链的企业发展中，需求结构的变化具有以下几个方面的特征：

①从行业内信息需求向跨行业信息来源需求转化。产业链的全球化发展趋势和产业链延伸中企业生产的细分，导致了企业运行协同关系的变化。以本行业为主体集成相关行业信息的组织模式已不能适应产业链关联融合发展的需要，从而提出了跨行业系统的专门化服务协同的要求。在行业内容信息需求向跨行业信息需求的转变中，行业信息服务面向用户的协同组织机制得以形成，其面向企业的服务构架决定了行业信息系统服务的开放化和社会化。

②从信息载体层面的服务向内容服务发展。行业信息服务的组织，在以往的发展中往往限于文本信息、音视频信息和其他媒体的分类揭示和整体化推送。虽然进行了基于元数据的内容整合，然而往往限于语义层次上的描述，未能在基本的数据内容层面上展开。目前，产业链中的企业交互和内容需求的深化，要求在数据挖掘和知识发现的基础上进行进一步的深化，通过机器学习和用户交互进行数字化信息描述在用户认知空间中的转化，以便于企业在产业链中融入知识网络，实现信息的自主利用目标。

③从提供信息来源和内容的服务向基于跨行业平台的融合服务发展。行业信息资源整合与服务协同中，企业自主创新和融入全球产业链的发展，要求改变传统的信息整合提供和系统互操作应用模式，转而需要进行新的平台服务支持。在实现中，平台建设应具有分布结构上的虚拟资源组织特征。在同步实现公有云服务中，进行面向企业用户的私有云服务布局，从而为用户自主利用信息提供云服务平台支持。鉴于跨系统服务的开放性和企业信息交互的虚拟化，应同步进行平台服务的安全保障。在规范信息用户行为的基础上保障企业的信息权益，提升产业链中跨平台服务的技术水平和安全等级。

④在行业信息服务定制中，从固定需求向动态信息需求保障方向发展。产业链中的企业信息需求具有阶段性和情景性，企业运营环境的变化和产业链的变革提出了定制需求的变更问题，因此面向用户的服务定制协议应随之调整。为实现这一目标，拟进行跨行业信息服务与企业数字化运行和网络经营的结

合，建立面向用户的智能交互关系，提供面向用户的信息搜索与内容挖掘工具，将软件应用嵌入用户的信息利用环境之中，从而全面提升企业的信息保障水平。

3.3.3 基于产业链关系的企业信息保障需求

企业信息需求来源于对多主体和多系统的信息获取、交流与利用需要，其中企业对产业链中的相关行业信息的需求处于关键位置，因此行业信息需求的结构必须进一步明确和细化。这里，在产业园企业集群需求案例分析的基础上进行归纳。

电子信息产业是天津滨海高新区规模化发展的产业。天津滨海高新区电子信息产业的比较优势存在于移动通信、消费电子和工业电子等领域，且已具备良好的技术和制造基础。园区由移动通信产业园、片式元件产业园和集成电路产业园所构成，业已形成集群化发展态势。其主导产业集中，通信设备、电子元器件和电子计算机制造行业产值达天津市电子信息产品制造业的80%以上。

在产业链发展上，天津滨海高新区已经形成了以企业为中心的产业链布局和完整的配套体系建设，包括芯片设计、集成电路、片式元件、面板、高性能电池等研发、生产体系。在集成电路产业中，从芯片设计、加工、封装测试到材料的生产，具有相对完善的产业结构。围绕电子信息产业，天津滨海高新区已建成5个国家级创新机构和1个国家级企业技术中心，形成了工程中心、专门研究机构、大学科研协作机构和企业研发中心协作网络，已具备从基础研究、应用发展到产业化制造的全方位覆盖。同时，中国科学院北京分院与天津市的合作，曙光高性能计算机的研发，蓝鲸存储、遥感等一批重大科技成果的转化，体现了产业创新发展前景。在基于产业链的发展中，天津滨海高新区电子信息产业创新价值链得以形成并不断完善，如图3-10所示。①

从图3-10所反映的天津滨海高新区电子信息产业集群关系上看，一是其产业链结构相对完善，基于产业链的创新合作为产业链企业的发展营造了良好的技术支持环境；二是在面向产业链发展的创新协同中，形成了研究发展优势。天津滨海高新区电子信息产业集群的创新发展，从企业运行、产业链协同和研发创新的组织层面提出了以行业为主体的信息保障需求。从关联关系上

---

① 田小平．天津滨海新区电子信息产业集群发展的动力机制分析[J]．企业活力，2010(8)：10-14.

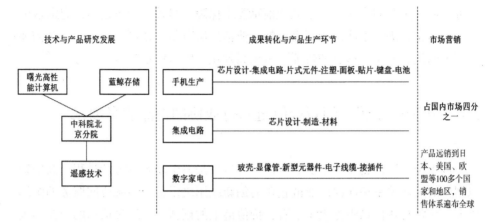

图 3-10 电子信息产业链中的天津滨海高新区集群创新发展

看，其需求存在于电子产业集群运行的产业链环节之中。企业是知识创新价值实现的最终主体，无论是生产型企业还是服务型企业，其共同特征是市场化发展和经营决定了其基本的信息保障需求结构。企业知识创新是创新成果产业化的最终体现。在产业链发展上，企业所从事的技术创新和产业创新，旨在将新技术融入新产品和服务之中。其中，创新经济价值实现是其最终目标，因而需要完整的科技信息、应用技术和产品市场信息的保障。通常情况下，企业挖掘市场信息、预测消费需求，创造性地利用已有知识开发产品和服务，是创新价值转化不可或缺的重要环节。新产品、新服务、新工艺的出现，新市场的开拓和细分，新营销策略的运用，必须在充分掌握市场供求情况、经营状况、客户需求和满意度等方面的可靠信息的基础上才能实现。这些信息通常不可能直接获得，而需要通过一定的信息收集手段来获取。

在调查天津滨海高新区的创新价值链实现中发现，从创新源头到产品或服务创新环节，其过程环环相扣；每一环节都需要充分的信息支持，其信息来源涉及范围广，从高等学校到科研机构，从政府部门到行业服务中心，企业需要从不同的系统来获取这些信息。对于协同创新和基于产业链的生产组织与市场营销而言，需要进行与企业信息需求保障结构相适应的行业信息资源服务协同。

基于产业链的企业信息需求保障具有多元化、跨部门、跨系统的特征，同时由于不同企业的活动不同，对保障信息的需求存在着多方面差异，具有各自的独特性。这就要求进行跨系统的网络信息服务保障体系建设，在跨行业融合中进行面向企业的多元化、集成性信息需求保障。另外，知识创新信息需求的引发与演化，决定了面向创新需求的行业信息服务组织体制与体系，这就需要按其中的演变规律、形态和特征，组织高效化的跨行业信息融合服务。

3.4　基于产业链和创新价值链的行业协同信息服务要求

基于企业知识创新价值链的价值实现过程是一个动态的复杂过程，其中知识创新的关联关系和面向产业链企业的创新应用决定了跨系统协同服务的组织要求。从跨行业信息服务组织上看，价值链上的创新主体通过信息的交互实现创新合作，因而信息服务的行业交互便成为跨系统协同的关键。

3.4.1　面向产业链的行业信息服务功能与结构

"互联网+"背景下的产业链形态和基于价值链的企业发展导向，决定了产业链中的企业信息组织形态。在环境、技术和需求作用下的信息服务组织架构，因具有客观性和现实性要求，其跨行业系统服务需要在融入产业链和价值链的过程中进行。

从整体上看，全球产业链作用下的企业信息服务要求具有如表 3-3 所示的层次结构与内容。如表 3-3 所示，基于产业链和创新价值链的企业信息服务需求，具有设施服务层、技术系统层和信息资源层三个层面的需求结构。其中：信息基础设施的需求包括各种信息设施需求，要求围绕企业创新发展中的主体活动提供数字化管理和信息化实现服务，以适应企业信息化和创新研究与发展数字化的需要；技术系统层次的需求包括信息数字化载体技术需求、信息处理软件技术需求、数据库信息技术需求、信息智能化交互技术需求、大数据环境下的虚拟信息技术需求和信息安全技术需求，以适应产业链创新主体的信息组织、交流与利用中的技术需要，要求提供不同环境下的计算机软件、系统集成、信息智能技术和信息交流与保障技术支持；信息资源层次的需求体现在企业用户对信息的内容需求上，包括各种载体形式的报告、专利、标准、多源数据等，在服务内容上要求信息资源配置、内容挖掘、知识揭示等方面的全方位信息提供，在服务功能上包括信息查询、检索、咨询和系统保障等。

表 3-3 全球产业链作用下的行业信息服务功能与结构

层次	内容		
	对象需求	功能需求	业务需求
设施服务层	需求对象为各种信息设施与基础网络，包括计算机设施、通信设施、信息载体设施等。信息化环境下的信息基础设施需求体现在信息网络基础设施建设上，要求构建高速信息流通和可以搭载各类信息的高速网络	国家信息基础设施建设需求反映在功能上，包括提供数字化信息存储、无障碍信息交流和面向产业链的集成利用，支持"互联网+"背景下的产业信息化发展，创造企业运行信息化的硬件环境	在信息基础设施的利用上，不同用户有不同的需求内容与相关要求。而其共同点是：需要信息交流与业务交互，实现信息与知识的网络化管理，以保证电子政务、电子商务、企业网络化运营和公共信息交流的开展
技术系统层	在技术层面上，要求进行基于分布结构的信息资源跨行业系统的集成，实现基于元数据共享的信息交互和转化，在云服务平台构建中进行数据内容的挖掘和有序化组织，进行面向行业的信息技术应用，采用跨行业信息融合的技术标准，强化标准化技术管理	技术系统层面的功能需求包括信息识别功能需求、信息交流功能需求、数据库开发功能需求、信息安全功能需求、信息跨系统组织功能需求，要求适应技术发展和用户创新发展需求的变化，创造各类适于用户创新发展的信息化软件环境	在业务需求上，要求为信息系统建设提供系统工具、数据库软件、信息安全管理技术、网络信息组织技术、信息交流与传输技术、信息化环境下的互联网技术、物联网技术、基于本体的信息处理技术、云计算技术、智能信息技术，需要围绕企业组织的创新发展不断更新技术，提供信息技术发展平台
信息资源层	从信息资源需求类型上看，包括科技、经济、社会发展等方面信息，进行数据资源的跨系统融合和集成。所涉及的各种专门信息，从来源上看，包括来自创新主体及其环境的各种信息；从信息资源组织上看，包括来自多系统的数据库和分布存取的信息；从信息内容上看，包括反映客观事物对象的非知识信息和知识信息	信息资源层的服务功能需求包括信息资源配置功能、服务组织功能、信息存储功能、信息检索功能、信息资源转换功能、信息资源整合功能、信息构建服务功能、信息资源内容挖掘功能、信息资源揭示功能、信息语义网功能、信息资源可视化功能、知识地图构建和各种信息数字化功能等	从总体上看，业务需求包括信息资源提供和信息资源交换。从信息资源提供方式上看，包括信息查询、信息检索、信息咨询等；从业务组织方式上看，包括信息层面和知识层面的资源组织；从服务的对象上看，包括信息资源共享、个性化信息提供、基于内容的数据挖掘和知识信息的交互利用

　　以上三个层面的信息需求并不是彼此孤立的，而是一个有机联系的整体。从企业运行和创新发展整体目标实现出发，不仅需要信息基础设施保障和数字化技术与网络信息传输技术保障，而且需要在信息基础设施与技术基础上的信息流组织和信息内容服务保障，以实现企业运行与创新发展中的多层面、全方位的信息资源保障目标。基于此，三个层面的信息与保障需求关系如图3-11所示。

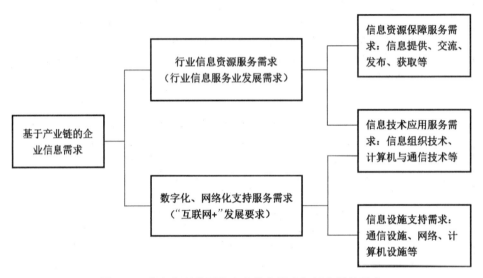

图3-11　信息化环境下的企业信息需求与行业服务要求

　　如图3-11所示，基于产业链和创新价值链的企业需求决定了跨行业服务组织要求。其行业信息服务需求由行业信息服务发展作保障，信息化支持需求由信息产业(主要是电子信息产业、通信设施产业)作保障。企业信息服务需求，在内容上包括信息资源开发和信息提供、交流、发布与获取需求；在技术实现上，需要信息技术的全面支持，包括信息组织技术、计算机与通信技术等。信息化支持需求，在内容上包括信息技术设施需求，主要是通信设施、计算机设施和信息网络建设需求；在信息化实现中，需要硬件基础上的软件支持，以及信息技术的发展与应用保障。由此可见，信息技术的发展与信息服务和信息化设施建设密切相关。从行业信息服务组织上看，信息技术是指基于信息基础设施的支撑技术，是行业信息服务发展的基本保障。

鉴于图 3-11 所示的基本关系，企业运行的信息服务需求包括基于信息资源和信息技术的信息组织、提供、交流、获取需求。与此同时，信息基础设施建设和利用是实现数字化信息服务的基本条件。

3.4.2 企业创新发展中的行业信息服务组织要求

全球化环境下产业链的延伸和创新价值链的横向发展，提出了面向企业运行和创新发展的行业信息服务组织要求。在行业信息服务组织中，不仅需要进行互联网基础上的行业信息面向企业供应链关系和业务流程的融合组织，实现信息服务技术与"互联网+"应用发展同步，而且需要在服务中拓展面向行业的服务形式和内容，实现行业大数据的无障碍开发和利用，同时进行面向产业链关系的全程信息保障。

信息化环境下的企业创新发展，不仅依托产业链运行的数字化和"互联网+"背景下的产业集群发展，而且依赖于基于价值链的企业创新。事实上，产业链与创新价值链的有机融合，为企业的运行和创新发展奠定了新的基础。因此，在面向企业的行业信息服务组织中，产业链和创新价值链融合基础上的平台建设，以及面向企业运行和创新发展的行业信息服务组织处于核心位置。在二者的关联组织中，产业链决定了企业的上、下游合作关系和企业投入—产出效益，而知识创新的组织和价值实现则决定了企业技术发展、产品研发和市场拓展的能力。在企业的信息需求结构上，存在着产业链运行环节和知识创新环节之间的关联和基于环节需求的信息服务组织协同问题。表 3-4 按基本的流程关系，在面向产业链和创新价值链信息服务融合构架的基础上明确了其基本的要求。

表 3-4 基于产业链和知识创新环节的行业信息服务组织要求

产业链环节	企业信息服务需求	知识创新环节	行业信息服务组织要求
协同运行	按产业链上、下游企业的关联关系和产业链结构，实现细分行业的信息资源整合，进行基于合作关系、供应链关系的信息交互利用，保证服务的全覆盖和适时性	协同创新	协同创新要求按创新主体的关联关系进行跨系统信息服务保障，在创新价值链中进行知识信息的协同组织和交互利用

续表

产业链环节	企业信息服务需求	知识创新环节	行业信息服务组织要求
产品研发	产品研发在生产企业中进行，代工企业、材料和部件生产供应企业的产品研发具有面向产业链的特征，需要信息的交互共享和实时提供	应用研究	应用研究在基础研究的基础上进行，要求面向应用研究环节进行多源信息的跨系统集成和融合利用，结合产品研发开展定制化的数字信息嵌入服务
生产组织	产业链中的企业具有有序化的分工合作关系，鉴于生产环节的衔接要求，需要进行面向企业生产流程的信息保障，实现面向流程的服务嵌入	技术发展	企业所具有的创新价值链关系和上、下游企业协同关系，决定了合作和协同中面向技术创新过程和环节的信息保障组织，目标在于实现各主体之间的信息交互利用
市场经营	全球产业链的变化和经营方式的改变，需要在跨行业服务中敏捷地提供市场信息，实现基于产业链的有序化市场竞争与合作	创新转化	知识成果的转化是科学研究、技术创新和试验发展的最终目标，在转化中要求围绕市场化需求和产业链发展需求进行，在全方位组织和提供成果信息的同时，保护知识产权和保障信息安全

　　表3-4从产业链运行关系和知识创新环节出发，进一步明确了行业信息服务组织要求。从整体上看，行业信息服务组织应围绕产业链企业协同运行、产品研发、生产组织和市场经营进行。与此同时，在创新价值链实现中，根据协同创新关系进行应用研究、技术发展和成果转化，实现行业信息服务面向企业的组织目标。在面向各环节的服务实现上，着重于行业信息资源的跨系统、跨部门整合，推进各环节活动中的信息交互，为企业运行和创新发展提供全程化信息保障。

　　经济全球化和创新国际化发展中，科技和产业自主创新处于关键位置。从价值链整体上看，科技与产业创新主体由各行业企业、科学研究专门机构和高等学校研究机构所构成。其中，研究机构处于价值链的上游，各行业企业处于价值链的下游。然而，信息环境的变化和价值链的演化正逐渐改变其上、下游创新结构，呈现出研究机构和企业创新融合发展的趋势，其中基于产业链关系的协同创新已成为主流发展模式。

事实上，在企业运行和创新发展的实践中，基于价值链的多元自主创新在科技与产业创新发展导向下，依托国家创新基础条件进行相互关联的创新活动组织。在创新发展中，企业主体需要从基础研究、应用研究到试验发展的融合保障，在基于产业链关系的创新组织中形成发展优势。根据知识创新的价值链关系，图 3-12 归纳了企业发展中的创新价值链模型。

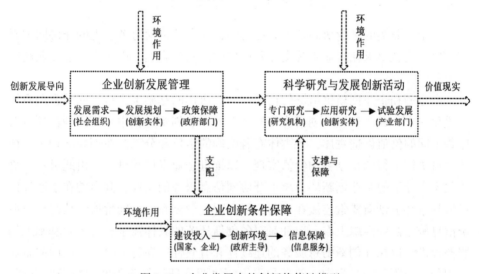

图 3-12　企业发展中的创新价值链模型

产业链中的企业创新价值链活动决定了企业协同创新的信息需求。由于知识创新具有与环境的互动关系，随着信息化程度的提高和创新经济的发展，包括政府、研究机构、高等学校、企业和各类社会组织在内的主体的创新信息需求正发生新的变化，其趋势为：

①从行业系统服务向跨行业信息服务转变。企业创新价值链的跨系统结构和企业创新发展主体的协作关系，决定了各方面主体的跨行业、跨系统信息需求。全球化环境下，科学创新研究与发展的固有模式和关系正发生变化，在企业创新发展中，创新活动已融入产业链环节，呈现出开放化、社会化和协同化发展特征，信息需求因而具有跨行业或系统的特性。

②产业链中的企业创新往往涉及多个学科和专业领域，其交叉越来越突

出。因此，单一化和系统化的行业信息资源整合已难以满足创新主体的信息需求。创新价值链上起主导作用的自主创新主体出于知识创新的需要，要求信息服务系统提供内容全面、类型完整、形式多样、来源广泛的综合信息。

③在行业信息服务向产业链协同服务的拓展中，为了保证创新增值的有效实现，自主创新主体的信息需求正从对信息本身的需求拓展到对信息服务优化组织的需求。这就要求行业信息服务机构有针对性地提供专门化的信息服务，以便为自主创新能力的提高提供完备的信息资源保障和信息服务支持。

3.4.3　企业创新价值链中的服务融合保障要求

基于产业链的企业协同发展和运行中，存在着价值链节点上的非协同因素和障碍，这就要求在行业系统交互和协作中消除其影响，以适应企业产业链中的服务融合要求。

产业链和企业创新价值链的构架在分工协作的基础上进行，同时强调系统的优化整合。在产业链和创新协作框架下的企业创新过程中，不同创新环节对应着不同的价值创造主体，各主体有着明确的定位和分工。在创新活动中，往往通过协作进行知识创新和价值实现，以推进企业发展和进步。由此可见，价值关系主导下的企业创新环节离不开协同信息服务的支撑，其目的在于通过信息流将各环节创新要素连接在一起，以实现企业创新的协同价值。从跨行业系统信息服务协同组织上看，应针对对各创新环节的具体需求进行融合基础上的服务提供，以保证创新信息服务的连续性和有效性。在行业机构推进面向企业知识创新的服务的过程中，信息的组织、协调管理和保障不断取得新的发展。在此基础上，应针对创新价值链环境下的创新主体信息需求变化，进行有效的协同组织，以保障跨行业信息服务面向企业创新发展的开展。

在面向企业创新价值链的行业信息服务融合组织中，除服务完整性、及时性、针对性、全程化、定制化要求外，以下几方面要求具有重要性：

①信息服务系统条块分割障碍的克服。在创新服务组织中，除公共和综合性科技信息机构提供的社会化服务外，企业创新信息保障往往限于行业部门系统内的服务支撑。各主体所依赖的内向式的服务方式应得到改变。在行业信息服务组织中，创新主体间应进行充分的信息交流、传递与共享。对于内向模式的原生性沿袭问题应予以解决，对于创新实施及创新成果转化方面的信息服务障碍应予以克服，这也是系统服务开放组织的必然要求。

②信息服务机构协同中的异构资源整合。对于科研机构和行业部门提供的服务来说，存在着领域不同导致的信息系统的异构性、资源分布的分散性、信

息的自组织性和复杂性等问题，其资源和服务业务之间缺乏协调，因此应将公共服务、企业信息系统、行业信息服务系统中的资源进行有效整合，在基于元数据的异构资源转化中确立共享机制。在行业信息服务上应注重各机构的协作，避免资源重复和关键信息的缺失，同时确立协同融合基础上的知识创新信息保障协同机制。

③创新类信息服务的时效性保障。知识创新的时效性强，对于信息服务技术的应用而言，需要适应研发—市场—成果应用转化环境，其根本要求在于进行实时的基于创新价值链的信息组织和提供。传统的信息服务往往限于长期存储资源的提供，对企业研发活动中各创新环节的动态信息却未能及时提供，从而造成对创新价值实现的障碍，最终影响创新成果价值转化。对于企业创新中的这一普遍问题，需要通过相应的机制来解决，以实现创新服务的实时保障目标。

④创新类信息服务的内容质量保障和冗余处置。"互联网+"环境下企业创新价值链的延伸和扩展，使得知识流在不同创新环节上以多种形式存在，由此导致了信息的冗余，特别是大数据质量的下降和数据堆积所造成的障碍。针对来源多元、内容丰富、分布无序的信息，应进行面向创新需求的信息资源协同组织和内容提供，从而形成完整的价值链循环，提升创新服务的知识价值。

⑤信息服务技术和工具的同步开发。创新价值链结构紧密，每个环节产出的成果都是下一环节的投入的基础，因而具有很强的递进性和逻辑关系。如何有效地在短时间内获得更大创新收益，与需要采用的信息服务技术手段和工具嵌入直接相关。鉴于技术和工具的重要作用，应进行服务技术的同步开发，使其与"互联网+"环境相协调。

企业知识创新所需的信息来源涉及其他企业、公共机构、大学和技术转移机构，既有区域性，又有全局性。当前，跨行业信息协同服务中，一方面行业信息机构普遍存在信息分布的区块特征，各服务机构间往往缺乏合作和协调，资源也存在着重复建设或缺失等问题；另一方面，公共信息服务部门难以与行业信息机构的服务协同，所拥有的信息资源难以与行业知识创新融合和共享。因此，对基于行业知识创新价值链的信息服务组织，要求从基础研究与应用研究的结合出发，围绕创新环节进行知识融合，推进知识创新成果的产业化。这一现实，提出了信息服务组织协同要求，决定了部门化系统内服务向开放化和社会化方向发展。在服务的实现上，应满足以下要求：

①创新知识全过程服务融入要求。传统的信息服务提供是基于需求开展的，往往停留在表面层次，因而并没有融入知识创新的全过程，主要表现为缺

乏与创新主体的互动机制。一方面，难以与用户需求进行动态互动；另一方面，缺乏基于需求表达的知识创新互动机制的推动。从实施上看，信息服务机构应该参与企业知识创新的全流程，针对性地为企业创新提供全程化、持续化、系统化服务嵌入，以将信息服务融入创新环节之中。另外，需要对企业创新活动中生成的信息进行管理与组织，通过嵌入式服务来保证创新中的信息需求满足，为企业知识创新发展提供动力。

②跨系统全程化服务融合要求。与产业链关联的创新价值链形成，需要开放式创新服务保障；在共享数字网络和分布式资源的情况下，要求跨行业系统、跨部门机构和企业部门提供全程化的协同服务支持。当前服务的内向式组织和部门化组织难以适应企业动态创新的要求，因此提出了基于创新价值链的服务融合要求，以建立企业的知识共享和协作创新空间，这也是跨系统全程化的服务融合要求。

③全方位动态化整合要求。企业创新价值链的实现环节需要对研究人员、研究内容和资源进行整合，这种复杂和动态的组织构架对信息服务形式的稳定性有较高要求。在知识创新的各环节中，需要进行面向流程的全方位信息交互保障，其目的在于实现研究活动的有序组织，由此提出了对信息服务的全方位动态整合要求。

④知识创新增值服务要求。企业运行依赖跨行业、跨组织、跨领域、跨时空地域的信息共享和协同，基于产业链的企业知识创新合作也应以此为依托。"互联网+"背景下的信息技术的发展为知识发现、创新实施和成果转化提供了全面支撑。在目前情况下，这一需求已得到了基本的满足。然而，随着数字化研究发展模式的形成和智能技术的应用扩展，企业创新服务应得到进一步的发展，以适应增值服务要求。就协同创新组织而言，其增值服务主要体现在信息服务的多模态转化和面向创新价值链的数据嵌入和软件嵌入服务的开展上。

4 面向产业链的行业信息服务融合构架与行业协同

产业链中的企业信息需求、信息服务基础结构和基本形态决定了面向产业链的行业信息服务组织模式。在数字信息技术不断发展、信息网络不断扩张和信息资源整合力度不断增强的情况下，行业信息服务集成已向产业链的融合方向发展，从总体上需要在服务融合构架的基础上推进行业机构的协同发展。

4.1 面向产业链的信息资源整合与服务融合

当前我国行业信息资源服务的整合依然存在多方面障碍，其中市场在信息生产、信息供求调节、信息资源配置等方面的作用有限。因此，政府部门主管、市场推动和多方协调是当前推进面向产业链的行业信息服务融合实现的关键，对此需要进行多元主体的融合构架。

4.1.1 行业信息资源整合与服务融合中的发展需求导向

信息资源共享是资源整合的基本动因之一，"互联网+"背景下行业大数据的分散分布和企业用户集成利用之间的矛盾越来越突出，这就需要在大数据技术环境下进行面向企业需求的信息源整合，在行业信息内容分享的基础上，实现跨行业系统和面向需求的信息交互利用。鉴于产业链结构的变化和企业信息交互关系的多元化，行业信息资源整合的实现需要依赖于行业和企业机构之间的合作。在社会公共资源共享的框架下，进行基于共享协议的资源协同组织，在服务合作中推进行业信息资源服务的融合。其中，决定行业信息整合和服务融合的基本要素包括组织结构、企业参与、资源分布和行业需求等。

从信息资源分布、共享形态、技术支持和产业发展环境上看，行业信息资源整合并不意味着庞大的行业综合服务机构的建立和层级化的信息资源系统建设，而是进行面向产业链关系和企业创新组织关系的相关行业和公共资源的跨系统共享与集成交互利用。因而，整合主体、客体和环境关系的确立具有重要性。

①行业信息整合的主体。行业信息资源整合在公共信息基础设施上，以行业信息服务机构为主体进行，其中的产业链关系和信息资源开放共享机制决定了行业信息资源面向企业的融合服务构架。在信息资源整合中，行业机构所具有的相互依存和合作关系，是行业信息资源整合和服务融合的组织基础。同时，产业链中的企业需求直接决定行业信息整合与服务融合构架。基于资源整合的行业融合服务面临着企业系统运行的适应性问题，行业主体之间的相互作用决定了组织融合方式。

②行业信息资源整合的客体。行业信息资源整合的客体不仅包括分布于产业链和企业创新价值链中的数据库资源——数据文本和各种不同形式的信息，还包括支持信息服务的物理资源、技术资源和系统工具等。对于行业数据库资源的交互利用整合，目的在于实现跨行业系统的信息共享和信息的跨行业系统流动。产业链运行中的企业信息的动态分布和分散结构决定了信息的跨企业开放存取和集中交互构架，对于面向用户的服务组织而言，需要实现技术集成应用基础上的融合保障。按行业信息组织要求，包括信息资源层面的整合、信息内容上的整合和信息载体形式的转化与整合。在信息资源整合中，信息识别技术、组织和服务技术之间的融合，以及信息系统协同运行基础上的跨行业系统的互操作具有重要性。其中，行业信息服务中的技术融合，是为了保障行业信息资源和服务资源面向企业用户的集成利用。值得注意的是，行业信息整合中的资源和服务具有不可分割的联系，因此应在大数据技术背景下进行整体上的处置。

③行业信息资源整合的环境。行业信息资源整合与服务融合，一是离不开数字信息技术和网络技术融合支持，即在一定的信息环境下进行技术融合构架；二是离不开全球化产业链和企业运行环境所决定的行业信息分布组织和集中利用。在这两方面因素的作用下，行业信息资源的跨时空整合得以全面实现。面对不断变化的动态环境，在行业信息资源整合的技术实现中，不仅需要考虑采用什么方式进行整合，而且需要考虑环境对整合过程和环节的影响。对基于行业资源的信息整合而言，不仅需要立足于行业信息资源的存在形式和全球环境下的行业交互关系，而且需要考虑虚拟技术采用对大数据环境的适应性。这就需要在各方面因素的作用下，构建具有现实性和动态性的行业信息资

源整合与服务融合体系。

由此可见，面向企业的行业信息资源整合与服务融合由主体、客体及环境等基本要素决定，在行业信息资源整合和服务融合中应提高行业系统的可用性和面向产业链的服务拓展性。全球网络环境下，行业信息整合与服务融合应面向企业产业链和创新价值链活动展开，在行业运行和服务协同框架下，实现面向企业的信息资源整合的系统化。与此同时，行业信息资源整合与服务融合应遵循客观性组织原则、系统性构架原则、能动性发展原则、效益性实现原则和时效性保障原则。在行业信息资源整合中，必须立足于客观环境，避免与企业运行环节脱节的情况发生；在行业信息资源服务融合中，应面对系统之间的互操作要求，克服信息服务协同组织中的系统障碍；对于信息资源流而言，需要面向全球化中的智能制造和大数据嵌入发展需求，进行具有前瞻性的集成服务组织；在行业信息资源整合和服务融合的整体化实现中，应强调资源效益的最大化，促进服务融合的持续性发展；另外，在行业信息利用上，要实现信息的生命周期管理，保障信息流与行业运行的协同性。

大数据和网络信息技术的应用，促使行业信息资源整合与服务融合从传统型向现代型发展。处于全球产业链中的企业，其跨行业信息需求变化，使处于转型期的行业信息资源集成组织必须以创新发展为中心，构建以网络技术和数字技术为依托的行业资源整合与服务融合体系。因此，行业中的用户需求导向，是信息资源整合和服务融合的基础。对于行业信息服务而言，应从这一基本原则出发进行构架。

用户需求导向在信息资源整合中体现用户需求的核心作用，其意义在于实现信息资源面向企业服务的集中，以保证基于产业链和创新价值链关系的定制化信息服务的开展。在面向产业链企业的信息资源整合中，应坚持用户导向原则，即从跨行业信息资源集成共享需求出发，进行以企业用户为中心的行业信息资源协同组织体系构建，从用户客观需求层面进行跨行业系统资源建设合作，保障企业用户信息需求内容的全方位覆盖。与此同时，在服务融合层面上，进行跨系统的行业信息服务的统一规划，搭建面向产业链的集成服务平台，实现用户之间的交互信息保障。另外，在数字信息技术的融合应用中，实现行业信息系统之间的交互操作。基于产业链的行业信息资源整合，还应立足于用户潜在需求的显化和基于用户认知的需求转化，提供面向用户的数字化信息交互平台，拓展智能化集成服务业务。

面向企业的行业信息服务融合应符合以下要求：

①企业需求的全程化满足。行业信息资源的跨系统集成应具有对产业链用

户需求的适应性，要求根据产业链结构和企业需求的变化，确定行业信息资源组织与服务方式。从总体上看，需要从有效性、可靠性和可持续性出发提供企业所需的信息和服务，以实现面向用户的行业信息资源集成和服务融合目标。同时，在信息资源集成和服务融合的过程中，需要充分保障用户参与和用户互动，通过相应的措施保障其高效运行。

②行业信息资源的集成。行业信息资源的集成，从实质上看，是面向企业的信息集中和服务功能整合，目的在于使处于虚拟分布状态下的行业信息从来源、内容和组织上进行整合共享，因而其集成要求处于核心位置。在集成化组织中，行业信息集成不仅限于资源层面上的整合，还包括面向行业信息资源共享的多形态信息载体的统一管理、内容提炼和开发组织。基于这一现实，行业信息集成要求体现在集成资源的完整性、全面性、有效性和实用性上，这些基本要求决定了面向产业链的融合服务开展情况。

③行业信息资源的增值。行业信息资源整合的目标之一是提高资源增值利用效率和集成共享水平，以此出发，进行信息资源集成基础上的信息关联，需要在跨行业信息资源整合的基础进行重复、失效信息的过滤和基于大数据的内容挖掘，以提高行业信息的可用性。从信息利用上看，集成信息资源在结构上更利于面向产业链的配置和保障，这也是提升信息服务有效性的前提。

④信息组织与服务技术的适应。在面向行业和企业的信息组织和服务融合中，应考虑技术的发展和技术采用的兼容性，即构建动态结构的技术支持体系。数字网络和智能技术背景下，拓展数字智能组织技术的应用是当前值得关注的一个重要问题。因此，对行业信息组织应加以适应性变革，确立动态环境下的大数据和智能技术运用体系，在面向产业链的跨行业信息资源整合中同步推进技术创新。

基于产业链和创新价值链的行业信息资源集成和服务融合，按企业用户导向原则与服务要求，应从两个方面实现信息资源集成管理和融合服务目标：

①行业信息资源整合和集成目标。基于产业链与价值链关系的行业信息资源集成，就是对多样化、分布式存在于产业链中的多种形式资源，利用多方逻辑关联方式进行连接和集中协调组织，以此出发建立具有虚拟结构的行业信息集成系统和服务平台，最终以企业需求为导向组织定制化利用。面向企业用户的行业信息资源集成需要从数据层入手，进行多种载体形态信息的数字化转化，在共享元数据的基础上，实现数据准备、过滤、挖掘和数据库的关联组织，同时进行异构数据的交互共享。在此基础上进行多模态信息资源的分布建设和集成共享，为数据整合基础上的集成服务开展提供保障。

②行业信息服务融合目标。行业信息服务层的融合，目标在于提供行业信息的集成利用。在面向产业链的行业信息组织中，信息资源处理的智能化程度不断提高，服务业务不断深化和拓展，这一现实充分体现了面向企业的服务发展趋势。当前，行业信息服务机构之间的协同已成为面向企业服务发展的必然选择。基于行业信息资源开发的集成服务组织，需要通过用户交往，实现信息资源面向企业的深度融合，从而引导行业信息资源集成朝着更有利于企业用户需求满足的方向发展。

行业信息资源整合与服务融合还应从信息集成规范出发，进行行业信息系统间的组织协同，通过标准规范的采用和流程上的融合，实现基于融合服务平台的信息组织构架。在分行业系统的服务运行中，面对企业的跨行业信息需求进行有效的资源链接。在面向企业的信息集中利用中，推进信息资源的交互共享。行业信息资源组织规范还包括用户规范、数据格式规范和服务环节的规范化管理等。

根据以用户为中心的行业信息整合与服务融合要求，对行业信息资源系统进行动态集成，目的在于从信息资源分布和来源上，建立互联互通的集成交互共享体系，使之成为一个具有多维网络关联结构的整体。在行业信息资源整合中，存在着不同媒体、不同数据类型和加工级别的资源的融合问题。在信息利用中有必要对这些资源的冗余信息进行剔除，同时进行数据单元的有序化组织和关联，使之成为相互关联的资源整体，以发挥行业信息的整体利用效益，确保信息服务融合目标的实现。

4.1.2 行业信息共享与服务融合体制建设

社会信息化和产业经济结构决定了行业信息服务组织的社会发展基础，存在着与经济发展相适应的行业信息共享与服务融合的体制建设与保障问题。对于与产业链关联的行业信息服务组织而言，所面临的挑战，一是如何整合行业信息，二是如何组织融合服务。其中，信息整合以集成技术的应用为前提，而融合服务的组织和有效开展则需要大数据技术和网络服务技术的应用作保障。因此，跨行业系统的信息服务应本着资源共享互利的原则，通过协议进行信息的交互集成和面向企业的开发利用，以使行业信息资源的效用最大化。由此可见，行业信息资源共建共享的发展，促进了基于信息资源集成的服务融合实现。

基于产业链的企业运行和创新发展涉及跨行业协同和多元主体的合作，具有产业链关系的企业、科技机构和相关组织在产业链中的协同关系，决定了产业链资源整合和交互利用的具体内容。

在这一背景下，产业集群的形成和基于产业链的企业协同，对产业链企业和机构而言具有重要性。从运行机制上看，产业链中的企业和相关行业组织间的集群互动，涉及多方面的关联和合作。一方面，从企业研发、生产和经营上看，产业链中的某一企业与其上下游企业、合作者、客户和其他企业之间构成了相互依存的价值链，基于产业链的交互决定其垂直互动和水平互动基础上的交互网络形成。另一方面，生产企业和研发机构、中介组织、政府部门及其他机构之间的交互则是产业链价值实现的基本保障，其所构成的产业集群网络在运行发展中具有同等重要的地位。

从合作关系上看，企业间的关系和集群关系必然影响到产业链中的主体行为及其价值实现。企业组织之间的交互结构可视为一种客观存在的交互网络结构，在交互网络活动中，企业组织之间的关系与产业链环境下的价值实现关系，决定了"互联网+"背景下面向企业的集成化定制服务的开展和跨行业融合服务的实施。

在产业链活动中，空间的邻近和关联，使得产业链中集群企业的协同关系网络得以形成，正是这种关系决定了其基本的物理网络结构和运行关系。因此，产业链中的集群企业以及集群网络的异质性，必然对集群企业信息共享造成障碍，因此有必要从体制上确立集群网络和行业信息资源共享与服务协同建设构架。

产业链中各行业用户的定制要求必须以产业链需求为导向，进行跨行业的信息集成和服务协同，在确立基本的合作关系的基础上推进融合服务的实现。有理由认为，面向企业的行业信息资源整合和服务协同发展，应立足于产业链关系和"互联网+"背景下的企业运行需要，在信息开放共享的基础上进行跨行业协同体制建设。

全球化和大数据网络条件下，实现跨行业的信息资源开发与利用是行业信息资源面向产业链和创新价值链共享的基本保证。由此确立的行业网络信息资源组织与服务管理体制、运行体制和监督体制，是推进面向产业链的跨行业信息服务融合发展的基础。

随着信息化的深层发展和"互联网+"服务的全面推进，以文本信息为主体的科技信息服务和以系统为依托的经济信息服务，向以数据和内容为核心的网络服务方向发展。在这一背景下，行业网络的构建和科技、经济信息服务的开放发展，使面向企业的信息服务系统发生了深刻变化，从而适应了行业信息资源面向企业的多元化组织与服务需求。

国家规划和国际合作框架下的互联网服务及其行业组织发展具有主导性，在信息基础设施建设和信息化深层次发展的基础上，行业信息服务与企业网络化发展相适应。这种适应性变革，不断改变着企业运行与信息保障体系结构。在国家统筹规划下，公共信息服务、政府信息服务与各行业信息服务相协同，形成了具有完整体系结构的资源服务体系。在此基础上，包括行业信息服务在内的网络化信息服务管理与监督体制不断完善。

信息化环境下保证行业信息服务的有序化发展，对于产业链中的跨行业信息整合和服务协同具有重要意义，行业组织在国家政策和法律法规框架下的运行至关重要。在面向产业链和创新价值链的跨行业信息资源整合与服务协同组织中，多元主体的合作机制决定了跨行业服务组织体制。这种体制既具有全国统筹和协调发展上的战略优势，又有面向企业的信息服务定制化发展特征。其组织模式对信息化环境演化的适应性，决定了实施的可行性。

面向产业链的跨行业信息服务融合在行业信息机构的协同中实现，在服务于行业的体系建设中发展。从行业信息服务发展上看，行业信息资源和服务网络的智能化发展具有关键作用。行业经济发展和各行业的协同创新组织，提出了行业信息服务的创新发展要求，在面向产业链的运行中，需要构建相对完整的协同服务体系。在行业信息资源组织模式变革中，应从信息资源分配机制、技术支持和网络组织出发，通过服务创新构建适合网络和产业链环境的行业信息服务协同体系。

在开放环境下，产业链中的各行业机构在面向企业的服务组织中，需要在国家发展战略框架下进行资源共享和开放服务体系构架，进行公共信息资源和行业信息资源在组织和利用上的整合。同时，在中央网络安全和信息化委员会的战略部署下，充分应用融合平台进行面向产业链的行业信息服务协同。其基本的组织构架如图4-1所示。

如图4-1所示，在中央网络安全和信息化委员会的统一安排和部署下，行业信息服务组织在国家信息资源共享的基础上进行，同时存在与国际性行业信息机构的沟通和合作问题。在基于产业链和创新价值链关系的服务实施中，横向关系是基于产业链关系的协同服务关系，由产业链的跨行业结构决定；纵向关系是指产业创新发展中基于价值链关系的研发、生产、运营信息服务保障结构关系。基于产业链和创新价值链的行业信息组织，需要有效解决不同体制和从属关系的信息服务协同问题，在信息资源共享的基础上，利用计算机技术、网络技术和通信技术实现跨行业、跨地区、跨系统的信息资源网络互联。从整体上看，信息资源整合与服务融合的目标，在于将分散的细分行业信息资源系

91

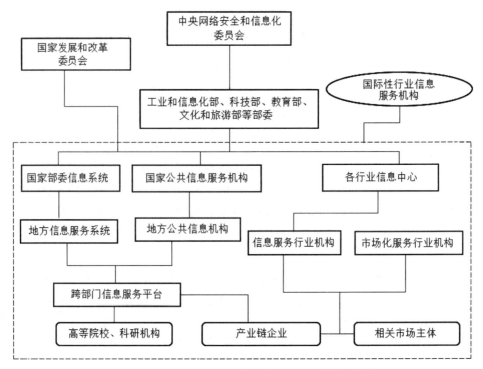

图 4-1　网络环境下的行业信息资源服务融合体系结构

统联结起来，重构面向企业的跨系统信息资源集成共享网络，在全国、区域、地方层面上进行开放环境下的协同和融合。

　　在国家和地区层面进行的行业资源建设和公共资源面向企业的共享部署，其关键在于对分散的行业信息资源进行整合，在数据集成的基础上实现服务融合。在实施中，全国性行业信息资源共建共享网络作为行业信息服务协同的核心而存在，区域和地区层面的机构在国家行业网络的基础上进行面向企业和地区产业集群的定制组织。

　　在信息资源共建共享和开放服务中，国家公共信息服务系统和科技信息服务机构在公共信息提供和保障中具有社会化支撑作用，其服务按系统区分为国家及地方两个层面。其面向企业的服务提供中具有多元合作关系，其开放组织直接关系到行业信息服务网络系统建设。从经济全球化和创新国际化看，世界范围内的合作有利于信息服务业务拓展。在这一背景下，我国行业信息资源整合与服务的组织，应立足于开放的国际环境和国际竞争合作关系，进行全球化中的行业信息服务组织协同构架，在保障各方面权益与信息安全的前提下开展面向企业的服务。

产业创新发展不仅改变着行业知识创新合作关系，而且从创新实现上改变着创新实施路径，在信息服务上提出了跨行业系统的知识创新信息集成服务要求。这一变化促进了行业信息服务的拓展，以及基于创新价值链的服务体系重构。其中，对行业信息组织而言，使其从行业信息服务的系统间合作向整体化融合变革。在战略发展上，我国信息化发展的不同阶段与当时的产业发展相适应，"互联网+"背景下的数字制造、工业互联网和云计算的广泛应用，不仅改变着企业运行的信息环境，而且改变着企业间的互联关系，导致全球化背景下的产业链交互延伸。而对这一现象，行业信息服务的精细化和跨行业组织特征同时存在，因而提出了行业信息服务系统体制变革的要求。

跨行业信息资源整合和服务协同，以产业链关系和企业创新价值链关系为基础展开，体现在企业创新发展上。创新型国家建设和全球化环境下的企业创新关联关系，确立了新型行业交互和创新合作关系，从而决定了跨系统、跨部门的协同发展创新结构。与产、学、研融合创新发展相适应，处于创新价值链中的各行业企业需要得到基于开放共享的行业信息集成支持，对于服务组织而言，应同步推进行业信息服务与市场的融合，使我国的行业信息服务在全球环境下得以进一步完善。

从跨行业系统信息集成共享角度看，我国行业系统内的组织形式已难以适应产业链企业的跨行业信息需求，这就需要在行业信息网络建设的基础上，进一步拓展跨行业的合作，实现共享服务的目标。然而，面对信息资源共享的体制限制和网络信息资源组织技术等方面的障碍，行业信息资源难以实现更深层面的数据集成和面向企业的嵌入利用目标。信息资源服务中的系统隔离依然存在，在网络环境下同时形成了新的数字信息交互利用障碍。由此可见，基于网络的行业信息数字化共享应从管理层面和技术实现层面进行推进。在这一背景下，我国行业信息共享的跨系统实现，应在新的服务融合需求驱动下，进行行业信息服务机构和各专门机构的协作，通过服务平台进行跨行业系统的信息资源交互组织和数字化服务的开展。

从面向产业链对象的服务看，产业链关联关系决定了行业信息系统之间的服务协同关系。由于产业链关系的动态性，其跨行业信息服务协同体系也应具有对环境变化和产业链演化的适应性，即在健全各行业信息协同服务体制的前提下，实现面向产业链的动态集成和整合服务目标。在动态服务开展中，应着重于行业信息利用效率的提升，进行信息服务的融合保障。

综上所述，"互联网+"背景下的跨行业信息服务融合，应以产业链为中心，在适应企业发展目标的前提下，着重于信息服务的跨行业利用，搭建以价值链为中心的行业信息资源集成平台，实现面向企业的信息资源整合目标，促进行业信息服务的进一步完善。实现行业信息服务系统协同，还应在技术层面上进行体系构架，以此出发应重视行业组织和协调作用，同步推进新技术的应用。

4.2 企业信息服务中的行业分工与协同组织构架

在面向企业的信息服务中，行业信息服务系统发挥着十分重要的作用，因而需要不断完善行业融合体系，为各行业创新发展提供全面支持。从总体上看，行业信息服务体制的变革，旨在推动面向企业的服务发展，形成具有分工、协作关系的组织构架。

4.2.1 数字化网络信息服务及其行业分工

从组织和实现机制上看，行业信息服务的特征主要包括：信息资源是服务的重要投入，需要行业体制作保障；服务依赖于专业化的组织和专门的行业系统支持；服务面向用户的价值实现决定了系统组织模式。从组织分工上看，我国面向科技与产业发展的信息服务系统可区分为公共信息服务系统、各行业信息服务系统以及专门信息服务机构系统。就隶属关系而论，社会化公共信息服务包括国家信息中心系统、国家科技图书文献中心（NSTL）、中国高等教育文献保障系统、公共图书馆系统和国家档案馆系统等，这些系统分别隶属于国家发展和改革委员会、科技部、教育部、文化和旅游部、国家档案局等。行业信息系统主要隶属于国务院部（委）的行业信息机构系统、行业协会下属信息服务机构、行业联合会系统和行业信息服务企业机构，这些系统、机构虽然隶属关系具有差异，但面向企业的信息资源组织与服务功能却具有一致性。

在面向企业的信息服务组织中，我国采用的是分行业系统的组织构架，即按行业关系进行各行业信息服务的组织。企业利用公共服务和专门化服务的同时，依赖于分行业机构进行信息的组织和利用。改革开放以来的转型发展和信息化环境下的全球产业链发展，决定了我国新的行业体系构建。在面向企业的行业信息系统中，我国采用的公益制和市场化双轨制既保障了面向产业链的企业运行和创新发展需求，又显示了市场导向下的价值实现优势。对于公益性的行业信息机构而言，由国家有关部门对其进行管理，按公益性事业型组织进行投入和运行。对于改制后的部分行业信息机构，按国有企业体制进行管理，使其在服务于产业链企业中得到发展。2008 年以来，随着国务院部（委）机构的重组和行业发展，行业协会和联合会的作用日益重要。在各方面因素的作用下，多元体制结构的行业信息服务体系不断完善。从表 4-1 所反映的面向科技与产业发展的信息服务系统结构上看，我国的行业信息服务的多元化决定了行业信息服务的社会化发展。

在面向行业的信息服务中，云计算服务、智能服务和数据中心服务已成为主流形式，同时同步推进的社会网络服务和"互联网+"服务等，也不断取得新的发展。

表 4-1　我国面向科技与产业发展的信息服务系统结构

信息服务机构及系统	系统、机构隶属关系	信息服务组织与运行机制
国家科技图书文献中心（NSTL）	隶属于科学技术部的科技信息服务联合体，开展科技信息服务虚拟合作和共享	2000 年组建，成员单位包括中国科学技术信息研究所、中国科学院文献情报中心、机械工业信息研究院、冶金工业信息标准研究院、中国化工信息中心、中国农业科学院图书馆、中国医学科学院图书馆；网上共建单位包括中国标准化研究院和中国计量科学研究院；在共建共享资源的基础上，采集、收藏和开发各领域的科技文献信息资源，提供服务
国家信息中心	隶属于国家发展和改革委员会，各省、市信息中心隶属于各省、市发改委	1987 年 1 月，在国家统计局和国家计委计算中心、预测中心、信息管理办公室的基础上正式组建，开展信息资源组织开发和面向政府及社会的服务，2010 年以来同时负责国家电子政务外网运行与维护，在全国范围内的服务由各省、市中心承担
中国高等教育文献保障系统（CALIS）	隶属于教育部，在教育部领导下建设以中国高等教育数字图书馆为核心的文献联合保障体系	下设文理、工程、农学、医学 4 个全国文献服务中心，华东北、华东南、华中、华南、西北、西南、东北 7 个地区文献信息服务中心和 1 个东北地区国防文献信息服务中心，成员为高等学校图书馆，开展资源建设与共享服务
公共图书馆系统	由文化和旅游部主管，包括国家图书馆和地方图书馆	公共图书馆系统包括国家图书馆，省、市图书馆和基层图书馆，其数字化服务系统"中国数字图书馆"于 2000 年建立，开展开放化的数字资源服务

续表

信息服务机构及系统	系统、机构隶属关系	信息服务组织与运行机制
档案馆系统	隶属于国家档案局和各省、市档案局	国家档案馆亦称国家公共档案馆，由国家各级政府设立并领导，负责接收和管理一定范围内的各种档案，提供社会利用和服务
国家部委下属行业信息机构	隶属于国务院各有关部委	隶属于国务院各有关部委的行业信息机构包括农业农村部信息中心、隶属于交通运输部的中国交通信息中心、隶属于国务院国资委的机械工业信息中心(事业单位)等；其行业信息资源组织与服务在行业系统内进行，同时开展面向政府部门、行业组织、企业和相关主体的服务
行业协会或联合会下属信息服务机构	隶属于各行业协会或联合会	其中包括隶属于中国轻工业联合会信息统计部的中国轻工业信息中心、中国轻工业信息网，隶属于中国纺织工业协会的中国纺织信息中心等。行业协会下属信息机构开展面向行业的信息组织、存储和提供等方面的服务
行业信息服务企业机构	中央企业或产业集团信息服务机构	包括中国化工信息中心、国电信息中心等，其服务面向企业开展，进行行业信息的采集、加工、组织与提供，同时提供信息技术支持。例如，中国化工信息中心系成立于 1989 年的原化工部经济信息中心和成立于 1959 年的科技情报研究所于 1992 年合并建立，现转制为中央科技型企业，开展文献、网络、咨询等方面的服务，面向政府部门提供公益性服务，面向社会开展增值服务

　　在行业信息服务的开放化发展中，各行业信息机构的服务在数字化、网络化组织中取得进一步发展。截至 2020 年，我国面向各行业的不同规模、不同隶属关系的行业信息服务网已达数千家，其平台化和服务融合发展是一种必然趋势。在这些行业服务网络化组织中，商业化的企业联合网络平台发展迅速。商务性服务网络的形成，丰富了业务内容。实际上，我国的行业信息系统，除国家面向行业的服务网络外，还包括行业协会下属信息机构、国有企业机构，

以及包括云服务、物联网在内的网络系统。在发展中，这些机构相互融合，从而形成了面向产业链的网络化服务分工与协同关系。

面向企业的跨行业信息服务协同，一是面向创新价值链上的技术发展和产品研发，进行基于创新价值链关系的信息服务组织；二是按产业链运行关系进行面向行业创新和企业发展的服务协同。在服务融合实现中，协同服务主体包括行业信息机构、公共服务部门和相关服务组织。

面向企业用户的行业服务机构协同目标在于，为企业用户提供全面信息保障，以国家公共信息服务机构和各行业机构为主体，提供多方面信息集成与服务融合支撑。另外，服务融合中，产业化的信息服务包括软件服务商、数据库服务商、内容服务商、咨询服务商以及云平台服务商等。产业化机构融入行业信息服务，一是由行业信息需求引动，二是由产业链运行机制所决定。

4.2.2 行业信息服务融合发展的战略原则与模型

行业信息服务融合以行业信息服务机构协同为基础展开，这就需要进行信息服务行业体系的适应性变革。在重构中，行业体系变革不仅是信息服务行业自身发展的需要，而且关系到产业创新发展的协同实现。鉴于多元化行业信息服务主体间的关联关系和交互影响，在协同服务战略上应有全局性的考虑。

（1）基于服务协同的行业体系重构战略

科技创新对行业发展的支持和全球化环境下产业链的交互延伸，不仅改变着产业经济发展模式，而且改变着国际竞争、合作方式。产—学—研创新体系的构建和基于创新价值链的企业运行，促进了行业信息服务社会化推进中行业信息服务战略体系的确立，以此出发，在面向企业的跨行业信息服务组织中，应着重于行业信息服务体系重构和在此基础上的服务多元化协同实现。从战略管理出发，其实施要点可概括为以下几个方面：

①全局性战略构建。基于产业链的行业信息服务合作和协同，不仅需要环境、需求和服务组织上的战略构建，更需要全球化背景下企业信息化和创新发展机制的确立，以及信息化与产业经济层面上的战略部署。这一部署体现了国家网络安全与信息化整体发展上的目标定位和体系构建，因而在全局战略的实施上，首先应考虑行业发展诸多因素的影响，在面向产业的创新保障中，实现科技信息服务、经济信息服务和社会公共服务系统面向企业业务的拓展。与此同时，推进全国、区域和地方层面的跨系统合作和资源的交互共享；在行业细分和交互融合的基础上进行基于产业链的行业信息跨系统共享，在数字化集成

的前提下进行服务保障。另外，全局性战略实施中，应确立有效的协调机制，进行服务组织体系变革。

②主动性战略布局。面向产业链企业的行业信息服务跨系统融合组织，并不是单一被动地适应企业发展需要，而是主动适应信息化的国际环境，在国家创新发展中实现行业信息服务与企业网络化运营的变革。其战略应具有对未来发展的前瞻性和推进企业创新的主动性。在这一背景下，应致力于支持行业信息服务融合和数字化深层开发保障，在实现行业信息服务智能化和大数据嵌入应用中，进行融合服务技术平台构建，加强面向企业的数字工具和系统技术的开发力度，实现面向行业的信息服务技术创新目标。从总体上看，主动性战略布局还需要根据企业和产业链的变化，在全球环境下确立行业信息资源的跨系统组织、分布存储和交互利用体系，进行行业信息网络的结构调整，加速定制服务的智能化进程。

③综合性战略构架。基于产业链和创新价值链的行业信息资源整合和内容集成上的服务融合，不仅需要信息资源和技术层面上的安排，而且需要实现多方面的战略目标。这一客观现实决定了行业信息资源整合与跨系统服务融合的基本战略构架，其中所涉及的问题包括公共信息服务面向企业的发展、不同隶属关系的行业信息服务协同、多源信息资源的数字化组织、跨系统服务功能集成等，因而需要从多个方面进行协调，以保障综合战略目标的实现。另外，综合性战略还涉及各有关方面的关系协调和安全保障，需要从全球化发展需求出发进行行业信息服务创新，使其同行业经济和企业发展相协调。

④协同性战略策略。面向产业链关系和创新价值链关系的企业信息服务战略实现，需要从行业信息服务整体和相关构成部分的关系出发进行组织。整体战略首先强调战略的全面实施，在战略目标上需要进行行业信息机构服务融合的整体构架，然后细分为各个部分和方面进行实现。由于行业信息资源的分散性和各机构组织上的差异性，在信息资源整合与服务融合中，一是需要统一的标准，二是需要基于标准的资源组织与服务技术规范。这些问题的有效解决，除需要整体目标协同外，还应从战略实施上进行组织体系、资源整合和服务实施的全面协调。以此出发，推进全国、各地区范围内的目标实现。

总之，行业信息服务融合的战略目标实现，应立足于产业链关系和创新价值链关系进行组织。从实现上看，基于共同愿景的行业信息服务跨系统战略目标的实现，是"互联网+"背景下产业链信息服务组织的关键。其中，共同目标由产业链中的关联企业和创新发展价值链主体合作机制所决定。同时，对于服务于企业的公共和行业信息机构而言，应有利于其良性发展和协同运行。对于各主体而言，共同的战略愿景是指关联行业、企业以及面向产业链提供服务的公共和行业信息机构，对实现发展目标的共同认知，包括对整体发展规划、前景的认知和基于共识的行业信息资源整合与服务融合期望。在信息服务融合中，各方主体以及信息服务机构的目标实现成为基本的战略导向，这一导向在行业信息服务融合体系构建中通过各方面协同来实现。

(2)行业信息服务融合的战略框架

行业信息服务融合战略框架在共同的战略目标下，由各方面的关联企业和运行机制所决定，不仅体现在产业链中的企业信息系统作用和行业信息服务的利用关系上，而且始终贯穿于行业信息服务组织过程。从交互影响上看，行业信息服务环境及关联要素作用下的面向产业链和创新价值链的行业信息服务融合体系建设，其战略互动反映在机构改革、服务转型和协同组织上。图4-2从整体上归纳了基本的战略结构和交互影响关系。

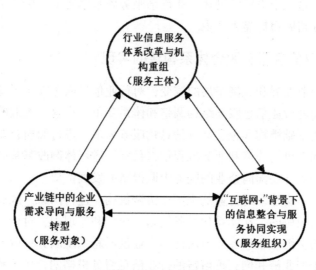

图4-2 行业信息服务融合体中的战略互动

如图4-2所示，行业信息服务融合的战略实现涉及服务主体、服务对象和服务组织。其中，服务对象即产业链中的关联企业，其运行机制和信息集成利用要求决定了服务的融合形式和内容；"互联网+"背景下的信息服务融合支持基础和环境决定了基本的战略实现条件；行业信息服务体系改革和机构重组关系到服务融合的最终实现。从核心战略上看，面向产业链和创新价值链关系的跨系统行业信息服务融合应以改革为前提，其融合战略制定由信息化中的产业发展目标所决定，体制改革则是国家创新发展制度层面上的基本保障，其体制、机制变革直接关系到全球化中的行业信息服务体系构建，决定了行业服务中公益信息服务和产业服务之间的协调。从服务流程上看，信息化基础设施建设、面向信息服务与应用的数字网络技术发展，是数字化与网络化服务重构和基于流程的服务融合的基础。从面向产业链和创新价值链关系的企业服务看，行业信息融合服务以企业需求为导向，在数字网络条件下进行，在面向企业集群的服务上扩展和转型。

从服务流程上看，行业信息服务融合在组织机构层次、企业需求层次和服务功能层次上进行，在战略上形成了三维互动的发展模式。在这三维互动中，行业信息服务体系改革、行业信息机构重组和数字化网络服务流程变革处于核心位置，由此决定了协同目标导向原则。在战略实施上，行业信息服务融合，一是进行战略选择，二是寻求需求导向下的战略目标，三是进行面向企业的服务协同组织。这三个方面体现在行业信息服务体系结构上，决定了面向产业创新发展的服务拓展目标能否实现。

4.2.3　行业信息服务融合体系构建的实现

全球化企业发展和经济格局的演变，对行业信息服务提出了持续变革的要求，从而推动着行业信息服务结构调整和体系变革。在这一挑战的引动下，应立足于信息化基础结构和企业运行信息化服务需求，进行面向企业的行业信息服务定位，确立机构改革和业务流程重组目标，进行体制改革基础上的行业信息服务结构调整，在面向企业的服务中取得新的发展优势。

在战略上，应建立跨行业的全国性协调机构，进行国家、区域和产业集群的信息服务组织协同。在体系化服务规划、组织和实现中，对行业信息服务进行组织协调的关键在于调控和发展面向产业链的跨系统服务；以宏观调控为前提，明确基于产业链和创新价值链的行业信息服务机构的合作关系，推进跨行业服务融合和跨系统服务利用，以发挥纵向联系、横向协调的作用。以此出发，在行业信息服务的组织中进行基本的战略架构。

面向产业链和企业创新发展的行业信息服务融合，以服务协同为保证。对于跨行业系统的信息服务协同组织而言，可进行协同框架下的组织构架。对于组织间的协同来说，摩恩（W. Moen）按组织间存在着的合作伙伴关系、工作流程、协同规范、组织构架和功能实现进行了模型构建。按基本的结构关系，可以对行业信息服务融合的组织架构进行如图 4-3 所示的描述。如图 4-3 所示，跨系统行业信息服务融合从整体上由服务流程、共享资源和协作关系所决定，在这三个层面上存在着协议、流程、规范、构架和实现问题。

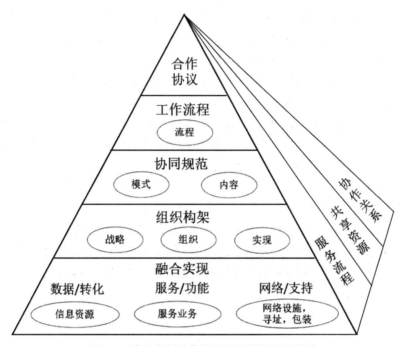

图 4-3 跨系统行业信息服务协同的组织架构

图 4-3 所示的协同组织框架模型，对于跨行业信息服务融合具有借鉴作用。其中，各行业机构的共性特征以及环境、资源、技术和对象上的一致性决定了基本的服务协议和工作流程框架，其协同规范的意义在于克服行业系统之间的异质性。信息化环境下的企业信息集成，需要消除多方面障碍，以实现需求导向下的融合目标。同时，跨行业的信息服务协同实施中，还需要进行基本的组织构架，从战略、组织和实现上予以保证。在行业信息服务的融合实现中，还需要进行数据/转化、服务/功能和网络/支持上的部署，统一安排从而实现目标。由此可见，确定协同目标和内容、建立跨系统的协议关系，统筹安排流程和进行服务的合作，具有关键性。在行业信息服务融合中，需要在行业机构协作的基础上进行安排。

在跨系统协同信息服务推进中，跨系统互操作框架作为协同和交互融合的核心而存在，是行业信息服务协同基础上融合推进服务的保证。在实施上，行业信息服务系统之间的互操作框架，不仅展示了跨行业系统协同信息服务的组织协调关系，而且确定了其服务融合关系。

对于具有关联关系的上下游行业而言，基于服务协同和信息融合的跨系统互操作框架建设是基础性工作。对此可采用多种方式进行，如以基于 XML 的数据集成和互联网技术为中心，可以通过相应的管理规则进行系统之间的统一协同，从而保证协作框架的技术实现。

在实施上，协议互操作的关键在于：通过行业信息协同管理，在互操作基础上进行具体的融合服务组织，这是实现协作互操作服务整体目标的基础性工作；通过网络支持保证整个协同互操作的通用性和安全性，在服务中可以按要求在实施过程中进行反馈；为保证行业信息服务协同战略和相应互操作的落实，可设立跨行业监管机构，明确互操作责任，以确保融合服务的开展。

从基于产业链和创新价值链的行业信息服务融合实施组织上看，存在着目标体系的形成、跨行业信息服务融合规划制定、国家改革发展指导和法规保障、标准化行业信息服务融合体系建设、行业信息资源服务的技术实现以及系统运行管理环节，因而需要确立完整的实施体系。对此，图 4-4 进行了基于环节的归纳。

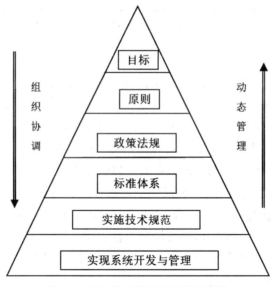

图 4-4　行业信息服务协同组织框架

图 4-4 所示的行业信息服务协同组织框架，展示了跨行业服务协同实现目标和目标导向下的协同组织环节。跨行业系统信息服务作为一个完整体系，其服务协同实现需要相应的组织构架作保障，同时需要组织机构之间的协调和动态环境下的管理支持。

基于行业信息服务目标需求的组织，在各环节上应具有基本的要求和规范：

①在融合目标确立和实现上，按产业链关系和创新发展价值关系，在以企业信息需求为中心的服务规划中，进行适应于全球数字化环境的目标设置，实现服务目标与企业发展目标的协同。

②在行业信息服务融合组织中，确立基本的信息资源跨行业共享原则、面向企业的发展原则和服务机制的完善原则，以此为基础规划实施路径。

③在政策法规层面，进行国家网络安全和信息化战略发展框架下的行业信息服务规范管理，按政策目标和法制原则进行各方面权益保障和行业信息安全维护。

④在行业信息服务融合中，严格执行相关标准，在标准化实施中规范行业信息机构所采用的技术，实现基于数据和服务标准的信息流通、技术互用和系统互操作目标。

⑤在行业信息服务融合的技术实现中，保持与数字智能技术、虚拟网络技术和云计算技术研发、应用的同步，在技术动态发展中为新技术的应用创造条件。

在面向产业链和创新价值链的融合服务实现和管理上，进行基于跨行业合作的系统安全和协同管理，实现行业系统面向企业的开放化集成服务目标。

4.3　面向产业链的跨行业信息服务融合构架

"互联网+"背景下面向产业链的行业信息服务融合，旨在为企业提供数字化网络平台，在适应企业网络化运营形态和环境的基础上，提供面向产业链的行业交互和数字化融合服务。因而，数字信息资源集成与服务整合必然在一定的技术环境和需求环境下展开。由此可见，在面向产业链的行业信息服务融合构架中，应着重于关键技术、服务功能和内容上的融合。同时，在行业信息服务融合中应有明确的技术规范和合理的服务协同构架，以此进行合理的目标选择、服务定位和功能实现。

4.3.1　面向产业链的跨行业信息服务融合主体结构

具有产业链关系的企业不仅存在着相互依存关系，而且具有与相关企业或组织机构基于创新价值链的协作关系。这说明，面向产业链企业主体的信息服务融合不仅在产业集群中进行，而且需要实现与知识创新价值链中的科研机构、高等院校和相关部门的合作。因此，这一背景下的服务融合涉及多元主体、跨行业系统、部门以及与此相关的各系统信息服务机构。从结构上看，跨行业系统和部门的融合具有广泛性和结构上的复杂性。在行业信息服务融合的技术实现上，服务融合对象要素的整合和协同关系的建立处于核心位置。① 在客观上，行业信息服务融合结构由网络化中的产业链需求所决定，因此需要根据发展目标与各行业关系，融合各行业资源和服务。随着"互联网+"服务的发展，企业运行不仅需要适应集群企业的网络发展环境，同时也需要适应产业链发展环境，以进行细分行业服务的深度融合和"互联网+"功能的嵌入。

从行业信息资源要素结构出发，网络化服务融合的目标在于为产业链中的主体企业提供全方位的数字化信息资源保障。为了整合产业链关联行业和集群创新信息资源，应将行业服务汇入基于产业关系和知识创新协作关系的企业运营之中，通过融合资源要素进行面向企业的跨行业服务组织，将服务于企业的各部门系统、行业机构和产业集群企业资源进行集成，以提供面向企业的利用。

从资源和服务结构上看，多源信息具有融合中的互补性。其中，行业部门的信息服务和基于数字平台的政务、商务服务，决定了面向产业链的融合结构。在国家层面上，公共信息服务与行业信息服务的战略协同，目标在于为跨行业、跨部门的数字信息资源的开发利用提供保障。在跨系统服务协同中，除行业信息服务机构合作外，科技部下属科技信息系统在科技创新、产业发展和创新成果转化中的支撑作用决定了面向产业链服务拓展的必要性；国家发展和改革委员会直属国家信息中心提供的信息资源和数字化服务作为产业运行的基本保证，在行业信息服务融合中处于至关重要的位置。此外，教育部、文化和旅游部等部门信息服务对于企业发展的保障也是融合结构中不可缺失的。

从产业链构成上看，面向产业链的行业信息服务融合目标，在于集成相关产业供应链中的信息资源和服务资源，实现面向企业的资源集中，其相关行业

---

① 胡潜，黄丽姿. 信息服务的融合技术实现研究综述[J]. 数字图书馆论坛，2018（11）：19-25.

信息系统理应发挥主体作用，由此形成面向产业链的服务融合构架。另外，行业信息服务融合应立足于公共信息服务的共享和社会化利用，在融合中予以实现。同时，电子商务、网络物流、数字金融、智能制造等互联网服务，作为一种基本的支持和环境保障，在企业网络化运行中业已形成一个整体，而行业信息服务融合正是在面向这一整体需求的基础上开展的。

对于产业链中的企业而言，可以在行业信息服务融合的基础上利用定制服务，也可以进行产业集群信息服务融合利用。对于面向集群创新的服务而言，一方面应按供应合作关系进行跨行业信息服务合作，确立跨行业信息资源协同开发构架；在服务组织上，按产业链中的企业需求进行信息服务融合组织和功能实现。另一方面，可以定制行业信息融合内容与服务功能，面向产业集群进行资源与服务的融合，从而实现融合服务目标。此外，在跨行业系统信息服务融合的嵌入中，可以通过服务的功能融合，在"互联网+"背景下利用跨行业平台进行跨行业利用。

跨行业信息服务融合的技术实现环节，包括信息资源整合、数据挖掘和定制嵌入，在实现上通过分布于各行业的资源集成提取数据、知识，实现网络数字资源的增值利用，为产业运行和发展提供全方位服务支持。

基于产业链的企业运行，不仅存在着生产制造中研发设计与市场营销的协同，而且存在与相关部门和组织的交互，这就需要进一步拓展跨行业信息服务融合范围，以实现产业链关系和创新合作关系协同基础上的跨部门、行业和系统的信息服务融合组织目标。同时，在跨部门系统和行业的信息服务融合实施中，需要明确服务融合的实现目标，进行目标框架下的组织实现。概括来说，面向产业协同的跨行业信息服务融合的实施构架，可从战略、组织和实现上进行整体上的安排。

从宏观战略层面上看，产业链协同创新不仅需要科技创新与产业链发展作保障，而且需要各产业部门的协同。在这一前提下，面向产业链的信息集成与信息服务融合需要构建与之对应的产业集群协同服务体系，以便在多元主体参与下实现跨行业系统和部门系统的战略合作，从体系架构上形成整体化的开放结构。在整体化融合战略实施中，除面向产业集群的公共信息资源服务外，还需要进行各行业信息资源的共建共享和信息利用上的交互，加大对部门系统和行业服务融合的投入，形成国家支持、主体投入、社会协同配置资源的格局。另外，跨行业系统信息服务融合在产业链延伸和创新开放化发展中具有重要性，其融合服务平台构建处于关键位置。因此，在战略推进中，应强调行业信息机构与产业链主体企业的交互，以及产业链中的信息高效化流动，这就需要通过全面合作确立创新协作关系和协同创新机制，以此出发构建多层次的行业网络资源集成与服务融合保障体系，不断完善协调化的集群服务。

从行业信息服务融合组织层面上看，信息服务融合的开展需要从整体上改变产业链中关联企业分散利用相应行业服务的局面，从企业交互出发，协调产业集群企业的跨行业资源共享关系，为产业链中的企业合作和协作提供信息共享和行业协作保障。同时，在产业集群跨行业系统的信息服务融合需求驱动下，结合全球化产业经济发展目标，进行产业集群协同信息服务融合组织规范，有效配置信息资源，以最大限度地发挥行业网络作用。在行业信息服务融合中，协同信息服务的目标由产业运行关系所决定。其中基于开放结构的服务架构，对于跨行业信息资源与服务融合而言具有适用性和针对性，其优势在于能够创建一个面向产业链环节的整体化信息服务环境，有利于跨行业服务面向企业的实施。

从行业信息服务融合实施层面上看，跨行业信息集成与服务协作的基础是分布式异构的数据资源的交互组织和操作，在实现上通过跨系统结构的技术支持，进行不同数据格式之间的标准化转换和加工处理，继而进行基于数据共享的开发和利用。跨行业数据资源集成和融合服务的功能，需要通过全通式跨系统协同资源利用平台来实现。另外，可以通过对服务功能的整合、封装，在嵌入技术的前提下实现行业信息服务的融合功能，以进行面向企业的个性化定制。与此同时，拓宽企业用户间的交流渠道，使产业链和创新价值链中的企业用户可以根据各自的运行需求进行融合服务的有效利用，提升服务融合体验。

行业信息服务融合中的数据资源组织是一个关键所在，面对数据异构和行业系统之间的差异，应着重于数据组织中的冲突解决，在相互映射关系建立中实现数据的集成与融合共享。采用不同格式的数据冲突，由不同数据定义域的描述差异所引发，主要包括类别属性、数据格式、数据标准等方面的差异。对这些冲突，应建立相互对应的关系，确定统一的标准，进行必要的质量清洗和过滤。对于数据结构冲突，按同一概念在不同系统描述中的方式区别，进行描述概念的对应，通过参照系统实现概念的映射。对于数据描述冲突，按对象的不同命名、数据标识和单元结构进行相应的格式转换，在不改变原有系统结构的情况下，实现对应。对于行业概念成分之间的非一致性描述，可以建立一个泛化词表，通过机器学习进行概念的标准化表达组织。对于数据源中的语义冲突，根据语义数据结构的共性，利用本体实现冲突数据源的语义处理。考虑到行业数据应用的多样性，利用机器学习和领域本体具有可行性，对此可通过多种形式将语义加入数据之中，实现跨系统数据语义的标注，以支持产业链数据面向行业的融合。① 另外，可以利用本体映射对数据进行转换，继而实现异构数据资源的语义互操作。多元数据融合语言在行业系统中具有有效性，它允许用户查询多模式数据源和动态数据源，有利于大数据适时处理和融合利用。

4.3.2 基于产业链关系的跨行业信息服务功能融合与实现

面向产业链的行业信息服务融合中，数据融合是服务融合的基本条件。以数据融合为前提实现行业信息服务的跨系统协同，需要在功能层面上融合数据服务，继而推进服务的利用。从另一角度看，产业链中的融合服务组织，同样需要选择融合功能以实现基于产业链的服务价值，从而促进产业链中的产业集群跨系统信息利用。

不仅产业链中的企业具有供应链合作关系，而且企业之间以及企业和其他组织之间还存在着协同创新关系。因而，跨行业系统的信息融合服务必然面临着多元关系基础上的融合问题。在产业链和创新价值链活动中，参与主体的跨行业、部门和系统的多源数据利用，涉及科学与技术研究、试验与产品研发以及产业运行和市场营销。这一构成从客观上提出了行业机构之间的系统服务融合要求。基于此，在基于产业链和创新价值链的信息服务融合中，按范畴进行数据统筹和协同转换应该是一种行之有效的方法。行业信息融合中的概念展示包括企业所属行业、生产产品门类、技术设备、生产流程、供应链关系、市场构成，以及生产运行、研发创新所涉及的诸多领域，按行业、技术、产品、市场、标准、专利、市场运营的多方面区分为不同类型和形式。对于企业而言，其信息空间与业务活动空间具有同一性，所形成的概念及概念关联呈多维网状结构。在行业信息组织中，最基本的方法是按主题概念结构和关联关系进行展示。对于不同的行业或部门的分类组织形式和标准，存在着不同系统之间的差异。这种差异，需要通过各系统之间的交互转化方式来屏蔽。从实现上看，企业概念图可用于解决这方面的计算资源组合与管理问题。从信息内容类属和关系展示上看，概念图支持不同范式之间的转换，因而可以在面向企业的行业信息服务系统之间实现基于概念图的信息揭示目标，通过互动方式支持产业链和创新价值链企业之间以及企业和相关主体之间的交互和合作。在行业信息服务

---

① Bassiliades N , Symeonidis M , Gouvas P , et al. PaaSport Semantic Model：An Ontology for a Platform-as-a-Service Semantically Interoperable Marketplace[J]. Data & Knowledge Engineering, 2018(1)：81-115.

融合中，可以方便地对同一概念进行协作，实现行业间的跨系统资源共建共享。

在产业集群跨系统信息服务融合的实现中，考虑到 XML 的应用，可以在自描述性和可扩展性的基础上通过概念节点进行关联，其中知识图谱工具可用于行业信息资源的融合组织，进而实现基于概念图的结构描述。由此可见，基于知识图谱的概念图应用，在行业信息揭示和管理中具有可行性。

概念图的应用具有广泛的前景，如在物联网产业集群中，RFID 概念图对结构、组成、应用等相关概念进行了展示，以此实现了 Web 页面、图片及影音资源的链接。为了处理相关主题概念，实现多源信息资源融合目标，除在知识节点上标注的相关内容和来源关系外，还可以提取其中的知识单元，以此进行多方面的信息内容整合。对于用户而言，只要在 RFID 概念图中进行 XML 链接，便可获取完整的信息。在 RFID 概念图的 XML 文件中，知识节点描述片段如图 4-5 所示。

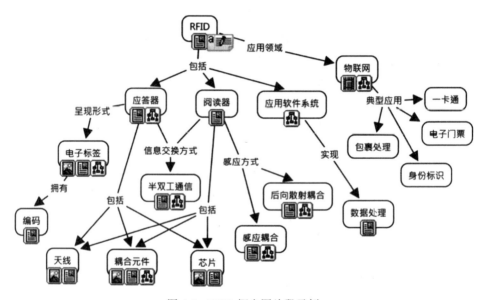

图 4-5　RFID 概念图片段示例

在基于链接的信息组织与揭示中，以 RFID 概念图中知识节点"半双工通信"XML 片段为例，其信息组织需求首先需要在概念图服务器上对 RFID 概念图 XML 输出为 XML 文件。其中，XPath Fetch Page 模块具有关键性作用，该模块所采用的 XPath 查询语言在基于概念图的关联揭示中，通过 Extract using XPATH 的定位功能来实现，它可以进行基于实际组织需求的 XML 文档相关信息内容的读取。在基于概念图的关联展示和揭示过程中，可以使用 XPath Fetch Page 模块绘制 RFID 概念图，来生成对 XML 文件内容的解读和主题展示。对此，可通过在索引中设置 XPath 的路径标签指定其使用。另外，subclass 可以对存储进行解释，实现对以 nlk. base. Concept 为目标的 subclass 属性值的存储和提取。在面向应用的概念关联中，通过 Sub-element 模块，实现 storableObject 所包含的 property 元素内容提取。鉴于诸多元素的松耦合关系，对于节点的 name 属性值可用_ phrase 功能进行标识，完成对相应的 property 属性的过滤；利用 Filter 模块的参数设置规则使内容得到完整的保留。最后，可以使用 Rename 模块将概念内容标签 encoding 属性进行关系编码，从而实现展示关系的多元处理目标。如图 4-6 示例所示，在应答器、半双工通信、耦合元件等概念节点处置和关联展示中，为方便利用，可以对概念图知识节点提取规则进行封装，提供面向 RFID 信息组织的调用。

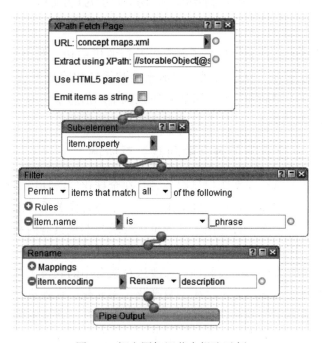

图 4-6 概念图知识节点提取示例

面向产业链的行业信息服务融合，如果利用 RFID 工具进行，可以针对数据融合的需要，采用概念图工具封装 Cmaps_ knowledge extract 模块进行 RFID 相关知识节点的描述。同时，在知识图谱中将 Citespace 服务和基于 Metalib/ SFX 的数字集成服务分别封装为 CiteSpace 模块和 MetalibSFX 模块，继而进行独立或组合应用。在概念图服务与知识图谱服务的融合中，还可以使用 Loop 循环作为主任务(主题词)输入循环流程，在 CiteSpace 模块服务中应用。在面向产业链的行业信息服务融合中，面向企业知识创新的发展需要，可以通过 RFID 实现知识获取和处理的同步化。其中，可以根据用户需求同步处理结果，其途径是选择输出核心成果，显示 RFID 概念主题，以实现数字资源服务融合目标；同时，还可以通过 CiteSpace 输出，利用 MetalibSFX 模块，明确来源范围和限制条件。此外，还可以用户为中心，自定义展示 RFID 核心知识。由此可见，概念图的应用具有广泛性，在基于概念图的服务中，企业用户也可以根据需要选择直接连接调用 MetalibSFX 模块，导出行业数字信息资源。

4.4　跨行业信息服务融合的关系协调与机构改革

面向产业链的跨行业信息服务融合以及行业机构和公共服务机构的协同，需要明确的目标原则、政策法规、技术规范和系统化实施安排。值得指出的是，跨行业系统的协同和信息服务融合应强调不同信息系统的全方位合作，克服影响服务共享的障碍，在机构改革中全面推进协作服务。

4.4.1　跨行业信息服务融合的利益关系协调

面向产业链的跨行业系统信息服务融合在全球化经济环境下进行，各参与主体同时也是利益主体，在市场环境下存在竞争与合作关系，因而有着各自的价值追求。从整体上看，各方面主体的价值要求与实现具有内在的关联性和共同实现的基础。因此，在行业信息服务融合中，其共同价值实现的保障和协同主体的利益保障具有必然的关联性，需要进行融合中的利益关系协调。

全球化经济发展和产业链结构的复杂化、多元化，在促进行业经济快速发展的同时，也引发了新的利益关系和风险。如企业基于产业链的运行，其高投入、高风险、高收益使得合作者之间的关系日趋复杂。对于面向产业链创新的行业信息服务而言，必然存在着服务对象的利益和权益保障问题。只有当机构间的关系处于均衡状态时，基于资源共享的服务融合才能有效进行，行业信息服务效应才能在产业链中最终体现。因此，面向产业链的行业服务合作协调的关键是各方权益的保障和利益关系协调。另外，对于产业链和创新价值链中的行业和企业主体而言，还应考虑协同服务的经济效益和社会效益之间的关系，以此进行跨行业信息服务融合中的全局化利益关系协调。

在面向产业链的跨行业信息服务融合中，应根据服务机构所面对的行业内企业和跨行业企业之间存在的利益关系确定相应的协调原则，为行业信息服务的组织提供有效的实施保障。另外，面向产业链的跨行业服务融合动力来自具有集群关系的企业，其共同的利益和创新发展需求决定了协同目标的实现情况。在行业信息服务的组织上，体现为融合服务的溢出效应。

在行业信息服务组织中，行业服务机构和企业用户的共同目标是使信息效益最大化，如果本行业服务难以实现最大化目标，必然期盼基于产业链的相关行业服务融入。同时，在保障本行业企业正当利益的前提下，协同相关行业的服务开展。这一现实，决定了跨行业信息服务融合的价值所在。一方面，在溢出效益充分的情况下，跨行业信息服务融合可进一步拓展为面向产业集群的协同组织。在具有产业链关系的产业集群追求利益最大化的过程中，面对行业内部有限的信息资源，必然求助于跨行业信息资源服务与保障。另一方面，在行业信息服务中，面向产业集群的服务方式的采用将付出机会成本。这两方面的作用体现为服务融合的向心力和离心力作用，因此需要进行综合考虑。从整体上看，实现面向集群企业的行业信息资源共享，对于具有空间分散特性的资源利用而言具有关键性。其负面效益，源自服务的专用性、政策环境的不适应性、信息溢出效应的不确定性以及共享资源渠道拥挤等，应予以协调解决。跨行业信息服务融合关系形成过程及其作用如图4-7所示。

跨行业信息服务面向产业链集群企业的融合，在向心力和离心力的交互作用下，其演进轨迹为：萌发阶段，因受离心力限制，服务融合的外部效应不够显著；在形成阶段，外部环境的变化和适应环境的产业集群创新发展需求导向，决定了向心力的引动作用，从而使行业信息服务跨系统融合机制得以形成；在持续发展阶段，跨行业信息服务融合效益稳定，两方面因素交互作用下的行业信息服务持续发展。然而，面对全球化环境的变化和产业链合作关系的改变，负面因素的作用难免引发跨行业信息服务融合的退化，因此在行业信息服务融合中须面对新的问题，即通过协同创新使向心力得到进一步增强，使之不断适应新的环境和需求。①

---

① 董欣，杨皎平，李庆满.异质性团队离心力、向心力与创新绩效：以共享领导为调节变量[J].科技进步与对策，2015，32(12)：144-150.

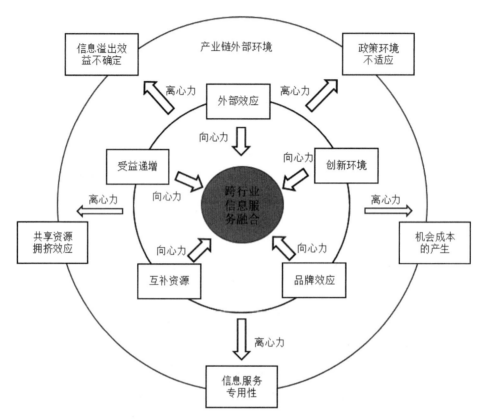

图 4-7　跨行业信息服务融合关系的形成

　　面向产业链的跨行业信息服务融合体系处于不断变革之中，这是因为系统所面临的环境决定了服务融合的开放性和从无序到有序的可调节性。这一组织机制与产业的开放性相适应，开放环境中的行业信息服务发展必须面对的现实问题在于，各行业信息服务作为社会化信息服务的一大主体，存在着和政府部门、公共部门信息服务协同发展的问题，这说明行业信息服务融合应在国家发展战略框架下进行。在跨行业信息服务融合实施上，需要从国家和产业发展战略出发，协调公共信息服务、专门信息服务和各行业信息服务的协作关系。在区域和行业层面上落实国家发展规划，促进行业信息服务与公共服务的协同发展。此外，在支持社会化信息服务的协同发展中，应充分发挥行业服务的作用，以实现全行业的协调发展目标。

　　行业信息服务协同管理功能的发挥，离不开协同运行机制。如图 4-8 所示，在中央网络安全和信息化委员会的战略部署下，国家信息服务行业管理机

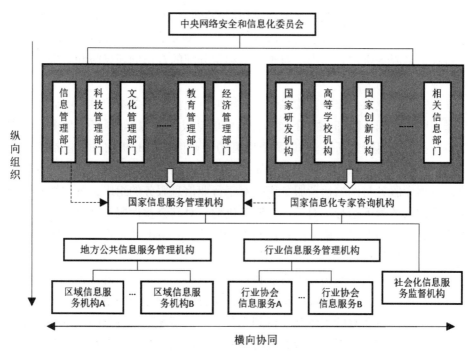

图 4-8　信息服务行业协同管理架构

构根据产业链创新发展中的信息服务需求与协同发展要求，有效整合、协调各行业系统的运行，形成管理上的协同效应。具体内容包括协调管理目标的确立，行业信息服务体系建设与规划，社会化跨行业系统的资源共享与服务协同实现。

4.4.2　行业信息服务的协同管理

　　行业信息服务所具有的面向行业内企业的服务组织机制和有别于公共信息服务的发展目标，决定了行业信息服务合作和融合服务的开展。考虑到各行业技术发展上的差异，其协同管理具有多元性和复杂性。就总体构架而论，应着重于以下几个方面：

　　①行业信息服务合作关系的建立。建立长期的合作发展关系是跨行业信息服务融合的基本保障，这一保障不仅体现在行业信息服务机构之间的合作上，而且体现在社会化服务机构、公共服务机构以及商业机构面向企业的服务协同上。协同合作关系的确立，需要在制度建设上推进多元主体基于利益关系的合作，进行公益性服务和市场化服务主体之间的协调，实现行业信息服务的双轨

113

制管理。在强调公益性服务基础保障作用的同时，发展面向产业链的企业定制服务。与此同时，规范行业信息服务的组织，确定合作中的投入和收益关系。在行业信息服务机构合作中，对于影响利益分配的合作创新风险和融合服务绩效，应予以全面关注。

②完善行业信息服务补偿机制。我国的行业信息服务组织具有不同的隶属关系，既包括国务院部(委)下属的公益性信息服务机构(如国家信息中心、中国科学技术信息研究所等)和国资委监管的行业信息服务机构，也包括市场化运行的国有企业组织和行业协会下属信息机构，同时存在产业集群机构和专门化的数据库服务与网络运营服务商。对于行业信息服务的组织，公益性和事业机构在国家统筹下运行。对于产业服务机构，对其公益性服务部分应予以适当的补偿，因而需要建立服务的补偿制度。① 对于市场化服务的开展，应立足于国家创新长期战略目标，统筹考虑信息服务行业的运行。

③建立有效的协同沟通渠道。在行业信息服务基于产业链和创新价值链的协同组织中，应维护各方面的正当权益，这也是利益保障的重要环节。在行业信息机构和其所面对的主体利益得到充分表达的情况下，各方的基本权益才可以采取相应的方式来保证。应有效协调服务主体间的利益关系和交互关系，在多元行业主体的跨系统合作中建立畅通的利益表达渠道。具体来说，在跨行业的服务组织和监督中，应确立高效化的沟通运行机制，以便在行业信息服务合作和协同中及时发现所出现的权益问题，及时作出响应。

④构建基于服务融合的信息安全保障体系。对于跨行业信息服务融合而言，信息安全保障处于关键地位，这就要求实现安全保障与服务组织同步。在安全保障的内容和环节上，存在着跨行业系统安全协同的问题。全面安全保障包括行业信息资源组织安全、信息内容安全、交互利用安全和服务流程安全。在全面安全保障的目标实现中，由于存在多元主体的合作，需要构建整体化保障体系，进行安全防护的统一安排。在安全风险控制中，应确立预警机制，针对安全风险进行实时预测。这样，不仅有利于行业服务机构间的安全合作和协同发展，而且有利于产业链中跨行业信息服务的安全利用。在整体化安全防护的实现中，应明确各方面的安全责任，确定安全保护等级，在安全协议的基础上进行组织实施。

全球化中的跨行业信息服务融合发展已成为一种必然趋势，其产业链的延

---

① 马艳，张峰．利益补偿与我国社会利益关系的协调发展[J]．社会科学研究，2008(4)：34-38.

伸和企业创新的跨部门和跨行业合作，使信息源分布结构、存在形式和作用方式发生了深刻变化，由此提出了资源集成和服务融合问题。这一问题的解决，体现在国家层面上便是行业信息服务跨系统合作的社会化推进，反映在国际合作层面上便是各国对产业链和创新国际化的应对。对于产业链中的企业而言，则需要通过与行业信息服务主体的深层次合作，实现信息集成利用目标。

行业信息服务的融合实现，形成了宏观层集中、微观层独立的协同体系结构。在信息服务的行业发展中，各国既存在国家和区域层面上的规划，也有行业层面上的信息服务管理。鉴于政府部门和行业组织的不同职责，需要进行整体上的协同推进。

在信息服务组织中，存在着各行业信息服务机构和互联网服务商、数据库与软件供应商、系统服务商及相关组织的协作关系，这就需要进行国家和行业层面上的统筹和布局，以此出发形成跨行业服务融合管理构架，以便全面协调服务链运行关系。根据各国的协调管理模式和我国信息化总体战略框架下的行业服务推进部署，可进行跨系统、跨部门的社会化信息服务体系的协同构建，在公共信息服务和各专门领域信息服务的社会化组织中，推进社会化服务和行业服务体系的融合。在面向产业链的行业信息服务协同管理上，采用分层协调方式，在全国和行业层面上进行统一的规划与调控。与此同时，考虑各行业信息资源环境和分布结构的差异，采取多样化管理手段进行管控。

"互联网+"背景下，我国跨行业信息服务融合和协同推进中，国家和行业层面上的战略协调发展具有重要性。在统筹协调发展框架下，对面向企业的跨行业信息资源集成和服务融合，应进行合理的规划，按产业链、创新价值链和服务链关系有序组织行业信息服务的跨系统联动，实现面向产业链的服务互补，使之与企业发展相适应。对于行业信息服务的协调管理，应按照国家发展战略规划进行统一部署，进行公共服务机构、行业服务机构、网络信息服务商和第三方机构的协同和合作，从而促进行业信息服务的有序发展。

全球化环境下的国家创新发展对行业信息服务组织提出了新的要求，需要进行适应于发展的信息服务体制变革，在发展社会化公共服务和面向国家创新的公益性服务的同时，推进行业服务体制改革，实现多元主体的协同服务目标。在产业链延伸和企业创新中，我国的部门—系统组织体制已难以适应各行业创新发展的需要，这就要求从产业链和创新价值链出发重构行业信息服务体系，在转型中将行业信息服务组织纳入国家调控下的行业发展体系，确立行业信息服务适应市场环境的管理体制。

4.4.3 行业信息服务机构改革与发展

行业信息服务机构改革与发展是一个不可分割的整体问题，体现了面向发展的几个改革和改革基础上的持续发展。

(1)行业信息服务机构改革

我国 20 世纪 50—80 年代的计划经济体制决定了行业信息服务的事业型结构，包括公共信息服务、科技信息服务、经济信息服务在内的综合性信息服务机构和各行业信息服务机构分属于国务院各部(委)管理，按分工、协作关系履行各自的职责，开展信息资源、系统建设和服务业务，从而形成了国家统一管理下的系统服务体系。在以计划为主导的信息服务系统管理中，各行业机构具有从中央到地方的分级结构特征，按纵向组织关系形成了相对完整的系统体系结构。在运行中，各系统具有完整性和独立性，系统之间的横向合作从顶层到基层分层开展，因而运行稳定性强，受外界影响程度较低。党的十一届三中全会以来，随着我国改革开放的不断深化和国际信息化环境的影响加深，1992年我国全面实现由计划经济向市场经济发展的变革。社会主义市场经济体制的确立，对资源配置起着基础性作用，按市场价值规律，从生产、分配到流通、消费，从城市化改革到农村发展，从教育、科技到产业经济，我国科学、高效的发展对行业信息服务体系变革提出了新的要求，从而确立了行业信息服务多元协调发展的优势。[1]

在计划经济体制向市场经济体制的变革和发展中，从属于各部(委)的行业信息服务机构转制成为具有不同隶属关系的行业服务组织，形成了社会化开放服务体系。在国家宏观调控和统筹规划下，行业的不同结构和运行关系决定了行业信息服务组织上的差异。就隶属关系而言，其服务组织包括行业部门管理机构、行业协会机构和不同类型的事业及产业机构，由此形成了行业信息服务的多元结构，适应了各行业的运营和发展需求，体现了国家统筹和宏观调控下的行业信息服务发展优势。

全球产业链的发展不断改变着企业经营方式和运行模式，多边合作格局的形成和企业创新的国际化提出了行业信息的全球化交互流通和利用的问题。因此，应确立全球化产业协作发展中的行业信息开放服务体系，同时加强行业信

---

[1] 胡昌平，谷斌，贾君枝. 组织管理创新战略——国家可持续发展中的图书情报事业战略分析(5)[J]. 中国图书馆学报，2005，31(6)：14-17.

息安全保障，实现信息资源的有序化组织和服务目标。在行业科技与产业融合发展中，行业科技信息服务和经济信息服务结合而成为一个整体。这一趋势在行业信息机构改革和重组中已得到充分体现。例如，中国化工信息中心作为我国全国性化工行业信息中心，原为化学工业部主管，其前身为 1959 年成立的化工部科技情报研究所和 1984 年创建的化工部经济信息中心；在面向产业发展的大环境中于 1992 年 10 月合并成立国家级行业信息中心，于 1999 年经国务院批准转制成为中央科技型企业。该信息中心致力于跟踪全球化工科技水平和行业经济发展，开展多层次、全方位的信息采集、加工和服务，面向政府部门、行业提供决策支持和公益服务，面向产业、企业提供信息保障和增值服务。同时，中国化工信息中心作为 NSTL 成员单位，开展社会化协同服务，利用专业馆藏资源提供定题查询、科技查新和文献保障服务。中国化工信息中心的改革发展，充分体现了我国的制度优势，在服务于化工行业中发挥着不可取代的作用。

在全球信息化的深层发展背景下，基于价值链的企业创新直接关系到信息化和全球产业链中的企业运行，因而面向企业的行业信息服务理应按统筹规划和集中控制原则进行宏观管理。经济发展中，行业信息资源作为一种核心资源，其管理、开发与服务直接关系到行业创新发展和行业经济信息化进程。因此，必须强调国家对行业信息机构改革和信息资源分配的主导地位，应在中央网络安全和信息化委员会的统筹下实现行业协调；在国家发展和改革委员会宏观管理中，实现行业信息资源的增值利用；在充分发挥国家行业组织优势的基础上，推进社会化的资源服务；在我国机构改革的前提下，协调各部门的关系，推进行业信息服务基础建设，规划面向产业经济的信息资源开发与服务。同时，改变部门、系统的分散服务状态，协调国家部委系统信息机构和行业信息机构的关系，实现信息化环境下跨行业信息服务的组织结构优化。

在我国行业信息服务的改革发展中，政府主导以行业协会为主体的信息服务组织。对于隶属于国务院部委、局的信息机构，应进一步强化其在行业信息服务中的作用；对于由行业协会管理的信息机构，应在行业协会制度建设中，结合产业链和行业创新发展的需要，加强建设；对于产业集群信息服务的组织，可按行业的关联关系进行建设。

在行业信息服务发展中，应按产业链和创新价值链关系进行体系构建，以协同组织合作建设的方式建设产业集群信息网络，实现产业集群网络与行业信息网的联动。针对我国行业信息服务分散和规模效益有限的情况，应着重于深层次体制改革和行业信息服务体系的重构。在产业集群信息服务体系构建中，应着重于行业细分和各细分行业的交互联系，以此出发建立行业细分基础上的融合信息服务网络。例如，成立于 1986 年的中国轻工业信息中心作为司局级国家行政单位组建，是全国轻工业系统信息管理和服务的专门机构和轻工业联合会的内设机构，提供轻工业统计、行业信息发布与交流、信息化管理、信息系统与网络服务。在面向产业和企业的服务中，由于轻工业结构复杂，涉及门类众多，因而在行业服务中进行了以细分行业为基础的组织构架，组织全国家用电器工业信息中心、全国食品与发酵工业信息中心、全国造纸工业信息中心、全国海湖盐业信息中心、全国电池工业信息中心、全国轻工感光材料信息中心等 32 个细分行业的服务构建和实施；与此同时，按各细分行业以及化工、生物工程、机械等行业的关联关系进行细分行业产业链服务的延伸。这说明，细分行业基础上的融合信息服务网络建设不仅专门性强，而且涉及范围广，因而对其数字网络环境下的发展提出了深层融合的现实要求。在实施上，理应理顺行业细分关系、产业链关系和企业的协同运行关系，在面向产业集群的行业服务体制变革中，以大行业为主体进行产业集群细分、行业信息网络组建和数字化资源的跨行业整合，形成面向全行业企业的服务保障体系。据此，可考虑按工业、农业及服务业的大门类进行整体上的构架，按面向企业和产业关系的需求进行服务的协同实施。

（2）行业信息服务融合推进

"互联网+"背景下的行业信息服务机构改革和体系变革在国家创新发展中进行，数字网络环境和全球产业链环境变化是必须面对的现实。鉴于产业链中的多元关系和结构，行业信息服务融合的战略基点，一是国家创新发展中的行业信息需求全面保障和科技、经济与企业可持续发展要求，二是行业信息机构服务的基础性保障和行业信息资源的跨系统保障要求。这两点说明，行业信息服务改革发展应作为一个整体对待，除行业信息机构外，还需要产业链相关主体的协同。从实现上看，行业信息服务改革应面向创新需求，在战略上着重于以下几个方面：

①行业信息服务开放重组的实现。全球化发展中的产业链延伸和科技创新的社会化，决定了行业信息服务的开放组织特征。开放环境下，行业信息服务的部门封闭状况和与之对应的系统组织构架必须得到改变，其变革原则在于按行业结构和关联关系突破部门限制，理顺多元主体的关系，实现公益制和市场化服务的双轨运行，以及公共服务与行业服务的交互融合，在行业信息服务体

制改革中确立各方面权益关系，明确发展目标和责任。

②行业服务机构协调机制的完善。行业信息服务机构改革和体制变革并不是单一的政府行为或行业行为，而是政府主导下的以行业机构为主体的多方协作行为，因而行业信息服务机构协调体制的完善具有重要性。同时，行业信息机构面向全行业内企业和相关行业企业的服务，是一种开放化的跨行业的协同服务。在协调服务中，一是公共信息资源通过开放共享为行业服务的融合开展提供资源保证；二是信息服务系统融合的跨行业实现，需要完善以行业协会为中心的服务协作机制；三是在社会发展层面进行行业信息服务的发展定位，在国家创新发展中予以明确。

③行业信息服务平台的构建。从基于产业链和创新协作关系的企业发展上看，行业关联运行构成了客观存在的产业链。从企业运行上看，企业活动已不再局限于供应链、生产链和市场营销，而延伸到基于产业链的企业合作关系建立和基于价值链的创新发展上。这就要求企业在产业链基础上的行业间协同和基于价值链的科技创新合作，这一基本关系决定了服务融合关系，提出了行业信息跨系统服务平台构建要求。因此，在行业信息服务组织中，应在分布式信息资源整合的基础上，构建服务融合平台，实现基于平台的信息服务集成，使各类用户可以通过平台充分利用行业资源和服务。

④行业信息融合服务技术研发。信息服务技术在不同行业中的差异性是导致服务融合技术障碍的原因之一，为了消除这一障碍，必须实现融合行业技术应用的一致性。从发展上看，任何行业信息服务的技术都必须与网络技术应用同步，同时实现跨行业系统的技术交互利用和互操作目标。就发展而论，我国不同行业的数字技术应用基本上一致，但存在着一定的行业差异，因而需要进行服务企业的统一布局，在网络安全和信息化同步保障中推进行业信息技术标准化建设，实施"互联网+"背景下的技术发展战略，为行业服务创新提供支持。

⑤行业信息服务管理创新的坚持。"互联网+"背景下行业信息服务融合面临着新的发展问题，其中管理创新应与行业信息服务和网络发展同步，因而必须在跨行业信息服务体制改革的基础上寻求新的管理模式；通过协同目标的实现，适应服务业务的拓展需求。行业信息服务管理创新不仅是制度层面的创新和机构体制改革，而且包括跨行业信息服务体制下的资源管理创新、技术管理创新、组织管理创新。在这两方面的作用下，行业信息服务管理创新还在于面向未来发展的管理体系变革。

4.5   行业资源协同建设与服务融合战略对策

大数据与智能化大背景下，随着信息技术的进步和信息网络的全球化，行业信息资源的分布、组织、开发和利用正在发生深刻的变化，数字化协同信息服务以其巨大的优势和潜力，日益成为信息服务的主流，由此构成了行业信息资源组织、开发与利用的新环境。因此，应在社会化信息资源规划与配置的基础上加强行业信息资源建设的战略管理，以便从全局上实现战略资源的共享。

4.5.1   行业信息资源的战略地位与协同建设

信息资源是社会生产力中具有生命力的要素，它在社会经济发展中的作用越来越显著，尤其在国家可持续发展中，行业信息保障重要作用的发挥，使人们更加重视行业信息资源的战略地位。行业信息机构如何更好地建设信息资源，有效地进行配置，对于发挥信息资源的战略作用具有深远意义。以信息资源深层开发为主导的信息产业化及信息经济时代的企业发展和产业链的全球化，对行业信息资源的战略配置提出了新的要求。

(1)信息经济发展中行业信息资源的重要性

工业经济视发展为终极目标，但这种发展导致的经济增长方式以大量消耗原材料和能源为代价，因而在人口、资源、环境以及社会等方面给人类社会带来了巨大的挑战，因此需要建立一种新的经济增长模式代替这种高投入、高消耗、高污染的模式。在这种背景下所形成的可持续增长模式，即从人类社会的经济、社会及其同生态环境之间相互关系的角度去探寻和实现行业经济发展的可持续性。因此可以说，可持续发展战略是为了解决工业经济发展过程中带来的人类生存危机问题而提出来的，它是一套面向未来的发展战略，以此决定了各产业领域的信息化推进。

信息经济是以信息产业为主导的一种新的经济形态，它是工业经济发达到一定程度，在工业经济内部孕育发展起来的。在社会经济运行的过程中，行业经济可持续增长模式提出了行业信息资源协同建设的问题，人们开始意识到信息资源不再只是发挥其信息保障的基本作用。尤其是它所具有的不可消耗性、增值性、知识性等优于物质资源、能源资源的特点，使人们更加清楚地认识到信息资源在社会经济发展中的战略地位。它把物质生产和知识生产有机地结合起来，以知识的方式渗透到其他物质产品生产中，减少了资源的消耗，提高了资源的利用率，实现了可持续发展。这一新的经济形态出现，克服了高度依赖物质资源的经济发展相对有限的弱点，让人类从赖以生存的有限的自然资源中走出来，逐步走向以信息资源为主的经济发展模式。因此，以行业信息资源为基础的信息经济的发展符合可持续发展战略的目标，它为国家可持续战略的实施提供了强有力的支持。

（2）行业信息资源在国家可持续发展战略中的作用

行业信息资源作为一种战略性资源，在国家可持续发展中具有其他资源无法替代的作用。社会、经济与生态文明建设的关系，信息与各方面活动的关联决定了其基本的作用状态，如图4-9所示。

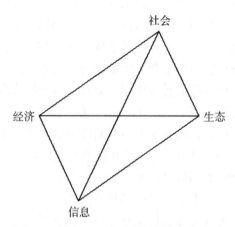

图4-9 社会、经济、生态与信息的关系

①信息的保障与支持作用。从开始对信息资源进行收集、加工和利用时，信息资源的保障作用就已经得到了体现，这是信息资源的基本功能所决定的。从产业运行上看行业信息资源在可持续发展战略中的保障与支持作用，主要表现在以下两个方面：

其一，行业可持续发展战略的制定、实施与评估是一个长期、动态的发展过程，其实施战略管理的每一步，都离不开准确及时的信息建设与规划。由于可持续发展战略是一个综合性发展战略，它既包含行业战略性决策，又包含各行业企业运行决策。按产业链的跨行业运行关系，信息资源的跨行业协同组织与交互利用已成为关系产业经济发展的全局性问题。因此，需要从战略层面上推进行业信息的整体化布局、协同建设和融合利用。

其二,产业经济发展离不开技术进步,技术进步是提高经济增长质量、实现可持续发展的根本途径,这已成为人们的共识。国家可持续发展战略要求各行业部门通过科学研究、科技成果转移、技术开发创新、技术引进、产品开发等一系列的活动来促进科学技术转换为现实生产力,实现经济增长的集约化。在这一转变过程中,信息资源是技术进步的基础,信息的保障作用得以充分发挥,围绕企业创新和数字化运行的行业信息资源协同开发和面向产业链的集成利用,直接关系到全球化中的行业创新发展,因而需要从战略层面进行布局。

②信息的纽带作用。可持续发展战略注重的是社会、经济、生态三方面的协调发展,其中所需的信息资源分布在各个行业,因而应扩大行业信息资源共享范围,实现信息资源的有效流通,同时加强各部门之间的协作,实现行业与部门、地区与部门以及地区之间的协调发展。其中,联合国开发计划署启动的可持续发展网络计划(SDNP),其目标在于通过互联网将有关信息充分地提供给国际社会共享,其意义在于有效促进全球产业链的合作,加速实现行业经济整体化,为实现全球范围内的协调发展提供行业服务平台。

③信息资源对自然资源的替代作用。分布于行业的信息资源的产生过程不同于自然资源。自然资源是自然界自然演化的结果,是自然界存在的物质资源,它的总量是一定的,且随着人类的不断使用而减少。信息资源是人类社会经济活动中经过加工处理且有序化的有用信息集合,随着信息技术及社会经济的高速发展,人类开发利用信息资源的能力不断加强。信息资源的消费过程并不带来数量的增减,而是发生价值转移和价值增值的过程,其资源建设具有可持续发展的特点。人类社会步入信息经济时代的今天,以开发、消费再生性信息资源的方式减少不可再生的物质、能量资源的消耗,是保持经济持续发展的基础性保障。由于信息资源具有知识性、高渗透性、增值性等特点,可以从整体上进行信息资源建设的行业布局,特别是企业的网络化运行。在具有全局性的战略发展中,行业信息资源建设战略目标实现,关键在于选择更有效率的面向产业发展的信息资源配置方式,在满足各行业企业信息需求的前提下,促进产业经济的可持续发展。行业信息资源整合和服务融合,是企业创新发展战略的需要。对于企业而言,行业数字化信息资源整合总体来说经历了数据集中、服务集成向行业信息资源协同建设和服务融合发展的阶段。在面向企业的服务中,行业信息资源建设与企业信息化、经营全球化和创新国际化相适应,其协同规划和跨系统、跨部门信息服务的推进,与产业链活动密切相关,由此决定了开放化、全球化视野下的跨行业信息资源组织构架。这说明,分系统和行业

的信息服务体制正面临着信息化中的知识创新和产业经济发展挑战，从而提出了行业信息服务体系变革要求。显然，社会化公共信息服务与行业信息服务的总体协同已成为信息资源建设国家战略的重要组成部分。其战略规划不仅包括行业信息资源的跨系统共建共享，而且包括行业信息资源建设的整体构架、网络发展规划和大数据与智能服务的融合推进。在行业信息战略规划中，面向企业的跨行业信息共享和产业链信息保障的协同组织已成为关键。

4.5.2 行业信息资源建设与服务融合的可持续发展

国家可持续发展战略的内容较广，涉及人口、经济、资源、能源、教育、科技、生态、环境等。从社会的经济及其与生态环境之间相互关系的角度去探询和实现行业经济的可持续性发展是重要的，对于行业信息资源部门来说，理应在国家可持续发展的前提下实现行业信息资源建设的可持续发展。

经济的可持续发展战略是当今世界发展的总体要求，行业信息资源服务业的可持续发展符合社会发展趋势，是产业经济发展的需要。在发展中，应明确信息机构在可持续发展中的重要作用，为信息机构资源建设和行业协同提供持续性保障。在战略实施中，行业信息部门应消除信息封闭的影响，通过全球化网络服务，提供面向行业创新的信息资源，以实现行业的可持续发展。

信息资源协同建设的可持续发展是行业信息业可持续发展的重要内容，其实现是行业信息服务事业可持续发展的一个重要标志。此外，我国公共服务同时存在与行业信息服务协同发展的问题。

从产业经济发展上看，可持续发展战略的实施不同于传统的经济模式，其发展建立在以知识创新为驱动的知识经济上。信息资源服务业作为知识经济中的重要部分，不仅要立足于现实需要，更要放眼行业发展的未来，重视发展效益的提高，追求全面、整体、和谐的发展目标。信息资源建设是信息机构的重要任务，只有信息资源建设的可持续发展才能保证信息服务业整体的可持续发展，由此推动其他领域的可持续发展。

信息资源的战略性地位显而易见，就我国行业信息服务发展中的信息资源建设而言，统筹规划有待进一步加强。从战略管理角度看，应进行统筹规划，确立信息部门的信息资源建设任务、使命以及长远发展目标，这样既可发挥信息资源在国家可持续发展中的作用，又可提高我国行业信息服务业的发展水平。

信息资源组织与开发是行业信息机构的基本任务，从战略角度上看，既应解决信息资源建设的现存问题，又应促进行业信息服务业的持续发展，因此在信息资源战略实施中应遵循信息业的发展规律，寻求适合我国的信息资源协同建设方式。

成功的协同建设战略实施应遵循以下原则：适应环境原则、全过程管理原则、整体最优原则、全员参与原则、反馈修正原则。在行业信息资源建设与服务融合战略实现中，准确地把握这些原则有助于战略管理的目标实现。

①适应环境原则。成功的战略管理重视的是组织与其所处外部环境的互动关系，目的是使组织能够适应、利用甚至影响环境的变化。行业信息资源建设是开放的系统建设，它同外界环境不断发生物质、能量、信息的交换，系统内部环境和外部环境之间相互作用，任何一方的变化都会引起他方的反应。行业信息资源建设战略中，应监测外部环境的变化，分析机会和威胁的存在情况和影响程度，以便制定新的战略或对现行战略进行调整。

②全过程管理原则。战略管理要取得成功，必须将战略的制定、实施、评价和控制作为一个完整的过程来对待，以充分提高这一过程的有效性和效率。具体而言，行业信息资源协同建设与服务融合战略实现，需完成以下步骤的工作：通过分析内外因素来确定信息资源组织与服务的总体目标，制定相应的信息资源战略；实施信息资源战略，运用经济、技术、政策、法律手段，对行业信息资源活动进行有效组织，生产出各种类型、各种层次水平的信息资源产品以满足行业用户的需要；通过用户反馈信息进行行业信息资源战略的评估，发现问题并提出有效对策，保证信息资源战略的有效性。

③整体最优原则。成功的战略管理将组织实施视为一个不可分割的整体，其目的是提高组织的整体优化程度。在行业信息资源战略实现中，应注意以下问题：重视信息业发展中信息资源的整体化建设水平，协调各个层次机构的活动，使之形成合力。事实上，各行业机构的服务功能是由其在整体中的位置决定的，取决于信息资源建设的总体目标和安排，因而在实施行业信息资源战略过程中应注重各行业资源配置对战略实施的影响。

④全员参与原则。战略实现不仅要依赖行业信息机构高层管理部门的决策，而且需要全员参与和支持。更确切地说，行业信息资源战略实施决策主要是高层管理者的责任，但这种决策又离不开中下层管理者和执行者，一旦确定了信息资源战略实现目标，战略的实施就在相当大程度上取决于不同层次的组织管理者和执行者的全员协同。

⑤反馈修正原则。战略实施目的是寻求长期、稳定和健康的发展，其时间跨度大，这就要求进行战略规划，使行业信息资源战略具体化和可操作化。然而，战略实施过程不可能是一帆风顺的，外部环境的变化往往会打乱原有的战

略部署，因而只有不断地跟踪反馈才能确保行业信息资源战略的适应性。从某种意义上说，对现行信息资源战略管理的评估又是新一轮信息资源战略实现的开始。依此类推，方能确保行业信息资源协同建设与服务融合战略目标的实现。

行业信息资源建设战略实施包括以下环节：管理部门在预测和分析未来环境的基础上，决定组织整体活动的基本目标；选择达到既定目标所遵循的路径；对组织内部已有资源进行最优化配置；在战略推进中，检查战略实施的效果；采取有效措施进行战略调整，确保战略目标的实现。战略实现过程模型依据战略管理的实施环节建立，一种被广泛接受和利用的过程模型如图 4-10 所示。

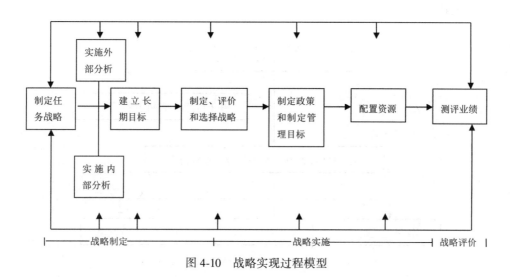

图 4-10　战略实现过程模型

如图 4-10 所示，可借鉴战略实现过程模型，即按照战略目标及战略系统模型构造、战略制定与实施、战略评估与控制的程序来实现行业信息资源战略管理，构建信息资源战略体系。事实上，这几个环节并不按直线排列，各环节之间由于不断反馈进行调整，因此各环节之间执行时间可能重叠，所以这几个环节是相互联系、反复循环、不断完善的。

4.5.3　行业信息资源整体化建设的战略实现

在行业信息资源建设与服务发展中，按系统管理理论，数字化信息资源建设的整体化发展战略可以从机构层面、组织层面和服务层面展开，图 4-11 显示了这一战略架构。

　　行业信息服务发展中，信息资源战略按国家信息资源战略、地区信息资源战略、系统信息资源战略和部门信息资源战略层次来考虑，由此构成集中的资源建设体系。

　　国家信息资源战略是在分析我国信息业整体发展的基础上制定的，是信息资源服务业发展的战略总纲，是指导和控制地区、行业信息资源战略行为的最高纲领，其目的在于发挥信息资源在社会、政治、经济中的战略作用。行业信息服务中，国家信息资源战略对象是我国所有信息机构，国家信息资源战略分析及制定主要解决以下问题：分析国家信息资源建设发展的机会与威胁，确定信息业信息资源总体建设的范围和目标，制定信息资源战略规划和行业信息资源战略措施等。

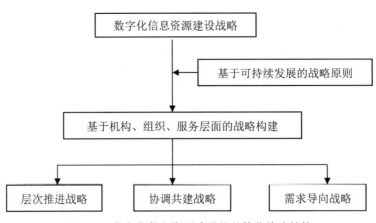

图 4-11　数字化信息资源建设的整体化战略结构

　　国家信息资源战略、地区信息资源战略、行业信息资源战略和部门信息资源战略共同构成我国的信息资源战略体系。每一战略内容及特征有所不同。国家、地区级信息资源战略属于宏观战略，其更多是从整体上布置信息机构的资源建设；行业战略、部门战略着重于行业、部门信息资源战略规划和实施，通过有效调度各层次资源来实现信息资源总体战略目标。

　　信息资源协调共建战略，是通过设置国家、地区和行业资源协调共建中心，实现信息资源采集及数字化建设的系统内部垂直整合和地区行业范围内的服务整合，同时实现信息资源联合共建的目标。

　　对行业信息资源建设与服务，应确定建设方向及服务目标，在统一规划的前提下进行协同，以确保信息资源建设体系的完整性和系统性。在实现中，共享的不仅是信息资源，还包括技术和网络设施。

行业用户信息需求的变化是信息组织形式变革的内在促进因素，网络化的发展激发着用户新需求的产生，二者相互促进和发展，决定着新环境下的行业用户需求与利用状态，因此行业信息资源的组织应以用户需求为导向。网络环境下用户的信息需求表现为社会化、综合化、集成化、高效化等特点。用户利用信息服务的综合趋势直接导致了科技信息服务、经济信息服务、公共信息服务的结合。无论是政府部门、研究院所、高等学校，还是企业人员，除了利用各部门的信息外，还大量利用社会公共信息。从整体上看，信息服务网络的建设有助于解决我国现有用户的跨系统需求问题，各行业信息服务网络之间相互渗透、相互补充，共同满足用户广泛的社会信息需求，同时通过行业网络把信息服务扩展到跨系统服务用户，由此提高行业信息服务的融合水平。

信息资源建设是行业信息机构的重要任务，我国行业信息机构在信息资源建设方面已经积累了丰富的经验。我国行业信息资源的数量、质量已达到一定水平，其分布也已具备一定规模。但从另一个角度看，随着创新发展和产业链协同的需要增强，应进一步强化关系协调，促使信息资源建设达到一个新的水平。因此，针对信息资源建设现存的问题，综合各方面的影响因素分析，在行业信息资源协同建设与服务融合中，需要处理好以下关系：

①信息资源建设与信息基础设施建设的关系。信息产业的发展是信息基础设施投入和信息资源建设相互协调的过程。信息基础设施是实现信息产业发展战略的前提和基础，是信息资源建设的条件保障；信息资源建设是信息服务中的核心内容，信息资源的建设水平直接影响信息基础设施的投资效益、信息服务市场的繁荣发展及信息服务的产业化进程。信息产业发展初期，信息基础设施的大规模建设使得以信息设备制造为主的硬产业占信息产业的相当大部分，随着社会信息化的深层次发展和信息基础设施建设的推进，信息软硬产业增长比例发生了变化。大数据与智能环境下的软硬融合，为行业信息服务提供了新的基础条件，加快信息资源建设与服务融合的步伐已成为必然。

②信息资源建设的分工与协作关系。信息资源建设是一项知识密集、技术密集型工作，需要行业信息机构之间的密切合作，以利用现代网络设备及相关技术共同完成信息资源建设任务。通过加强全国范围内、地区范围内、系统范围内各机构的分工协作，保证信息资源的合理分布，构建有层次的行业资源保障体系，已成为必然的战略选择。在行业信息资源建设与服务融合中，走联合

开发、有效分工、相互协调的道路，才易于形成跨行业的信息资源集成利用优势。我国信息资源建设存在的问题之一是缺乏信息资源协调机制，各种资源的配置有待于从整体优化的角度，进行资金、设备、技术、人员、信息等要素的投入调节，达到低消耗、高效率的可持续使用的目的。为实现这一目标，需要在全国、地区范围内，从国家层面、地区层面进行数字资源建设的协调和统筹。因此，应在中央网络安全和信息化委员会的统一规划和部署下，完善跨行业的协同保障机制。在充分发挥行业优势的基础上，共同建设分布合理、保障有效的行业信息资源体系。

③信息资源数量与质量关系。信息资源建设中，重数量、轻质量，重建设、轻利用是客观存在的现象，即使着手信息资源的质量管理，但目前由于缺乏统一的质量评价指标，行业信息资源的质量问题依然存在，主要表现在以下几个方面：信息资源内容处理的准确度有限、缺乏一致性；数据更新的及时性有待提高；由于分类、标引准确度不够，信息资源描述的智能化滞后。这些质量问题影响了用户的信息利用，导致用户信息利用上的障碍。因此，在增加信息资源数量的同时，应重视信息资源的质量建设。行业机构应建立有效的质量管理体系，在容易出现质量问题的各个信息处理环节中设置专门的质量监督环节，同时注重信息资源的深层开发，从信息资源的内容标引等多角度进行质量控制，保证用户准确地获取不同层次的信息，以满足不同层次的需求。另外，应及时促进信息资源的动态更新，在技术更新加快的情况下，行业信息的有效使用期限会越来越短，信息的时效性变得越来越重要，因而信息资源建设强调信息的动态更新对发挥行业信息的时效价值具有重要意义。

④行业信息资源建设的标准化与多样化关系。信息资源建设的标准化主要指信息资源组织与开发过程中所采用的技术方法与设备实行统一规范，即在信息资源组织、存储、交换和传播流通等方面进行标准制定和修订，其目的是在信息资源流动过程中，消除信息组织中的无序状态。行业信息资源建设的多样化主要是指信息机构所提供的信息产品和信息服务的多样，能够形成与众不同的特点，以满足不同层次用户的多样化需求。信息资源建设的标准化与多样化并不矛盾，标准化建设的意义在于提高信息资源开发与利用效率，强化信息资源共建共享的基础。多样化建设是形成信息机构核心服务能力的关键，其与用户多样化的信息需求相一致。行业信息机构需同时注重这两个方面，通过共享信息产品及服务的方式满足用户的多样化、全面性需求。我国信息资源的标准化建设中的问题，表现为各信息自动化系统软件之间的兼容性问题，导致某些

数据库之间互访共享的困难，由此成为行业信息服务发展的障碍。从发展的需要看，加快该领域内的标准的制定与实施是最为迫切的任务。依据标准建设数据源，才能够无障碍、不失真地在人与人之间、人与机器之间以及机器与机器之间进行信息流通和交换，易于形成整体化的信息资源体系。

5 跨行业信息服务融合中的资源整合

"互联网+"背景下的跨行业信息服务融合，除需网络与技术支持之外，存在着相应的信息资源配置的问题。这一基本问题的解决涉及信息资源配置对网络环境的适应性，因而需要从信息化中的产业关系和信息交互关系出发，进行科学的目标选择和协同配置框架的确立。同时，在行业网络信息资源组织和利用上，进行跨行业信息资源共建共享和安全保障。

5.1 行业信息资源整合与协调管理

跨全球化环境下基于产业链的企业发展，使得行业信息资源处于动态变化之中，这就需要面向产业链的协同关系进行基于动态结构的信息资源整合，以信息资源的协同组织为基础进行内容开发。因而，在行业资源的协同配置与整合中，必须综合考虑各方面因素的影响，以促进配置的优化。

5.1.1 跨行业信息服务融合发展及其对资源整合的要求

行业信息服务融合建立在资源的协同配置和整合利用上，在面向产业链企业的信息服务中，信息资源整合的目标在于通过行业内、外资源集成和社会化组织，实现面向企业的跨行业资源融合和全方位开发利用，其基本作用归纳为以下几个方面：

①通过行业数据资源整合，提高集成服务质量。行业信息服务协同中的行业内资源整合，着重于以下两个方面：其一，运用数字转换技术，进行信息资源的数字化组织、网络化传输和知识化处理，其关键是实现数字信息资源管理的功能融合；其二，在实现中，进行行业信息的鉴别、过滤，构建面向产业链的行业信息资源融合系统，在此基础上实现面向行业内企业和跨行业企业的信

130

息保障目标。行业信息资源的数字化整合和基于关联关系的集成管理，关键在于克服分散组织资源的局限，实现基于产业链的行业关联，以及信息的跨区域调用与无障碍利用目标。

②通过行业外部资源共享，实现跨行业信息服务的资源共建。行业信息机构通过与公共服务机构的资源共享，共同满足跨行业和跨部门的企业网络信息资源需求，这也是实现融合服务中资源交互利用的最终目标之一。从共享资源的组织上看，跨行业资源整合是一种行之有效的办法。随着大数据技术的广泛应用，行业信息服务机构应充分利用互联网信息资源，将分布广泛的信息加以整合，一是满足企业的全方位信息需求，二是促进网络资源的社会共享。

③通过产业间的协作，提高信息服务的经济效益。信息服务的经济效益不仅体现在行业信息服务机构的直接效益上，而且体现在接受服务的行业和企业效益上。其经济效益的提升，对于产业链协同而言反映在两个方面，一是产业运行自身，二是支持产业创新和运行的信息服务。"互联网+"背景下的信息嵌入已成为影响企业发展的关键因素，其融合利用直接关系到企业经济效益的提升。开放化、全球化环境中的行业信息服务机构应以此为基础，面向产业链用户进行全面信息保障的组织，实现数字信息资源面向企业的集成利用，提供包括行业经济、行业技术创新、产业链运行信息在内的全方位服务，以获得预期的产业经济效益。

行业信息服务是一种面向企业的基础服务，随着信息化与全球经济发展经历了服务内容、技术和体系的演化过程，即社会体制、科技进步和社会发展环境等决定了行业服务的组织形式。在信息化综合因素的作用下，行业信息服务呈现出综合化、集成化和社会化的发展趋势，从而提出了基于整体化和集成化发展的跨行业信息资源整合和服务融合的新要求。在这一背景下，跨行业信息资源整合需要从全球化角度为面向企业的服务提供基于产业链的信息集中，以满足企业发展中的全产业链信息需求。

20世纪90年代，随着互联网服务的迅速推进和全球化网络的全面应用，企业运行中的信息保障已从依托于传统文本信息的形态向基于网络的数字化组织形态转变，其资源平台的形成不仅提供了信息资源基于数字形态的集成，而且扩展了信息来源渠道，从而提出了对分散、异构的数字化信息进行整合的要求。在信息交互利用中，信息保证的充分性直接关系到企业信息化的发展状态和水平，以此确立了信息增值利用的基础。

从跨系统信息资源集成和服务实现上看，跨行业信息服务融合只有在信息资源整合充分、组织实时、结构合理的情况下才能有效地开展。因此，信息资源集成的前提是信息多样化情况下的资源有效交互和共用。为了建立完善的行业集成信息平台，行业信息服务组织应重视三个方面的工作：一是行业信息基础网络设施建设；二是数字化信息转换与管理技术支持；三是行业信息跨系统流动的畅通有序。

面对全球信息化环境和经济发展环境，我国的行业信息服务已实现以部门为主的组织向社会化信息服务组织的转变。例如，上海地区在行业信息资源整合中，21 世纪初已实现了上海公共信息网络、科技网、经济信息网和全国科技与教育信息网的资源共享和服务协同。在信息化背景下，全国各区域先后实现了跨系统网络信息资源共享目标，采用跨系统整合方式进行信息资源的交互利用。近 10 年，在新的服务需求驱动下，行业信息机构更注重基于服务平台的行业内、外信息资源的整合利用和数据共享。各行业系统在信息资源共享的基础上会同行业部门的虚拟服务，从系统上实现了信息资源共建共享和联合服务的组织目标。

在行业信息资源整合中，多类型信息资源的异构和组织形式上的差别是必须面对的现实问题。数字化条件下信息资源整合不仅是数据库层面上的资源整合，而且是不同载体形态的信息在数字化基础上的转化和汇集，在信息资源处理上，数据整合必须面对异构信息的同构化，以及基于行业大数据的内容集成和管理问题。① 在实现中，这一多模态处理，有利于广泛分布、内容分散、类型复杂、结构各异的信息按同构、同质标准进行汇集和整合。

随着行业信息资源来源扩展，产业链中的企业面向多源信息的转化和集成利用，使得单一来源的信息共享已经难以满足企业的需求，以致出现了信息超载情况。在这一背景下，企业用户希望行业互联网能够提供给他们一种经过过滤筛选、整合、优化的定制化信息内容服务。在集成信息资源中，为满足产业链企业对信息的"精""准"要求，需要对分布广泛的跨系统信息资源进行精加工，以此形成信息服务链的资源基础(图 5-1)。

如图 5-1 所示，行业信息集成服务主要是为企业提供定制化的界面，进行大数据环境下的信息整合、数据过滤、内容挖掘和智能代理。因此，服务中要求从信息资源共享向整合资源和服务集成两个方向发展，从而通过门户入口提供基于元数据、数据仓库和内容挖掘的信息服务平台。运行中，需要对各种异构信息资源进行重组、整合，从中提取能够解决行业用户问题的数据，以企业

---

① 朱向雷，赵帅，张鲁. 大数据驱动下的汽车产业链数据整合研究[J]. 汽车工业研究，2016(1)：4-11.

能够接受的方式提供给定制用户。另外，利用数字网络技术为企业提供全方位、全程式的个性化服务，如对大数据进行关联分析、内容挖掘，以可解析方式提供给用户。

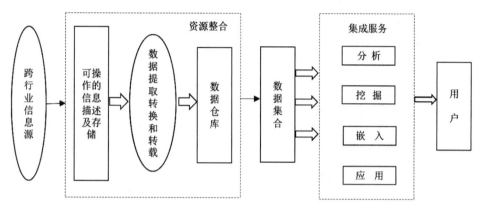

图 5-1　面向企业用户的跨行业信息资源整合

　　行业信息集成服务将面向信息的资源组织变革为面向企业用户的资源组织形式。由于受传统信息服务的影响，我国信息资源建设的目标往往注重对信息本身的收集、整理、加工和存储，其发展主要集中在信息组织的机制与技术上。对于面向用户的信息资源建设以及在此基础上的定制信息服务而言，显得相对滞后。因此，集成信息服务中的跨行业信息资源平台建设应该从产业链需求出发，着重于面向企业的信息资源关联组织与建设。通常情况下，影响行业之间信息共享的障碍除技术上的限制外，主要来自行业间的组织限制，以致影响了跨行业信息利用。对此，在集成信息服务中只有消除这些障碍，才可以使企业用户的信息利用更充分，从而使用户需求得到跨系统满足。这一问题较为有效的解决办法是，按产业链关系，面向产业集群，为不同的群组成员提供不同的信息服务。这样，既能满足企业的个性化定制需求，又有利于行业系统服务的优化。具体来说，可以从企业角色入手划分用户群体。为了能更好地将企业用户归于某一适当的产业集群，可以按影响产业链的因素进行跨行业信息的关联和整合，继而实现面向企业的定制信息服务目标。

　　行业信息资源整合中，信息内容整合、行业机构整合以及服务集成之间存在着必然的关联关系。这就需要从关联主体协同出发进行信息资源的合作开发与服务整合，同时强调与企业信息用户的全面合作，将系统资源、机构和服务技术进行融合，最大限度地促进行业资源服务与企业需求的结合。为了充分发挥行业信息资源整合的效益，理应从基于产业链的企业服务组织出发，对行业机构、服务构架、企业资源进行整合，使企业与行业系统的交流更加顺畅，以此促进行业信息资源的跨系统利用。在实施上，应以用户需求为主线将各方面因素进行关联，通过集成信息服务平台，进行用户—服务—资源一体化体系构建，其中的关系如图5-2所示。

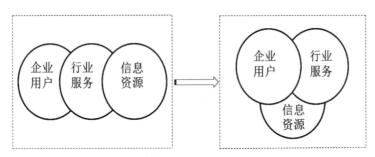

图5-2 企业用户—行业服务—信息资源的关系演化

如图5-2所示，企业用户、行业服务和信息资源之间存在着串行关系和融合关系，由此决定了资源与服务组织构架。在串行关系中，企业用户的信息需求通过行业服务机构的资源系统来满足，这种基于中间环节的交互，在服务效益和效率上必然受到限制。如果将企业信息需求直接融入资源系统，则可以利用大数据技术实现跨行业的资源集中，以此出发提供面向用户的集成化信息服务。这种企业用户—行业服务—信息资源融为一体的资源建设，旨在提高服务效率和资源效益，以适应产业的发展。

5.1.2 行业信息资源整合与服务协同

行业信息资源整合具有与服务组织的关联性，因此行业信息的跨系统协调必然在资源共建共享的基础上进行，其中面向企业的服务协同组织模式决定了行业信息资源整合的实现。同时，面向产业链的服务需要信息资源整合基础上的保证。这说明，行业信息资源整合与集成服务是整个产业链活动的重要组成部分，应将其纳入企业信息化体系建设之中，通过合理的战略定位进行发展规划。

（1）行业信息资源整合与服务融合的目标与原则

行业信息资源整合的对象是产业链节点中多种形式的信息资源，这些资源不仅分散在产业链活动之中，而且以数据库形式分布在相应的行业信息系统之中。需要通过不同的方式将这两类信息进行整合，使之成为一个集成资源整体。基于数据对象和功能结构的跨行业信息资源整合的目标在于，实现面向企业的信息共享，从而保证行业信息资源在面向企业的服务中得以全面利用。行业信息资源的分散分布和结构性差异决定了信息资源整合的组织构架和技术实现。根据行业信息资源整合要求，应着重于以下问题的解决：

①由于服务融合伴随着技术的集成而发展，面向企业的信息资源整合需要在行业信息系统之间采用相互兼容的技术或按统一的技术范式进行信息资源的跨系统调用、处理和管理，同时消除技术上的障碍。其中，智能数字技术将计算机、数据库、网络交互和信息过滤等融为一体，从而保证了产业链中跨行业信息整合的功能实现。

②集成服务中需要应用组合技术将信息资源诸多要素链接成一个整体，即实现各种数字化信息资源的重新组织。在产业链交互和信息异构分布的情况下，存在着不同来源和数据格式的信息内容重新组织的问题，在实现上应进行词表或语义上的描述。在行业信息资源整合中，可以进行跨系统的转化和集成。对于服务组织而言，这也是必须考虑的问题。从总体上看，行业信息集成的内容包括各种形式数字资源的按需转化，以及数字形态信息资源的内容整合，主要包括数据库、数字文本和网络交互信息等。行业信息资源整合中，还需要从整体上进行分布资源的虚拟化集成和面向企业的利用提供。

行业信息资源集成，具体而言，是将产业链信息资源和行业内部信息资源进行关联，建立产业集群信息资源共享体系，提供跨行业互操作支持；在信息内容描述上，进行不同格式的数字信息整合，提供跨行业的信息交互；在行业信息资源整合的基础上，组织面向产业集群的链接服务接口。在行业信息跨系统整合中，在注重多源信息整合的同时，应强调行业信息资源内容整合的深度。信息整合具有深度，是指从内容上将分布于产业链环节的多源信息融合为一个整体，按统一标准进行描述和关联，同时提供内容关系上的链接。当前，从数据结构与数据关系出发对行业信息资源进行整合，已成为面向企业数据服务的一种趋势。在行业信息服务中，企业用户强调信息的易得和可用，这就提出了面向企业个性化需求和体验的信息内容揭示和跨系统利用问题。例如，在企业协同创新中，需要围绕行业创新需求汇集各方面的相关信息，这些信息不仅要求展示其来源或链接，还需要从创新环节和内容上进行关联揭示和整合。面对这一问题，必须从知识层面进行结构描述，使分散的碎片化信息得以在内容上集中。在这一基础上，可通过相应的流程进行细化和规范，以便为用户提供快捷的数字内容服务。

就跨行业信息整合组织而论，目前在整合上缺乏细粒度的处理，往往限于行业信息机构之间的松散式信息资源链接和共享，其来源集成层次难以满足精细化的整合利用需求，从而限制了行业信息的深层次交互与利用。因此，在信息整合上应注重行业网络信息内容上的融合，以实现信息利用的深层化。

行业信息资源集成的目的在于面向产业链和创新价值链主体提供深层次的跨行业信息服务。全球化中的产业结构、产业链关系和企业运行关系的改变，使得行业信息资源组织结构和信息交互利用关系趋于复杂，行业信息资源整合基础上的服务融合应重点关注这一问题，即从产业链中的信息交互利用关系出发，进行基于信息交互的服务融合组织。同时，行业信息资源整合基础上的服务融合还包括信息交流和利用保障，如跨库交流保障、数据嵌入保障和"互联网+"信息保障等。

信息服务网络化、数字化发展中，各行业的信息资源是可控的，其不同的控制方式决定了信息内容组织上的区别，因而需要各行业信息机构在跨行业信息服务中的协同。对产业链中的企业而言，需要行业信息资源整合基础上的综合化和集成化数字信息提供，以保障产业链运行和企业价值的实现。这一情况下，跨行业信息服务融合就成为一种必然的选择。就整体而言，行业信息机构必须面对行业企业需求，充分利用跨系统信息资源集成优势，进行资源内容的全面整合和服务的多元融合。

以上几个方面的信息资源整合与服务融合相互关联，决定了大数据、智能网络环境下以产业链需求为导向的行业信息资源整合与服务集成实现。

行业信息资源整合与服务集成组织具有两方面的战略目标：一方面，在"互联网+"背景下，实现基于产业链和创新价值链的跨行业信息流组织和信息资源多源整合目标，为产业链运行和企业创新发展提供数字化网络信息保障；另一方面，将数字智能技术工具和服务融入企业运行中的业务活动流程，通过集成资源的重组，支持互联网制造、数字化经营，进行服务内容的深化。这一情况下，面向企业的定制服务集中反映了整合与集成化服务的发展方向。在行业信息服务组织中，信息资源整合和面向用户的信息内容集成，与产业链和创新价值链中的多主体需求相适应，因而行业信息资源整合与服务融合的跨系统实现决定了基本的战略原则。

①整体化系统构建原则。按开放化行业信息资源整合与服务融合要求，行业信息资源整合与服务融合应打破行业部门和跨行业系统的限制，实现跨部门和跨系统的信息内容共享和数据联合开发，以跨行业集成网络技术平台为依

托，进行开放化的行业信息资源集成体系构建，确立有利于产业链和企业可持续发展的机制，实现各行业系统的开放合作和协同目标。

②利益均衡和权益保护原则。行业信息资源整合和服务融合所涉及的主体不仅包括行业信息服务机构、公共信息机构、不同隶属关系的公益性机构和产业部门，而且涉及国家、区域和社会各方面主体，同时关系到各行业企业。因此，跨行业的信息资源整合与服务协同，应在国家统筹下维护各方利益，实现资源和服务的合理利用。在实现中，需要维护信息资源的开发权益、利用权益和各方面信息安全。

③技术发展与利用原则。网络环境下的行业信息资源整合与服务融合建立在一定的技术基础之上，其技术发展应用水平与信息资源整合的内容深度和不同形态资源的转换水准直接相关，同时数字技术的智能化发展决定着服务嵌入和智能交互服务的开展。基于此，应在技术与应用发展中进行信息资源整合与服务融合规范，推进标准化的同时，在不同行业中协同组织技术研发，寻求相互兼容的应用发展机制。

④面向用户的服务组织原则。行业信息资源整合和服务融合的目的在于为产业链和创新价值链中的企业及行业部门提供来源广泛、共享性强、内容深入的信息资源保障。由此决定的整合与融合构架具有普遍性，按行业信息资源整合与服务融合的面向用户原则，应根据产业链和创新需求进行信息内容关联，实现面向需求的资源集中，在服务利用上构建交互平台。同时，立足于创新发展需求，形成以发展为导向的行业信息资源跨系统服务机制。

⑤促进服务业创新发展的原则。与产业创新发展相对应，行业信息服务也处于不断变革之中，全球化产业链的发展和知识创新的国际化，提出了行业信息服务创新问题。服务创新，一是体制创新和管理创新，二是组织创新和技术应用创新。当前，对跨行业信息空间构建和云平台服务面向企业的发展，应予以关注。

(2)行业信息资源整合与服务融合的规划实现

对面向企业的行业信息资源整合与服务融合，应有合理定位和规划。从产业信息化发展战略看，行业信息资源整合与服务融合是其重要组成部分，其战略实施必须与全球化中"互联网+"背景下的企业发展战略相吻合，这就需要在整体上进行统筹规划。规划内容和所涉及的关联主体，必须与国家创新和企业信息化相协同，同时适应于创新体系和环境。在总体战略框架下，应根据产业链关系和行业信息服务体系进行资源整合与服务融合的组织实施安排。在"互

137

联网+"背景下的产业链发展中，行业信息资源跨系统整合与融合服务组织，一是从行业内整合转向跨行业组织的实现，二是基于大数据和智能技术的资源整合与服务实现，三是在国家信息化战略前提下的实施路径安排。因此，行业信息资源整合和服务融合组织战略应分阶段进行。在分阶段规划实施中寻求最优的组织路径。

信息化发展中，行业信息资源整合与服务融合战略实施应纳入国家网络安全与信息化发展的轨道，从而在战略管理上提供保障。近20年，我国网络基础设施已实现了与国际发展的同步，网络化信息服务向各领域的扩展决定了新的发展格局。处于信息化环境中的各行业企业，在数字化运行中引发的跨行业信息需求决定了面向企业信息化发展需求的信息资源整合结构，其全通式服务体系建设需要在信息化整体战略中加以明确。就发展而论，跨行业信息资源整合需要进一步明确行业间的协同管理关系，以保障资源整合的全面实现。

从行业信息资源整合技术实现和组织流程上看，我国跨行业信息资源整合应着重解决关键技术和战略组织问题。在整合的组织实现上，与行业信息资源组织密切相关的是全球化中的产业链模式变革和行业协同运行关系的确立。与此同时，基于新一代技术的信息资源整合作为一个重要的方面，在数字化建设与行业服务组织中不可缺少。行业信息资源整合与服务融合所具有的通用性，对于各行业机构的服务来说，是一种新的支持，因而理应强调信息资源整合的基本环节，在关键技术上进行突破。行业信息资源整合战略实施上，还应考虑面向行业的流程整合、信息内容的深层开发和组织功能的融合，以保证行业信息资源整合对融合服务技术的适应性。

"互联网+"背景下的行业信息资源分布结构与企业需求的矛盾，决定了资源的异构屏蔽和基于内容集成的组织对策。围绕其中的关键问题，行业信息资源整合的战略实施需要解决以下问题：

①行业信息资源整合战略制定。在国家网络安全和信息化整体战略框架下，首先应明确行业信息资源整合在促进产业链和企业创新发展中的战略地位，确立面向企业发展的战略目标，进行基于全局和阶段目标实现的机构改革，构建信息资源协同整合框架。在组织实施中，按统一部署、标准规范和规模化的要求进行全局性安排。

②需求导向下的行业机构内、外部信息整合定位。行业信息资源整合必须以信息化中的产业链运行和企业创新发展需求为导向，针对行业信息流和信息关联关系，在一定技术环境下进行基于产业链的信息资源整合定位。在信息整合操作上，依据行业信息资源整合面向需求的组织要求，对行业信息资源整合

进行定位，根据行业和企业用户情况，进行信息资源的配置。

③行业信息资源整合设计。行业信息资源整合应有完整的系统框架，以及系统运行框架下的数据模型、系统结构体和功能模型，这就需要元数据标准基础上的数据编码、概念描述和重组设计，以及应用系统开发。与此同时，还应通过行业信息资源的整合利用设计，将行业信息资源整合与服务融合目标具体化，为重组和集成管理提供框架。

④相应设备资源的配置。行业信息资源整合不仅需要各相关行业服务主体的合作，而且需要网络设施利用、技术工具和行业操作上的多方面资源配置。对于所配置的各方面资源，如何进行优化组合和利用，直接关系到信息资源整合和整合基础上的服务融合实现。对此，应进行基于系统化目标的合作组织，通过资源平台实现各环节上的协同。

5.2　行业信息资源整合与服务协同的网络架构

数字网络环境下，行业信息资源整合与服务协同架构应从整体出发把握行业信息资源的网络分布，制定针对不同资源类型的整合规范，进行网络之间资源的协同布局；同时，以集成系统架构为依托，对资源整合网络进行设计。以此出发，提出具体的行业资源整合和服务融合的实现方案。

5.2.1　行业信息资源的网络分布

行业网络信息资源无论从物理分布、逻辑分布，还是从基于产业链的行业分布上看，都具有泛在性，其资源整合涉及各行业主体。因此，行业信息资源的整合应在资源网络互联互通的基础上进行，以此实现网络化管理和基于互联网的资源交互利用。从行业信息网络构成和资源存在形式上看，整合资源不可避免地面临着多类型资源的组织问题。

分布于互联网上的不同文本和多媒体超文本信息，是企业进行多途径交互产生和在互联网上形成的信息资源流。行业数据系统资源来源于各行业系统，通过行业互联网实现数据资源共享；电子商务与政务信息资源分布于行业及公共服务之中，其来源广泛、形式多样；企业信息系统资源，包括企业信息系统和企业内网资源，以及对外发布和交流的信息源；行业云存储信息资源，包括存储于公有云、私有云和混合云平台的多种形式和类型的数字资源；互联网上的行业电子公告板，则包含行业内公开发布的和企业外网发布与交流的信息资源；网络社区信息资源，主要包括产品用户交互信息以及利用第三方平台的社区交流信息。由此可见，行业信息的多源和多类决定了信息整合的综合特征，即需要面临多元信息结构进行跨行业整合实现。

对于行业活动而言，网络信息资源来源分散、类型繁多、内容庞杂，且具有动态性。因而网络信息资源的组织和开发具有大数据、多类型、跨时间、跨地域和跨行业的特点。数字网络环境下，将异构的多载体、多数据格式信息资源进行内容整合和集成，不仅具有处理上的复杂性，而且存在资源管理上的技术障碍。当行业信息资源在开放环境中进行分布整合时，无疑需要克服多种限制和障碍，只有这样才能实现分散异构资源的集成管理目标。

从整合实现上看，采用统一的标准规范应该是行之有效的方法。行业信息资源整合需要遵循统一的规范原则，才能保证信息资源整合的可用性和交互性。行业系统之间信息资源的可用性是指整合信息能够在行业网络交互中得以共享，系统之间的交互性则是资源交互利用的基本保证，其作用是为用户提供资源集成服务。为了实现这一目标，行业信息资源跨系统整合的标准化要求消除非标准技术所造成的技术工具融合使用障碍，以保障信息资源系统之间的融合操作。在行业信息资源整合和服务融合中，任何一个行业的信息资源系统都是跨系统集成中的一个部分，只有按照统一的标准来整合资源，才能保证资源的无障碍交流和互操作利用。

跨行业信息资源整合标准化推进中，需要解决的问题主要包括：

①对行业标准规范的统一管理。在行业信息资源整合的技术实现上，应对标准化管理进行统一部署，以利于跨系统信息资源的共享和服务协调。因此，在行业信息资源建设中，应强调标准规范的应用，针对系统构架、元数据体系建设和信息内容揭示、组织与存储的技术实现，突出标准的互用性和兼容性。

②采用能被普遍接受和广泛应用的行业标准。目前，我国行业信息资源整合采用的标准规范尚未确立，现在的有限规范有待推广，同时对于缺乏公共标准基础的技术应用，应在行业信息资源的跨系统转换和整合中不断完善。由于行业信息服务的开放性，其标准采用应从全局上进行部署，使之与大数据技术标准保持一致。

③对标准规范建设的细则完善。行业信息资源整合和管理集成中，一方面，缺乏明确的标准规范程序，难以统筹相关标准；另一方面，未能细化标准规范的内容。对此，应围绕标识符体系、资源集合描述和管理机制等方面进行标准规范的完善。

④对行业标准规范的开放应用。在现有的行业标准规范建设中，行业信息

资源组织与管理所采用的标准由元数据格式标准、本体组织标准、云服务标准等构成，行业信息机构具有相应的标准选择和利用途径。然而，针对行业的规定应在开放利用中细化。同时，对基于标准规范建立的数据内容组织，应进行开放共享，以克服系统间的障碍。

⑤共享标准规范的措施制定。现有的行业标准规范，处于相对分散的状态，各行业之间缺乏开放交流，从而导致了标准规范应用范围的限制。对此，应在行业信息资源跨系统整合中，对共享标准规范进行具体规定，采取协同对策推进跨行业信息资源整合的标准化实现。

以上问题往往制约着行业信息资源整合的跨系统实施和可持续应用。这说明，加强行业信息资源标准规范建设具有必要性。面临着数字技术的不断变化，应打破行业部门限制和系统界限，进行国家层面上的规范管理，通过联合共享的方式进行行业信息资源整合标准规范体系建设，建立起以数字服务为中心的行业信息资源整合标准体系，形成开放、联合和可持续的标准规范。

在基于产业链和创新价值链关系的行业信息资源整合中，数字技术应用直接关系到整合系统建设，因此对关键技术进行规范是一个重要的方面。对于产业链和创新价值链中的各行业企业而言，实现全球化的信息资源系统互联互通具有关键性，这就需要通过全球性的信息技术标准化，实现各国各行业系统中的信息资源共享。由于信息技术标准内容复杂，无论从技术上还是使用上看，其制定必须依赖国际合作。在信息技术相关标准的制定和执行上，既要遵从标准化管理规则，又要摆脱不必要的限制，进行标准化应用的创新，在实现与未来标准兼容的基础上，促进信息技术标准的不断进步和发展。

在行业信息资源管理标准化实施中，应规范行业产业链信息资源的管理，使各行业信息采集、存储、交流等环节有序，以便为行业信息资源整合和共享提供完善的信息资源管理标准执行规则，从而使跨行业的信息资源得以有效集中，以在面向企业的服务中提供整合基础上的有效利用。

在实践中，基于产业链和创新价值链关系的网络信息资源整合以行业信息机构为主体，需要进行多网资源的来源和内容整合。事实上，全球网络的发展和面向产业链的网络服务组织，必然存在着多网资源交互共享和融合的问题，这一现实决定了信息网络的互联互通。在行业信息网络化整合中，自然融合状态的无序性使企业在利用行业网络信息资源时往往受到异构管理上的限制。面对这一现实，行业信息资源的跨网络系统整合，目标在于实现开放环境下各行业网络资源的有序流动和共用，继而进行开放化的资源整合服务协同。当前，行业网络资源整合中存在的问题主要是各资源网络协调困难，为达到行业网络资源整合与融合服务的理想状态，应解决的问题，一是为各行业数字资源提供统一的资源整合与服务网络平台，二是建立各行业信息资源网络间的协调关系，这也是网络资源整合的发展方向。

5.2.2 行业信息资源整合的网络架构

构建基于互联网络的跨行业信息平台是实现基于产业链信息资源整合的一种主要方式，其实现要求充分利用统一的数字化技术手段，依托互联网络，将分布于各行业系统内外的信息资源和其他相关资源进行有机融合；在跨行业合作的基础上构建统一的整合界面，通过网络资源与服务平台的动态联结，进行跨地区、跨系统、跨部门、跨行业的资源集成利用，从而为各行业用户提供全方位信息集成保障。在实施中，可以在全球范围内、全国、区域或行业系统范围内进行信息资源整合组织，其平台构成和基本架构关系如图5-3所示。

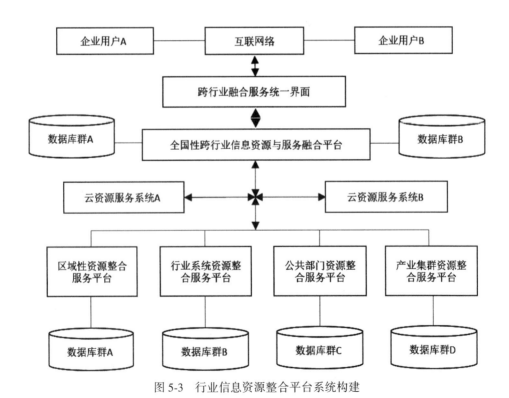

图 5-3 行业信息资源整合平台系统构建

如图 5-3 所示，通过建立云资源信息整合与服务平台，可以对行业信息资源整合与融合服务进行统一管理和协调。其中，全国性整合平台面向全国范围内的企业进行信息资源集成和服务，地方系统、部门、行业级平台负责所属范围的资源组织和开发服务。

①全国性行业信息资源整合平台。全国性的行业网络信息资源管理，承担全国范围内的资源整合加工和服务任务，同时进行业务协调管理。在行业信息资源整合与服务融合中，进行统一的数据加工标准、规范和格式的制定，采用逻辑上集中、物理上分散的方式进行整合体系构建。在信息资源整合过程中，对分布式数据库进行标准化规范和处理，建设综合数据库群和专门数据库群，其资源整合与服务平台将行业信息资源进行整合并存储，以此为基础提供全国范围内的交互利用。对于面向企业用户的行业信息服务，可通过互联网面向行业的接口实现双向交互和基于本地行业界面的数字资源利用。全国性资源整合与服务融合平台通过行业信息资源服务协议，实现有序运行。

②区域部门和产业集群资源平台。根据行业信息资源共享和面向产业集群用户的服务要求，应构建区域性、行业系统、公共部门和产业集群整合和融合服务平台。在实现上，资源整合与服务融合要为用户提供切实有效的信息保障；因而需要在全国性平台的基础上进行协同，使各自独立的分布式平台系统（包括区域、行业系统、公共部门和产业集群系统）得以协同运行。对此，应着重于整体系统的功能配置和各专门系统的融合实现。在基于产业链的行业信息资源整合与服务融合中，应立足于层次结构的优化，进行功能的协调配置和信息资源组织网络保障。从用户交互利用上看，则应突出解决融合服务的定制化实施问题。

对于跨系统用户来说，行业信息资源与服务融合中的整合界面优化，应该是便捷地融合服务操作界面，这就需要在运行中从系统层面进行功能实现。对于整合平台系统来说，应对来源不同、结构有异的非一致性的行业信息资源进行融合组织。其中，基于平台的行业信息内容融合基础上的整合实现，需要数据提取和跨行业系统的关联组织，以及运行数据管理上的同步保障。在行业信息资源整合与服务融合平台设计中，需要注意现有行业系统基础上的信息内容关联，以形成行业集成信息系统。在功能实现上，集成系统不仅可以整合数据库系统资源，而且能整合非数据库形式的资源。与此同时，对于具体的行业部门来说，不仅需要整合行业系统内的数据，而且需要整合行业外部的数据源。在基于行业信息资源整合的服务组织中，一方面要实现用户间的信息交互利用，另一方面要进行面向用户的行业信息集成推送。

在目前的网络条件和数字信息技术环境下，行业信息资源整合可采用虚拟分布式整合和数据仓库整合方式进行。虚拟分布式整合针对网络资源的分布结构和虚拟利用场景，通过构建统一的信息资源组织模式，采用中间件实现用户需求与行业信息内容的匹配，以此构建面向用户的行业信息资源集成空间，通过云服务实行推送。虚拟方式应用中，由于行业数据仍保存在相应的数据源中，其方法使用并不改变原有的状态，而是面向用户进行融合集成和调用。相对虚拟分布式整合，数据库方法作为传统的交流方法而存在，其实现需要建立一个跨行业的存储数据仓库，对具有共享关系的行业信息资源库进行预处理，使之形成符合仓库模式的信息，然后将数据内容转移到数据仓库中。数据库方式的优点是处理性能强，同时具有使用上的规范性；缺点是在新数据源加入或数据源变更的情况下，仓库数据的实时管理受限。鉴于这两种方式有不同技术范式和应用场景，在行业信息资源整合中具有不同的应用。

就当前技术发展水平而论，面向产业链的行业信息资源整合与服务融合可分两步进行。首先，可采用中间件技术构建统一的资源整合支持平台，形成虚拟构架下的行业信息资源整合系统，为集成利用提供存储条件支持。其次，在构建虚拟行业信息整合系统的基础上，将面向定制用户的具有长期使用价值的信息资源进行结构化处理，将其存储在信息仓库中，继而实现内容集成管理。因此，信息仓库应通过数据集成技术，将跨行业系统信息进行整合，以集中的形式组织利用。

在行业整合平台上应组织服务融合的开展，在基于整合平台的服务中实现整合资源的集成利用。按资源整合与服务融合目标，应进行面向企业用户的潜在需求挖掘，以此为基础进行面向用户的信息整合与内容集成。另外，在行业信息资源整合和服务中，系统反馈信息的提取具有重要性，其作用在于通过关联分析和智能处理对系统信息进行汇集，以此作为资源整合的基础。①

如图5-4所示，行业信息资源整合结构是一个复杂的网络系统结构，基于网络平台的信息资源整合与服务融合并不是将分散的行业信息集中起来，而是进行行业信息资源共享基础上的集成化服务和保障，其目的是更好地满足行业用户的全方位分布式信息需求。

———————

① Sunercan H K, Alpdemir M N, Cicekli N K. A Systematic Approach to the Integration of Overlapping Partitions in Service-oriented Data Grids [J]. Future Generation Computer Systemsthe International Journal of Escience, 2011, 27(6): 667-680.

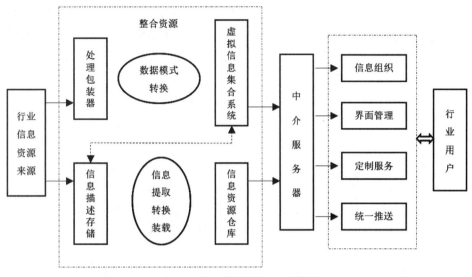

图 5-4　行业信息资源整合模型

5.3　行业信息资源网络化整合与利用安全保障

行业信息资源的跨系统整合与共享，在为企业提供便捷服务的同时，由于资源的交互利用和开放流通，不可避免地会引发信息安全问题。对于网络整合信息系统而言，如果没有严格的监控，其虚假信息和侵权信息便会随之产生。面对信息污染和侵权，在面向产业链的跨行业信息整合与服务融合中必须同步构建相对完整的行业信息安全保障体系，以保证行业信息资源的有效共享和协同服务的安全利用。

5.3.1　行业网络信息资源污染与协同服务中的信息侵权

行业信息网络的最突出问题是信息污染以及信息发布、传递、利用中的各种侵权和犯罪。对于这些问题，在应对措施上应予以全面部署。

（1）行业信息资源污染应对

行业信息分布的广泛性、结构的复杂性和开发利用的多主体参与，提出了同步实现跨行业系统服务的信息污染防治问题。在资源整合和共享中，企业用户所面对的不再是信息的获取障碍，而是确保所获取信息的可靠性、完整性和利用上的安全性。由于信息来源的无序和干扰，网络环境下的行业信息服务机构理应在信息整合中进行资源的筛选，以便及时准确地向用户提供有用的信息。行业信息污染主要表现为虚假信息的生存和传递、冗余信息的干扰、失效信息的影响，以及信息生态的破坏等。

虚假信息是与信息的真实性相悖的信息，由故意行为和不端行为而引发，或者是技术上的错误处理而引发的内容错位等。行业中的虚假信息一方面阻碍了有效信息的传播与利用，另一方面给信息的关联主体带来了必然的损害。

产业活动冗余信息是内容重复或者内容庞杂的信息，冗余信息的价值密度低，甚至没有实质上的使用价值。行业信息中冗余信息的存在往往与信息传播的无序转化有关，其根源主要是信息资源组织的监督与约束机制缺失，从而引发了大量无序信息的传播，在给正常信息交流带来信息障碍的同时，也使信息资源质量下降。

失效信息是由信息的生命期特征决定的，行业用户获取的信息如果不能够反映相应业务流状态，则该信息的价值或将丧失，而成为失效信息；企业用户如果据此决策，将会带来不可挽回的损失。以互联网为基础的行业网络信息服务在缩短信息时滞的同时，由于企业运行节奏的改变使信息的老化速度加快，各种失效信息越来越多，必然会导致信息利用受阻，从而加剧了失效信息的堆积。

行业信息过剩是指超出企业用户信息利用能力的信息堆积，即因过量信息提供而引发的企业信息泛滥。与某些信息资源相对稀缺一样，信息过剩也会给各产业链中的企业活动带来负面影响，从而引起失效信息堆积和有效信息埋没。

行业信息干扰是指信息在传输、存储等处理过程中因环境作用导致信息组织的偏差、失控、失真或丢失。信息干扰会加剧行业信息污染的程度，阻碍行业信息资源的有效开发和利用，对企业的生产实践活动产生负面影响。

以上几方面的信息污染对行业信息资源的组织影响不容忽视，当前行业网络信息污染防治已成为跨行业信息资源整合和集成利用面临的一个重要问题。网络中存在着的重复信息，主要是不同资源网中大量重复出现的信息，以及信息网控质量标准缺失所导致的信息重叠。对于虚假信息、冗余信息和失效信息的监控和信息干扰的防治，应进行集中管理，从而保证行业信息资源整合内容安全和质量安全。在行业信息资源环境治理和污染防治中，应进行生态层面上的防治。

(2)行业信息侵权应对

行业信息资源整合与服务融合中，对于信息侵权对行业网络信息资源利用带来的负面影响，应从安全保障角度对侵权行为进行综合处置。行业网络信息安全保障是指对企业网络系统的硬件、软件及系统中的数据所进行的安全保障，目的在于避免因环境干扰、外部攻击而使行业网络与资源受损，从而保证网络系统的可靠运行和信息资源的有效利用。为维持行业网络融合服务的正常进行，行业信息网络安全保障的最终目的是维护网络以及网络信息的安全。行业网络及其信息安全面临的问题，决定了对资源侵权的全方位应对。

当前，行业信息侵权对网络信息资源配置安全的影响不容忽视，主要表现在以下几个方面：

①信息泄密导致权益受损。泄密是行业网络信息服务中存在的严重问题，对企业而言，泄露的信息多种多样、来源各异，且结构复杂、难以应对。其中，既包括行业机构、企业保密信息的泄露，也包括更广范围内涉及国家安全和行业经济发展的信息的泄露。这些泄露的信息必然造成对国家、行业和企业权利的侵犯和利益损害。目前，行业信息泄密已成为网络信息安全的最大问题，它严重影响行业网络信息资源安全和基于网络的服务开展。

②产权侵犯。行业网络信息资源的存在形态以数字载体为主，信息资源从产生、转换到传播、扩散和使用，都可能存在极具隐蔽性的非法占有和使用问题。其中，非法转移、大量套录复制等侵权行为屡见不鲜，因而应予以取证和查处。行业信息资源整合中的侵权防护，应进行知识产权和资源所有权规范和基于法规的管理。

③行业网络信息欺诈和信息干扰。互联网中利用行业虚假信息进行欺诈的情况较为普遍，这也是行业信息资源整合与服务组织中必须面对的问题。一方面，信息欺诈不仅屏蔽了真实信息，而且阻塞了行业用户对所需信息的获取渠道，虚假信息必然会对用户产生误导而造成不可估量的损失。另一方面，对于行业信息干扰的防治，重点在于从整体上优化行业信息网络传播与利用环境，从而保障行业信息资源利用的有效性和可靠性。

④行业信息网络的非法入侵。开放环境下，非法入侵行业信息资源网络是危害行业信息网络安全和各方面主体安全的主要原因，致使行业网络信息服务中断，如"互联网+"背景下的网络化企业运行，由于入侵影响和破坏使其变得脆弱。在网络攻击中，各种各样的病毒软件不仅提供可执行的程序，而且形成更广泛的链接攻击影响，甚至提供源代码以供后来的攻击者使用。因此，在资源配置中，必须面对这一现实进行全面防范。

综上所述，信息污染、侵权已对行业网络信息资源配置和整合带来多方面的影响，因此应从多方面进行防治，以保护行业网络资源安全和网络服务主体的利益安全。

在行业数字信息资源配置与整合中，网络污染防治和信息资源保护是综合性很强的系统工作。在实施防治和保护中，首先应明确防治和保护的对象，以此出发建立行业信息污染防治和保护体系，以便从技术和管理相结合的角度全面推进行业信息资源污染防治和资源保护的实现。

5.3.2　基于行业信息资源污染防治的安全保障组织

行业数字信息资源污染防治与资源保护涉及跨行业服务主体和用户，其资源保护首先应在行业服务活动上明确责任，规范行为。从总体上看，行业信息资源整合保护应从网络信息服务者和管理者两方面着手。

行业网络信息服务机构包括各类公益性网络信息服务机构、行业信息服务机构和相关的网络信息服务商。由于行业网络信息服务易受各方面利益驱使的影响，其监督和管理在信息污染防治与资源保护中尤为重要。

行业网络信息资源整合与服务融合中的相关各方，应进行符合法律规范和技术规范的信息安全承诺，对于来自网络广告投放的服务而言，应防止不实或虚假信息的发布和传播。对于吸引用户提供虚假信息、发布侵权信息和进行不实信息的传播，应及时处置。由此可见，行业网络信息污染防治的源头控制具有重要性。在行业信息网络资源整合和集成中，在综合防治中，应切断以下几类信息源头：

影响国家和社会安全及行业发展的信息；

各行业存在的虚假信息和失实信息；

有关欺诈软件和工具；

侵犯行业服务主体、企业和用户隐私的信息；

不具有产权、处置权或使用权的信息；

其他违犯国家法律的信息。

当前，行业网络信息服务商侵权问题较严重，必须予以面对，其非法或违规行为可分为抄袭创意、非法拷贝、非法链接和未授权上传等信息行为。其中，抄袭创意体现在某一网络信息服务商抄袭另一网络信息服务商所提供的具有特色的网络信息上，以及拷贝未经许可的行业网络信息；另外，还存在不注明信息的来源和出处的情况，以及非法链接到其他网络中的信息行为。

行业网络信息服务提供商除提供网络信息资源外，还提供多种网络应用服务。在信息资源的跨系统整合和服务融合中，对各种信息的整合侵权和损害他方权利的非法行为应进行全面监管，以维护行业信息服务融合的正常秩序。

此外，一些行业网络信息服务商对外提供的社会化网络服务(如包括虚拟主机系统出租和网上租用，以及内容高速缓存服务、负载均衡服务、镜像服务等)中，难免出现安全风险。如此多种类型的服务，应对其质量、效果进行有效规范和监督，以防止可能出现的污染、侵权和犯罪行为。

由此可见，行业网络信息服务提供商在跨系统资源整合与服务融合中应作为主要管理对象之一进行监督，在内容上不仅要监管提供信息的合规性、合法性，还要监督提供的网络应用服务是否超越允许的范围，更重要的是监督其提供的网络应用服务所带来的用户信息行为的合理性和合法性。

行业网络信息用户作为管理对象群体，其行为存在着高度的不确定性。同时，行业网络信息服务商在一定情况下也可能成为网络用户，由于其熟悉网络服务和各种工具的使用，能够成为获得更多便利的高级用户，其可能产生的负面影响应得到全面应对。

行业信息用户所掌握的信息中有不少涉及国家和机构秘密，在交互服务中用户有可能在网络上泄露其秘密，从而对国家和行业造成危害。与此同时，对于企业而言，也可能在网上发布信息时无意泄露有关主体的一些秘密，如果被非法捕获，则会带来不必要的损失。同时，社会网络中的信息流动性强，跨行业系统的交流或多或少会增加机构和用户信息保护的风险，甚至引发泄露信息风险。对此，应进行全面的处置。

另外，行业网络信息服务对他人的影响同样值得关注。其中包括对他方的名誉诋毁，以及利用网络实施非法截获、篡改、删除他方数据资料，侵犯行业通信自由和通信秘密等。同时，行业网络信息机构为用户提供快捷、高效的信息服务时，也可能为一些不法用户提供了网络犯罪的便利。

从以上分析可知，有必要对行业网络信息服务及其用户进行安全监督。这是保证行业网络信息服务健康有序发展的需要，是维护国家安全、行业稳定和经济发展的需要。

在行业信息服务融合中，专线网用户有其固定的 IP 地址，因 IP 具有固定分配的属性，因而存在明确的对应关系，且已有防盗措施保障。所以，IP 地址是专线上网用户相互区分的依据。因而应通过加强对企业 IP 地址的管理，防止行业信息污染、侵权和其他违法行为发生。在跨行业信息资源整合和面向用户的服务融合中，对相应的行业信息机构所提供的服务，应确保其安全性；服务主体应对上网用户所利用的服务及其利用过程安全进行全面保障。其中，服务记录应按规定进行管控，在一定范围内提供使用。对于电子公告服务系统中出现的问题，应进行及时处理，以确保正常运行。

行业网络信息服务管理部门承担着行业信息监管、污染防治和安全保护责任；行业服务支撑机构作为网络的组织管理者和跨系统融合服务平台提供者，具有保护资源安全和防止污染的责任。这两类机构，在行业信息污染防治和资源保护中具有明确的任务和责任分工。行业网络信息服务管理部门作为专门机构，应在国家网络安全和国家信息安全体制下履行针对行业信息资源与服务管理的监督职责，维护安全的行业信息网络秩序，以保障产业链信息集成和服务的可靠性。行业网络信息系统的运行离不开诸多机构的全面合作，信息资源的整合组织和管理部门也应在社会监督中履行职责。

对行业信息服务机构的监督，需要在法制框架下建立严格的制度，实行制度化管理，同时，还应组织跨行业的社会监督和安全保障的实现。

行业网络信息管理和支撑部门在污染防治和服务资源保护中应注重信息资源开发利用的规范，其基点是对行业网络信息资源开发的合规性和标准执行进行合法性和标准性认证：

①合法性。在跨行业信息资源整合与服务融合中，并非所有信息资源都可以进行开放化配置和整合开发，或者说行业网络信息资源机构不能无限制地开发资源。对于涉及国家和企业秘密保护的信息，对其组织利用应有严格的规定。所以必须对行业信息资源开发进行法制化管理，以合法、合规为准则进行监督和管理，以保证行业网络信息资源开发的合法性。

②标准性。标准化是信息资源组织中普遍存在的需要，只有标准化的行业信息资源才能被整合和集成，以此为基础提供跨行业用户利用。一方面，只有实现标准化，才能有效保护资源，减少非标准网络信息资源的无序转化和无效交流；另一方面，行业网络信息资源的标准化开发的作用还在于突破人为因素的影响，保证跨行业融合服务的无缝连接。

行业数字信息资源污染防治和服务资源保护的实现是管理与技术协同的结合。其中，技术是处理污染、整顿信息环境的手段，管理则是污染防治和资源保护目标实现的保障，这两个方面缺一不可。在污染防治和资源保护组织中，技术保障按信息化条件下信息技术融合方式进行，涉及信息安全技术、保密技术、检测技术、攻击防范技术和识别技术的融合利用。这些技术的综合性应用效果决定了信息污染防治与资源保护的技术实现。

为了防止信息污染、有效保护服务资源，必须从信息资源配置和整合的基本环节入手，可着重于以下几个方面：

①加强对数字信息组织流程的监控与对资源配置组织的管理。从行业信息资源配置、集成开发和跨系统利用上看，可设立国家和地方行业数字信息资源

管理机构，对各类行业信息实行来源控制，强化跨行业信息资源的质量监督，限制冗余和不实信息的传播，严格控制并打击各种非法信息行为，提高行业数字信息资源质量；对网络中的侵权信息及非规信息进行过滤，规范企业电子数据交换系统、嵌入服务系统，严禁非法信息利用的行为发生。

②加强对行业信息处理和组织环节的管理。行业信息超载和信息失实将会给行业用户造成多方面困难，解决这些困难的对策之一是对行业信息进行过滤整序，以确保行业信息交流和融合服务质量。在跨行业融合服务推进中，应同步进行安全保障，通过核对和筛查等方法监测污染源，从而达到剔除污染信息源的目标，以保证网络信息的真实性和有序性。

③加强对行业信息传递环节的管理。利用数字信息跟踪技术，在行业信息传播中，提高信息传递的速度和效率，以缩短行业信息组织到利用的周期。在这一过程中，注重取缔质量粗糙、侵权复制的信息传播，将行业运行纳入正常轨道，以实行全程管控目标。这里，技术性监督和质量控制规范具有核心作用，其目标在于加强监督管理认证环节，将管理作为一项系统工程对待，禁止未经认证的机构介入，以此落实污染防治和服务资源保护的主体责任。

④加强数字信息安全监管。在跨行业信息资源整合与服务融合中，提供服务器存储空间的网络信息服务机构与提供商应监管好所提供的存储空间，避免非法、非规信息的存取；在服务中，按法规进行加密信息的存放，以及隐私区的信息安全管理。开放环境下，利用数字智能技术加强行业网络信息监控，以便将分散于各地的非法信息适时剔除，对非规来源信息进行追查，同时使用模式匹配技术，强化对非规数据流的监控，防止不良信息的流入。

⑤组织行业网络用户参与。行业网络用户（包括企业用户等）是数字信息污染的最直接受损方，所以应组织用户对数字信息资源污染的防治和服务的监督。对于跨行业的企业用户和相关用户而言，这方面的工作应从行业数字信息资源安全保障需求出发进行安排。同时，从总体上完善企业及相关主体安全保障机制，实现用户参与下的行业信息资源污染防治与服务安全利用的整体目标。

5.4 行业信息资源整合与服务融合中的权益保障

行业信息资源共享配置和整合在改变了行业信息资源分布和集成利用关系的同时，也改变了跨行业信息交互利用和资源共享关系。这一关系的变化，导致了各方面主体的权益变化。面对这一现实，应在信息化和产业发展中构建完整的权益保障体系，以充分维护各方在主体信息资源组织、交流和利用上的利益。

5.4.1　行业信息资源整合与服务中的权益构成

网络环境下，基于产业链和创新价值链关系的行业信息资源整合与服务的组织和利用涉及多方面的关联关系，其权益主体包括整合行业信息的信息资源机构、服务提供者、利用整合信息资源和服务的企业用户和其他主体。另外，与整合行业相关的产业部门及事业机构，以及企业用户之间也存在着多方面的业务联系，由此决定了相应的权益关系。① 这些权益关系的协调和各方权益的维护，直接关系到跨行业信息资源的整合，影响到跨行业信息资源服务的社会效益和经济效益，决定着多方权益的保障。

（1）与行业信息服务相关的主体权利

开放网络和数字化环境下的行业信息资源整合以及信息资源整合基础上的跨行业服务，是一种跨行业和部门系统的信息组织和服务协同行为。在目标实现上，行业信息资源整合与服务融合原则是以行业信息服务对象收益为前提的，即使接受服务的企业、各相关行业以及国家、社会和公众的利益都得到全面保障和维护，以此出发，通过服务融合使各方面受益。总的来说，其主体权益包括以下三个方面：

①国家和社会公众权益。国家和社会公众权益的保证在于制止因行业信息资源整合与服务融合可能引发的负面影响，因而需要从国家和社会公众利益维护出发进行约束。在行业信息资源跨系统整合中，信息资源的开放共享和社会化流通有可能引发国家信息资源的流失，部分行业资源组织形态的变化也可能引起公众利益关系的变化。因此，应同步进行行业信息资源整合与服务融合中的国家和社会公众权益的维护。国家利益和社会公众权益主要是信息资源所有权、处置权和信息资源产权保护。这两方面权益集中起来，其基点是国家利益、公众利益与国家信息安全、信息秩序的维护及根本保障。

②政府部门对行业信息资源的管理与监督权。政府部门对行业信息资源组织开发与服务的管理与监督，是行业信息服务健康发展和信息经济效益获取的

---

① 胡潜.信息资源整合与服务集成中的权益保障[J].情报科学，2008（8）：1236-1239.

重要保障。从组织战略上看，跨行业信息资源整合与整合基础上的服务融合，为了实现整体效益的最大化，要将政府部门的调控和监督置于关键位置；其调控主要包括投入调控和资源调控等，管理则涵盖行业网络信息资源开发与服务管理等。对行业信息资源整合与服务融合的监督，是政府强制性约束的根本保证。在行业运行中，其管理与监督权力保障作为基本保障而存在。

③行业信息资源跨系统服务相关方权利。行业信息资源跨系统整合与服务融合应以不损害行业信息资源相关方和所涉及的第三方的正当利益为前提，任何因跨行业信息资源整合而引发的受损，都必须予以面对和处理；有损他方权利的开发服务都必须制止。从相关方权益结构看，在行业信息资源跨系统整合中，有可能改变行业信息机构运行关系，而影响到原有的合作关系，使合作方受损；也存在着因服务面的扩大而变更体系结构和服务链的情况。对于第三方影响，主要体现在行业信息资源整合与服务融合引发的权益冲突和产业链竞争关系的改变上。对于这些问题，应在法制化管理框架下进行调节。

(2)行业信息资源整合与服务承担主体的权益

行业信息资源整合与服务承担者，作为基于产业链的信息资源整合与服务主体，其权益保障是实现整合服务的基础性工作。其主体构成包括参与整合和融合的各行业机构以及从事公益性和产业化信息服务的部门和各类业务机构。行业信息资源整合的跨系统实现目标，在于支持企业信息化和基于产业链关系的创新发展，以此为出发点的行业信息资源组织的社会效益和经济效益应得到全面体现。按多方合作的共同发展原则，行业信息服务机构应具有承担服务的自主权、国家统筹下的行业信息服务经营权、共享社会化信息资源的开发权以及服务安全维护权。从总体上看，这些权益可归纳为以下三个方面：

①行业信息资源组织、开发与利用权和技术享用权。无论是行业信息资源管理，还是信息跨系统组织与开发，都需要以相应的权力作保障，在规范管理中取得社会认可的资格或资质。对于取得资格并具有面向行业开展信息服务的主体而言，其权益配置主要体现在业务组织上，即按业务流程确认对行业信息的组织权、开发权和面向用户的服务权限。鉴于信息资源组织与服务所依托的技术环境，在资源和技术利用上，应赋予其对拥有产权技术的采用和支配权。

②行业信息资源组织与服务的运营权。衡量社会信息化发展水平的一个重要指标是信息经济指数，而信息经济发展必然依赖于信息服务业以及信息服务支持下的产业经济发展，这说明信息服务行业运营具有重要的关键性作用。对于行业信息资源组织与服务而言，只有通过行业信息系统的运营才可能获得经

济与社会效益。在行业信息资源整合与服务融合中，服务运营权包括经营行业信息资源与服务的权利、行业机构获取经营利益的权益、服务组织中的交易权益和面向社会信息化的发展权。

③行业信息资源机构和相关方的产权。信息资源的组织、开发与服务，不仅需要信息资源作保证，而且需要数字化技术和网络技术应用支持。对于跨行业信息资源整合与服务融合而言，在信息资源的跨系统组织和数字技术应用中必然存在着知识产权保护问题，因而在跨行业信息资源整合中，应明确数字信息的产权关系和产权结构，进行拥有权、享用权和处置权的规范管理。与此同时，在技术应用中注重技术转换应用的知识产权保护，进行合理的技术共享，避免对发明权、技术拥有和支配权的侵犯。

（3）行业信息用户的权益

在企业信息化和产业发展中，行业信息用户包括具有行业信息需求和利用条件的一切成员和部门，主要有政府部门、行业机构、研发组织、企业实体，以及各系统、部门的从业人员。其中，前者为机构用户，后者为个人用户。在行业信息资源组织与服务实施中，不同的隶属关系、投入机制和运行范式决定了不同的权益结构。对于公益性服务而言，各方面用户的共享服务是基本的主流形式。对于市场化服务来说，其行业投入关系和隶属关系决定了行业内、外面向不同用户的差异性；然而，从跨行业信息资源整合和服务融合关系上看，行业用户的基本权益却具有一致性。对此可以按服务需求和信息利用环节来区分，主要包括行业用户对行业信息资源的利用权、服务享有权、交互服务中的隐私保护权以及获取信息效益的权益。这些权益中，以下三方面是基本的：

①用户的行业信息资源与服务利用权。行业信息机构存在的价值在于面向行业及相关用户的服务组织上，即服务的有效利用是价值实现的前提，因此应在信息资源组织和服务中首先明确用户的行业信息资源与服务利用权。根据行业信息服务的社会化组织原则，在跨行业信息整合与服务融合中应进行用户利用权的重新配置，将服务和资源的利用权限从行业系统内扩展到跨行业交互利用中，将单一形式的信息获取与交流权限扩展到多形态信息的集成利用上，同时从信息获取权限延伸到信息内容的挖掘和数据嵌入层次上。

②通过信息服务获取效益的权利。用户利用行业信息和服务的目的在于通过信息利用获取相应的效益；从需求引动上看，用户对效益的预期决定了服务利用。基于这一关系，行业信息服务整合的根本目的在于帮助用户获取更大的效益，无论是公益性服务还是市场化服务，这一原则是必须遵循的。全球化环

5.4　行业信息资源整合与服务融合中的权益保障

境下的产业链延伸和企业创新价值链体系的形成，改变了企业运行关系和组织模式，而跨行业信息资源的整合和面向企业的服务融合的意义就在于促进新环境下的企业创新发展，因此应在提升企业信息经济效益的基础上，构建支持体系。由此可见，对处于信息化环境下的企业用户获取效益的权利，应予以体制上的保证。

③用户秘密保护权。跨行业信息资源整合和服务融合的开放化，在服务于企业创新发展的同时，其交互服务的融合模式往往导致用户信息披露风险。因此，应进行开放环境下的用户信息风险控制。其实施路径，一是在技术上按权限设置安全边界，进行用户信息泄露风险识别与控制；二是从用户隐私保护出发，在信息公开和隐私保护法制框架下进行用户秘密保护。在行业信息资源整合和服务组织中，各方面用户隐私具有不同的内容结构，对于企业来说，主要包括企业运营环节内部信息、商业秘密、技术发展竞争信息、人员信息和其他关系合作方利益的信息等。

5.4.2　行业信息服务融合中的权益保护

相对封闭的行业信息服务在行业系统内进行，其权益保护规范在行业内部确定，而跨行业系统的信息资源整合和协同服务的推进，从结构上改变了这一情况，并提出了行业间信息服务融合中的权益协同保护问题。从结构上看，行业信息资源整合与融合服务的各方面权益反映在行业信息资源协同开发与数字化共享和开发的全过程。

(1) 行业信息资源共享与开发利用权维护

部门、系统体制下的行业信息资源共建共享在系统内进行，对于基于数字内容的信息资源开发不存在权限上的障碍；而对于行业信息资源的跨系统整合和开发，却存在着体制上的限制，因而需要从社会化保障角度进行共享权和开发权的配置。按行业信息资源服务的隶属关系，公共信息服务机构和事业型公益性行业信息机构，应在开放服务中进行信息资源的社会化共享，同时明确相应的跨行业开发利用机制。对于按产业机制运行的行业信息服务机构而言，则需要在国家统筹规划和部署下开放其共享资源，同时按运行模式进行信息资源的开发；对于行业信息资源共享和开发所涉及的知识产权，应在知识产权保护和转移框架下进行面向公益服务的组织。行业信息资源共享和开发利用所涉及的信息复制权问题，对于公益性的非营利服务，在知识产权框架下可进行社会化共享；对于面向企业的定制开发，应按有关行业规范执行。行业信息公共共

155

享中的整合，在不侵犯知识产权人利益的情况下，可以复制共享的资源。同时，国际上也允许信息资源的机构内复制利用。行业信息资源共享和开发利用权的维护对于推进跨行业信息资源整合基础上的增值服务意义重大，其目的在于推进信息资源内容的深层次开发和面向企业用户的数字化嵌入，以此提高行业信息资源的社会化利用率和利用水平。

（2）行业网络信息传播保障

无论是行业信息社会化共享中的传播，还是行业信息服务机构面向产业链企业的定向信息传播或行业机构之间的信息交互传播，都具有依托于网络的数字化传播特征，如果不予以信息网络传播的保障，则行业间的信息整合和面向产业链企业的集成服务都将无法进行。从这一关联关系上看，行业网络信息传播保障与网络服务业务的开展具有同一性，因此在行业信息资源整合和服务协作中，应同步确认行业信息的网络传播权。在行业网络信息传播中，一是应明确信息传播的范围，进行符合行业规范的行业信息网络建设；二是按传播信息的产权进行约束，避免侵权传播的风险；三是保障传播信息的真实性，进行网络信息的安全监管。

行业网络信息传播中的权益保障，涉及多元主体之间的数字化信息交流与传播利用。就传播主体而言，包括行业信息资源机构之间的信息共享传播、行业信息机构与政府部门之间的传播、行业信息机构面向产业链企业的数字化信息交流传播和基于跨行业平台的产业链企业间的传播。在多元传播中，其权益配置包括行业网络的使用权、信息资源传播权和传播信息的开发利用权益。在权益维护中，应进行多层面的组织。

（3）行业网络信息资源系统的数据产权保护

从产权保护角度看，行业数据库是经有序组织而形成的行业数字资源专门系统。其中，按特定需要建设的数据库具备相应的产权。就行业信息组织而言，行业数据库具有对原始数据组织、存储和获取的功能，无论是指向型数据库还是对象型数据库，在行业服务中都具有专门的产权。其中，指向性数据库旨在指引企业及相关用户到相应的信息源系统获取专门数据，如行业产品数据库；对象型数据库作为用户直接获取原始数据的系统，包括标准数据库、专利数据库和客户数据库等。行业数据库的不同使用功能和开发机制，决定了数据和知识产权保护的不同内容。而从整体上看，应注重于以下方面的问题：

其一，行业数据库的产权保护。行业信息资源整合与服务融合以行业数据库为依托开展，对行业数据库资源的保护具有重要性，其专门数据库开发所形成的数据库产权，数据库资源的所有权、控制权和处置权是其中的核心问题。在行业数据库产权保护中，应以数据库所有权、使用权和二次开发处置权为中心进行，以便在跨行业数据库资源整合中进行基于权限的开发利用合作。

其二，行业数据库的特殊权利保护。行业数据库开发中，需要数据资源的采集、加工和存储，涉及各方面数据来源，因此对数据的使用权限往往控制在一定范围内，如果进行数据库的社会化共享，必然影响到数据提供者的利益。显然，数据库特殊权利的保护，正是为了保护数据提供方的利益。数据库特殊权利的保护在数据库服务中具有重要地位，因而《欧盟数据库指令》明确赋予数据库以单独保护的权利。然而，对于行业数据库特殊权利的保护，目前尚存在一些不确定的影响因素，因此应在公共利益保护的基础上进行利益的均衡维护。

(4)行业网络链接权益保护

行业网络链接是跨行业信息资源整合和服务实施的一种重要方式，对于协同服务机构而言，可以通过链接进行面向本行业用户的导航，用户则可以通过链接便捷地利用相关行业网络的服务。另外，链接方式由于并不改变行业网络结构，其调用关系简单，因而在行业信息资源来源层面上的整合利用中具有普遍性。从使用上看，行业信息网络链接按存在的链接权限和使用权限等方面的问题，所涉及的权益主要包括以下几个方面：

①链接中复制权认定。一般情况下，行业信息网络链接仅限于提供展示和关联被链接对象的途径，提供关联支持，并不控制链接的内容。因而，链接并未涉及复制权。对于链接内容的复制，则由被链接网络资源所有者决定，即链接不会改变原有的行业信息资源利用复制权限。尽管如此，在行业信息资源整合的相互链接中，应明确各系统资源的使用权益，确认复制权限，以在链接中进行规定。

②链接中的公众传播权认定。行业信息网络资源链接是公共传播的一种形式，其中世界知识产权组织的约定应得到认可。根据链接的特点，行业网络信息资源链接没有发生内容的复制，因此链接并不涉及对原主体传播权的侵犯。基于这一规则，在行业信息资源的网络化共享和整合利用中，应进行链接传播权益的认定，同时对于虚假链接的行为进行制止，以维护安全有序的链接秩序。

③链接是否侵权的认定。对于行业网络链接是否侵权的判定，关键是对于行业网络链接权限进行明确和对用户利用链接服务的浏览行为进行规定。在服务实施中，进行合规管理，在维护行业信息资源链接共享的同时，制止侵犯信

息资源主体权益的行为发生。

5.4.3 行业信息资源服务融合中权益保障的完善

基于产业链和创新价值链的行业信息资源整合，以及协同构架下的服务融合权益保障，不仅关系到产业链和企业发展的全局，而且直接影响到行业信息服务机构之间的合作和协同，因此必须针对发展中的问题，不断完善并改进权益保障的组织方式，建立开放化的综合系统，从行业网络信息资源服务中的现实问题出发，寻求解决问题的对策。

(1)行业信息资源服务权益保护中的现实问题

从"互联网+"背景下企业发展上看，行业信息资源整合基础上的服务协同组织相对滞后，其中的权益关系未能进一步明晰。鉴于产业链和创新价值链中的多元合作关系和行业信息机构之间的多方面交互关系，在跨系统部门的信息资源整合与服务融合中，同步推进权益保障的完善具有重要性。

当前，跨行业信息服务融合权益保障所存在的主要问题包括：

①行业服务权益保护体系的完善。我国长期以来的部门系统体制下的行业信息服务组织，以公益性公共服务为主体进行，其纵向管理完善，而横向协同欠缺。目前，体制转化中的多元体系结构在跨行业信息资源整合与服务融合中，虽然具有互补优势，但是存在着协同运行障碍问题，反映在各方面权益保护上，直接影响到服务的深层次开展和面向用户的深入发展。表现为因权益问题引起的纠纷，如基于网络技术的信息整合提供往往影响到有关方的权益。要解决这些问题，需要从权益保障层面上予以对策完善。

②对行业网络信息资源所有权与享有权的保护。由于网络是支持行业信息服务融合的基础，基于网络的信息组织直接关系到网络信息资源的所有权保护以及资源所有权保障基础上的网络共享服务的开展。在基于网络的行业信息服务中，一些以营利为目的的商业网络往往不适当地占用公共资源，而使第三方利益受到损害，对这一问题的处置应进一步完善。与此同时，在资源网络合规使用上进行规范。

③行业信息服务权益保护法规执行。行业网络信息资源服务权益保护法律正处于不断完善之中，目前采用的主要是相关法律，其法律执行主体有待进一步明确，各部门依法进行权益保护的意识有待进一步加强。因此，在相关法律执行中应加强社会的法律意识，推进行业信息资源整合、共享和定制服务中的信息安全维护、国家安全和行业安全保障，保护信息资源产权和利用权。在信

息化和基于产业链的服务发展中，同步推进权益保护专门法规体系建设，实现法制化管理目标。

（2）行业信息资源整合中的权益保护措施

行业信息资源整合和基于资源整合的服务协同组织，改变了各行业系统的资源拥有、交流、共享和服务关系，其权益保护构架不仅由行业信息机构间的合作和协同整合关系决定，而且由产业链关系和行业知识创新价值链关系决定。这两方面的综合作用集中体现在基于整合资源的面向各行业用户的服务和公共信息服务上。由于服务对行业信息资源和技术的依赖，基本的权益保障围绕资源整合及其所涉及的主体权益进行。图5-5集中反映了这一结构。

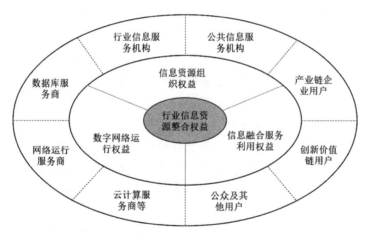

图 5-5 行业信息资源整合与融合服务权益

如图 5-5 所示，行业信息资源整合按信息资源组织、数字网络运行支持和基于资源融合的服务组织环节，可分为信息资源组织权益、数字网络运行权益和信息融合服务利用权益。同时，信息资源整合与服务融合关系决定了各方面主体的权益配置，其中所涉及的主体既包括行业信息服务机构、公共信息服务机构、数据库服务商、网络运行服务商和云计算服务商等内容服务商，也包括产业链企业用户、创新价值链用户、公众及其他用户。在行业信息资源整合与服务融合中，其权益保障从信息资源整合的组织层面、数字网络运行与支持层面和整合资源与服务利用层面展开，以进行综合策略的制定。

①行业信息资源组织权益保障。行业信息资源组织的主体是相关行业的信

息服务机构和具有关联关系的公共信息服务机构。跨行业系统的信息资源整合目的在于，实现基于产业链关系和创新价值链关系的信息资源交互共享和面向行业用户的定制化集成。在开展面向产业链和价值链用户的服务组织中，对公共信息服务机构和行业信息服务机构的信息资源所有权应予以全面保障，基于网络的行业信息资源组织应限于合规共享基础上的内容集成开发。因而，在权益保障上应确认其开发权和资源的共享权，同时对用户的信息服务获取和信息利用权益进行基于产权保护的规定。

②数字网络运行权益保护。行业信息资源整合与服务融合离不开数字网络的支持，其基本架构对网络的依赖性决定了对网络利用的权益配置。另外，行业信息机构和公共信息部门的数据资源建设和存储需要数据库服务商和相关服务主体的协作支持，对其协同权益也应予以确认。对于支持合作方而言，面对行业信息资源整合和服务融合需求，应具备网络运营、服务经营或技术发展的权益。从整合系统运行和跨行业组织关系上看，数字网络运行权益保障应围绕基本的业务关系和行业服务的组织目标进行。按国家统一部署和整体化发展原则，在面向产业链和创新价值链企业的服务中实现协同目标。

③行业信息融合服务利用权益保护。行业信息融合服务利用权益保护不仅涉及用户方基本权利和信息安全，而且涉及服务提供方面向用户的服务组织。其服务的开展必须以不损害第三方和公共利益为原则，因此这三方面的权益保护构成了其核心内容。从行业信息整合与融合服务的用户结构上区分，包括产业链中的上、下游企业，处于知识创新价值链中的企业及相关合作组织，同时还包括公众和其他相关用户。从用户权益保障上看，应确认面向用户的定制服务利用权、行业信息共享权和利用增值服务获取效益的权利，同时对用户的隐私权予以保护，并赋予用户对服务进行监督的权利。对于行业信息服务机构而言，其权益主要有服务经营权、发展权和用户信息的合规利用权，对于行业信息服务融合中的协同服务商(包括网络运营和数据库服务商等)，应赋予其面向行业信息资源整合和服务业务的组织权。

在行业信息资源整合与服务融合中，行业信息资源机构和用户是行业信息资源开发与服务权益的直接主体。在服务组织和利用中，一是维护相应的权益，二是在主体权益框架下进行行为规范和相互之间的约束。行业信息资源组织与服务中的权益保护围绕基本的业务环节展开，其中的权益关系和规范管理决定了行业信息资源整合与服务融合权益保障的实施框架与策略。在产业链发展和动态信息环境下，应予以不断优化。

6 动态网络环境下行业信息服务融合技术支持体系

全球化环境下的行业信息服务依托于信息网络运行，基于产业链的跨行业信息资源整合与服务融合的开展需要数字技术和互联网络的支持。因而，数字信息服务与网络技术的发展和进步决定了面向企业的行业信息服务拓展。"互联网+"背景下的行业信息服务发展中，行业信息服务技术支撑体系构建应与网络环境变化和技术相同步。

6.1 网络技术发展与信息服务融合技术创新

全球化中的数字信息环境变化，正迅速改变着行业信息服务的需求环境、资源环境和运行的条件。数字化信息基础设施建设的不断升级、大数据网络的实时更新和智能技术的应用发展，为依托数字网络的集成化行业信息组织与服务提供了新的发展基础，使按行业形成的条块分割的信息资源系统得以整合，以发挥整体上的优势。其中，数字信息网络技术的创新与发展确定了基本的网络化行业融合服务技术框架，推动了建立在行业信息服务技术基础上的产业链信息资源整合和协同利用关系形成。

6.1.1 网络技术发展对数字化信息服务的影响

自 20 世纪末期以来，网络技术处于不断完善和迅速发展之中。目前，对于各行业企业而言，通过互联网可以将分散分布的资源融为一个有机整体，实现信息资源的全面共享和开发协作。在新的融合平台上，各行业企业能够透明地利用行业服务，按需求定制所需信息资源和技术工具，包括高性能计算、大数据资源、知识资源和大型数据库等。由此可见，现代行业信息服务的开展以数字网络技术的应用为基础，数字技术和网络技术的进步不仅改变着行业信息载体形态和来源结构，而且决定着大数据与智能技术条件下的行业信息资源开发。从技术发展和应用上看，数字网络技术结构及其发展关系如图6-1所示。

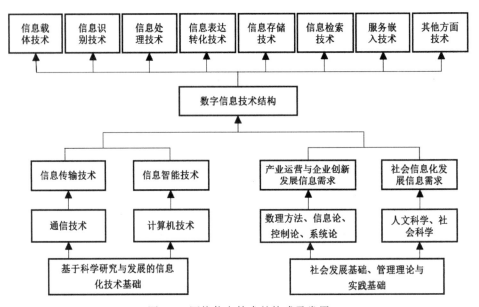

图6-1　网络信息技术的构成及发展

从更广的范围看，科学技术的进步为网络化数字信息管理奠定了技术应用基础。信息资源组织中面向用户的服务实施流程决定了网络环境下的数字信息技术结构，其中包括信息载体技术、信息识别技术、信息处理技术、信息表达转化技术、信息存储技术、信息检索技术、服务嵌入技术和其他方面技术。从技术的来源上看，数字信息技术与网络技术的创新源于通信技术、计算机技术面向信息传输和智能交互的研究与发展，从更深层次上由科学与发展基础所决定。与此同时，社会信息化发展环境下的产业运营与企业创新发展需求导向，以及社会发展实践与基础决定了数字化技术的应用扩展。对于行业信息服务的组织而言，数字化信息技术发展直接关系到面向企业的深层次融合服务的实现。值得注意的是，一项新技术从产生到应用于信息服务实践，需要进行信息技术在信息服务中的应用拓展，以此形成新的技术基础。

应用于行业信息资源整合和服务融合的信息技术包括两个方面：一是基于科学研究与发展（R&D）的信息化技术基础；二是管理理论、方法与实践发展基础。

从技术发展和应用上看，行业信息资源整合与服务融合平台技术由网络化信息传输技术和智能化信息处理技术构成。其中，数字化网络信息传输技术来源于数字通信技术和网络控制技术，智能化信息处理技术来源于计算机技术中的人工智能。信息科学技术和数字化管理，不仅对平台的技术构建提出了要求，而且为数字信息传输和智能处理技术的应用发展奠定了基础。这说明，包括行业信息服务在内的网络化数字信息管理与服务发展是实现网络信息技术社会化应用的一个基本方面，其发展从总体上适应了产业链延伸和企业创新价值链实现需求。

行业信息资源的跨行业整合，与互联网技术、数据库技术发展密切相关，体现在技术支持上便是网络基础设施建设以及基于网络的信息交流与利用。互联网技术在构成和利用上，具有硬件、软件和应用层面上的结构。其中，硬件包括数据存储、处理、传播及网络通信与交互设施；软件包括数据采集、组织、存储、调用等基础应用程序或工具；应用层则包括更为广泛的面向对象、过程的信息组织和嵌入利用支持。互联网技术发展中，数据库技术处于重要位置，涉及对数据的统一管理、组织存储和关联处理等功能实现。

在全球信息化发展中，世界各国都十分重视互联网技术的应用发展，将其融入信息化基础建设进行统一部署。20 世纪 70 年代以来，一些国家的信息计划陆续实施，如美国早期的互联网计划、法国以 *Nora and Minc* 报告为起点的计划，英国 Alvey 计划所确定的发展框架，欧洲高级通信研究计划（RACE）和信息技术战略研究计划（ESPRIT）等。其中，美国于 1993 年 9 月制定的国家信息基础结构（NII）行动计划将互联网基础设施建设和技术发展推进到一个新的高度。在国际信息化和互联网建设与技术发展环境下，我国实施了国家部署下的发展战略，从 20 世纪 80 年代的信息系统建设到不断更新的互联网设施与技术，实现了与全球化发展的同步。在目前的发展中，以全球网络、大数据、智能交互、云计算嵌入和"互联网+"、智能制造、数字控制等技术为主体的技术体系已经形成，从而为行业信息资源整合和服务融合创造了新的条件。在新的技术发展中，技术推进与信息基础建设有机结合。随着大数据技术和智能技术的发展，各国的信息基础设施不断更新，通过新的信息技术发展计划，不断强化信息技术和网络信息服务能力。

6.1.2 行业信息服务技术框架及创新发展

随着互联网的发展，网络信息资源共享和服务带来的社会经济发展效应日益引起各国高度重视，致使在信息基础设施建设的同时，不断推进网络化数字技术的创新以及基于技术创新的互联网技术的社会化应用。美国作为信息化程度最高的国家，在不断更新和完善互联网设施的同时，着重于行业信息化的推动和数字信息技术的全方位应用。自美国国家信息基础设施行动计划（National Information Infrastructure）和全球基础设施行动计划（Global Information Infrastructure）实施以来，不断进行基于技术创新的信息化发展，促进政府部门、大学、研究机构、商业部门和非营利组织之间的合作，从全国和地方层面发展公共信息服务，强调数据资源的集合，促进服务的社会化利用。在网络信息资源组织与服务发展中，欧盟在实现经济发展目标的同时，进一步调整了图书馆、信息中心和行业信息服务体系，强调基于网络的跨系统信息服务组织，明确了技术实现路线；其中《欧洲数字化议程》作为"欧洲 2020 战略"的 7 个重要规划之一，旨在最大限度发挥信息服务在经济建设中的作用。日本在信息化建设中注重发挥网络优势，先后发布的 e-Japan 战略、e-Japan II 战略和 u-Japan 战略形成了一个渐进发展的战略体系，推动了日本互联网利用和技术发展进程。其中，第 4 期科技基本计划于 2015 年完成，在此基础上，目前正全面推进跨领域、跨部门的服务协同和网络化服务的深层次发展及新的技术支持体系构建。随着互联网产业的发展，俄罗斯行业互联网也已进入高速发展和应用期，在推进网络应用中，对于基础设施和技术的应用发展予以优先关注，从而形成了一个新的体系构架。

随着信息化和网络信息技术的快速发展，我国行业互联网信息服务基础结构已发生新的变化。1984 年，邓小平在国家信息化中心建设中所明确提出的"开发信息资源，服务四化建设"战略，在行业信息服务发展中得以全面实现。2001 年 8 月，中共中央、国务院决定组建国家信息化领导小组，全面部署和推进国家信息化建设；在新时代的发展中，2014 年，中央网络安全和信息化领导小组成立，实现对国家网络安全和信息化的统一部署、统一推进和统一实施。2018 年，在中央网络安全和信息化领导小组的基础上，中央网络安全和信息化委员会建立，在深化改革中全面规划、领导和部署网络安全、互联网设施资源和服务组织。在国家战略目标原则下，我国面向产业链和创新价值链的行业信息网络得到进一步发展，其网络技术随着信息化的发展处于持续创新的动态变革之中，其基本特征是实现技术应用和信息化发展的同步。

在新时期的发展中，我国不断推进互联网建设，实施数字制造、智慧城市、"互联网+"服务的全面推进计划，从而形成了处于动态变革中的数字化网络结构体系。在互联网技术发展和应用中，面向产业链和创新价值链的行业信息资源服务正处于基于大数据和智能技术的转型期。在这一背景下，不断变革中的行业互联网服务，需要从服务推进角度进行技术体系构架。

在互联网技术新的发展环境中，围绕行业信息资源组织、开发服务的数字信息和网络技术体系构建，已成为各行业信息服务机构和企业用户共同关注的问题。从行业信息资源组织和服务实现上看，需要进行信息技术的应用选择和布局；对于行业信息用户而言，则需要适应新的技术环境，强调技术工具的便捷性和使用成本。就技术的总体结构而论，行业信息技术首先应具有通用性，要求采用同步发展的技术平台进行行业信息的组织，同时在行业服务的实施中具有面向特定需求的适应性。全球信息化环境下行业创新发展的全局性表明，行业信息资源组织与服务在通用信息技术的应用上部署，其特定的技术要求决定了数字信息技术的应用拓展。基于此，可以在网络信息技术的全局应用上考虑问题，根据行业技术应用特征进行面向产业链的跨行业信息服务技术体系构架，其基本结构如图 6-2 所示。

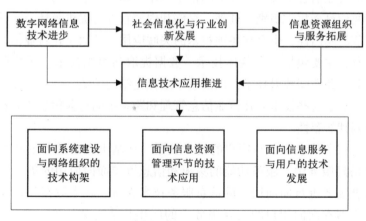

图 6-2 跨行业信息服务技术体系构架

图 6-2 表明，信息化和全球化发展中的产业链运行关系和模式的改变，为数字化信息技术在行业互联网服务中的应用提出了新的要求，而数字网络信息技术的进步和信息资源组织与服务实践为创新模式的应用奠定了新的基础。这是因为，网络数字信息技术的应用必须依赖于网络设施，同时以面向行业的服务组织为前提。与此同时，行业信息组织和基于网络平台的服务的拓展，需要相应的信息技术作支撑，从而决定了行业信息组织与服务融合技术体系结构。

从行业信息组织、开发和利用出发，信息管理技术推进中面对的问题是系统与网络。其中，信息资源组织、开发和利用环节的网络化实现和面向用户的技术应用是其中的关键。围绕这一核心问题的技术体系构建中，存在着面向行业系统建设的网络组织技术构架、面向行业信息资源整合环节的技术应用和面向行业信息服务与用户的技术发展问题。这三方面的关联关系和技术支持决定了技术的创新发展结构。

①面向行业系统建设的网络组织技术构架。互联网建设和基于互联网的行业信息组织与服务，需要相应的环境支持，在资源组织和服务上则体现为基础性的保障作用。随着互联网技术的发展，行业信息组织在内容层次上不断深化，在服务业务组织层次上不断拓展。当前，处于动态环境下的行业互联网络随着新一代技术的应用，得以不断延伸。在国家信息基础设施建设和信息化规划中，对于行业信息资源整合和服务融合而言，需要进行整体上的跨系统协同，实现以大数据和智能技术为支撑的网络组织和服务扩展目标。

②面向行业信息资源整合环节的技术应用。基于产业链的行业信息资源组织中，涉及信息采集、识别、处理、存储和内容管理与提供等环节，其技术既有面向环节的专门性，也存在各项技术的关联应用。从数字化行业信息资源组织实现上看，主要包括信息载体技术、数据提取与组织技术、元数据组织技术、内容关联和空间映射技术，以及基于虚拟化结构的数字信息分布存储与整合技术等。对于这些技术，在行业信息管理和跨系统的行业信息资源整合利用中，应强调其兼容性。

③面向行业信息服务与用户的技术发展。在基于产业链和创新价值链关系的行业信息服务中，服务功能的集成和信息资源面向应用的集中处于中心环节，这就需要进行面向用户的信息服务技术支持。在大数据和智能化环境下，机器学习在面向用户的交互服务中的应用是值得关注的一个重要方面；与此同时，面向企业业务流程的数据嵌入服务、虚拟服务和数字制造保障服务，在技术支持上具有特定要求，需要进行定制服务的拓展。另外，服务中的安全技术的应用应与服务组织同步，以实现服务技术与安全保障技术的融合。

6.2 网络环境下行业信息服务技术及其融合应用

网络环境的变化为行业信息服务技术创新和发展提供了新的条件，推动了行业信息资源整合和集成利用。在这一前提下，网络环境下行业信息服务技术的融合应用具有面向现实问题的针对性，因而需要从行业信息服务组织层面、数据管理层面和虚拟服务层面进行技术研发，同时进行跨系统互操作保障。

6.2.1　行业信息资源组织的技术推进

全球网络环境和产业信息化背景下，行业信息来源多样、形态复杂、结构多元，这一现实决定了行业信息资源组织技术的融合应用。在技术结构上，行业信息资源组织具有综合性，不仅需要数字资源管理与转换在内的技术综合应用，而且需要进行专门化的技术研发。在信息资源组织技术的研究发展中，从数据组织、数据域及数据关系出发进行信息内容组织，具有关键性。以此出发，元数据应用及技术发展在行业信息资源组织和利用中应得到响应。元数据作为描述中继数据（data about data），其作用在于展示描述数据的属性，用于支持指示存储位置、资源查找、文件记录等。1995 年由美国超级计算应用中心（NCSA）联合召开的跨领域会议，共同确定了对于元数据最初的规划，在此以后的协同推进中，元数据得到进一步的应用发展。此后的 20 余年，元数据应用在电子文本信息资源管理中得到进一步的发展。在技术实现上，元数据一经建立，便可在深层应用中适应行业信息资源组织的不同要求。元数据作为一种编码体系，用于描述数字信息资源，对于行业网络信息资源组织具有适应性，有利于机器可理解的行业信息资源的交互和转换。在元数据应用中，行业信息服务机构可以在信息处理、内容管理、网络服务中进行具体应用，继而构建基于元数据的行业信息资源组织技术体系。

具体而言，行业信息资源组织技术推进主要包括以下几个方面：

①行业信息传输技术。信息传输在行业信息组织与共享服务中具有网络化传播特征，其技术作为数字通信技术的重要组成部分而存在，其技术应用推进的目的在于实现行业数字信息传输技术与网络通信技术的同步发展。在基于互联网的信息交互服务中，传输技术（transmission technology）的作用在于利用不同信道的传输能力构成一个完整的系统，使信息得到可靠的传输。在信息传输中，传输容量、有效性和可靠性是必须考虑的主要指标。在互联网应用发展中，计算机技术和通信技术的结合，决定了利用不断扩展的互联网络进行分布资源传输和共享的实现，同时推进了基于行业网络的数字制造和智能服务的发展。其中，保证信息传递的可靠性和安全性是必须面对的核心问题。

②行业信息资源数字化技术。在行业信息资源数字化服务中，需要将文、

图、声、像等多种形式的信息转换为数字化形式进行汇集、加工、存储和开发利用，其目的在于从来源上将非数字信息资源转化为数字信息资源，以进行全数字化管理。非数字信息的数字化转化，需要通过计算机系统来完成，随着计算机技术和智能技术的发展，产业链之间的数字化信息交互已成为一种主流形式。在"互联网+"背景下的社会发展中，智慧城市、智能物流和智能制造的推进对行业数字化技术应用提出了新的要求，促进了信息载体的数字化向信息流和信息组织的智能化方向发展。因此，在行业信息资源整合和基于整合资源的信息服务中，需要进行基于数字化和智能化技术的服务面向企业流程的嵌入。

③行业数据库与数据仓库技术。数据库技术作为行业信息资源组织的核心技术，是指通过数据的统一组织，按一定结构建立相应的数据节点和关系，实现对数据的处理、加工存储和索取。随着信息管理内容的不断扩展和深化，面对新的数据形式，数据库建设中包括层次模型、关系模型、网状模型、面向对象模型在内的多种模型架构和多方面技术应用，这是必须面对的现实问题。在行业信息资源组织中，XML数据管理、数据流管理、Web数据集成、数据挖掘等方面的应用处于关键位置。在数据库技术应用中，对信息集成、网络数据管理、移动数据管理、数据加密应予以应用上的拓展。与此同时，行业信息资源组织中的数据仓库技术应在数据整合和知识管理中得到进一步发展。

④行业信息资源网络组织技术。在行业信息资源跨系统整合和协同服务组织中，需要进行基于互联网的行业信息资源网络建设，在行业信息资源组织和共享中构建相应的网络活动空间。如果不能实现有效的空间连接，行业信息资源的有机融合则难以实现，各行业系统很可能成为分布在互联网中的孤岛。其中，大量的行业信息将被锁在分布数据库中而难以提供有效利用。面对这一现实，有必要以跨时空行业信息资源共享为目标，通过建立跨系统技术支持体系进行资源的集成。其中，行业信息网络可以有效利用互联网设施和协议，为产业链和创新价值链中的用户提供一体化的集成服务。按行业信息资源网络组织构架，可以创建架构在Web之上的跨行业信息平台，在平台上实现行业信息处理的分布化和智能化，使用户可以访问所有信息并进行服务定制。

6.2.2 行业大数据技术推进

当前，企业对行业信息服务需求趋于多元化，在基于产业链和创新价值链的运行中提出了跨行业信息服务集成要求。服务集成的实现核心在于功能上的融合，首先反映在行业信息发布和交互利用的集成上，需要在相应的信息技术支持下推进。

(1)大数据集成与发布技术推进

行业信息资源整合与服务融合中，需要从数据层面进行跨行业系统的整合，构建基于大数据利用的数据集成管理平台。其平台服务按集成服务定制面向企业用户进行组织。对于产业链中的企业来说，当前的行业信息服务正朝着集成化、主动化方向发展，信息服务机构业务系统在资源集成过程中，必然存在着面向用户的分布式大数据筛选和数据存储问题。全球化背景下的跨行业大数据集成，不仅面临着海量数据的结构化分布和虚拟环境，而且存在数据的多样性、冗余性和动态性问题，这就需要进行基于大数据技术的集成体系构建和实现。

在数据集成中，需要将分散在各个环节的业务数据和关联数据进行集中，在数据过滤和清洗后进行存储和使用。在这一过程实现中，需要面向产业链企业构建统一数据集成构架，通过面向企业的云存储服务来实施。在面向企业的数据集成中，不仅需要考虑企业数据集成需求内容和集成数据来源，进行数据集成构架，而且需要从技术上针对复杂的数据结构和多来源渠道进行大数据来源的结构化处理，实现非结构化和半结构化数据的结构化转换，同时建立统一的数据界面，以支持多方面的集成利用和数据发布需求。

(2)行业大数据组织与服务技术推进

集成化的行业信息服务以信息整合和服务融合为特征，以实现大数据组织与基于大数据共享的定制服务目标。在跨行业信息服务组织中，实现对互联网连接的数字资源库群管理是其中的技术关键之一。行业信息服务的跨平台组织中，集成化的大数据挖掘和利用，需要从界面集成化和交互利用的智能化出发进行技术支持构建，围绕异构数据库的集成管理，应明确可行的技术组织方案。

信息资源的分散分布与数据共享之间的障碍，需要依赖于行业大数据服务技术的突破。在技术不断发展的情况下，应加强大数据技术标准的建设，以便在大数据集成化存储的基础上实现跨行业系统的异构、多元数据资源整合与集成利用目标，从而推进行业大数据的跨系统共享。行业用户面临的大数据环境，在现有数据技术条件下，由于不同的行业网络协议和互联网应用的限制，引发了产业链企业的数据利用障碍，即使在一个集成平台上，用户处理多元数据也存在多方面困难，这就需要集成化的数据融合支持。由此可见，用户的大数据需求是推动信息集成化服务技术发展的根本动力。"互联网+"背景下，在面向企业的集成数据服务中，不仅需要兼容各种数据库和数据处理结构，而且需要进行繁杂数据的过滤，同时保证诸多平台数据的映射和集中。因此，集成化数据技术作为信息跨系统管理的重要支持，应得到充分重视。

（3）多模态交互与智能技术支持

在跨行业信息资源整合与服务融合中，数据的多来源、多渠道和多模态，提出了数据跨系统传输和多模态存储问题，因而其中的技术问题应得到同步解决。在面向企业的跨系统人—机交互服务中，其感知交互包括语音交互、机器视觉交互、传感交互和多种形式的内容交互理解。例如，物联网中的行业信息服务，就存在多方面、多场景下的交互问题，由于用户场景和信息流作用机制上的差别，在信息组织中应实现面向应用的多模态数据处理，借助多模态深度学习技术，保障机器智能对多模态信息的内容解读和交换的可行性，从而推进基于大数据的智能交互服务和深度学习。

信息智能技术随着数字信息技术和计算技术的发展，处于不断变革之中。在当前的应用中，其应用领域不断扩大，可以设想未来的人工智能必然对信息服务产生更加深刻的影响。"互联网+"背景下，在跨行业信息整合与面向企业的服务融合中，智能交互和机器深度学习因而成为组织高效化智能服务的关键。在跨行业信息集成和服务融合中，智能技术的支持主要体现在人工智能的延伸和拓展上。作为人工智能核心的机器学习以及深度学习和神经网络的应用，必然取得新的进展。对于面向企业的知识流组织和服务而言，深度学习由于需要处理大量数据且涉及多元、多维关系的特征分析和数据挖掘，具有行业信息整合与服务融合的深度发展前景。

另外，随着"互联网+"背景下的智能制造发展，以及信息化中的智能产品需求驱动，各行业企业的智能化信息嵌入已成为必然的发展趋势。在这一场景下，需要从技术构建和实施上着重于关键问题的解决，实现服务与技术的互动。

6.2.3　行业信息服务中的云计算技术推进

全球化环境下的行业信息服务具有固有的资源组织网络化与基于网络的

服务组合特征，其行业服务资源依托于网络云平台与相关技术，实现面向用户的服务目标，从而进一步拓展了行业信息平台的应用。在这一发展中，以云计算为特征的虚拟网络服务技术已应用于行业信息资源整合与协同服务的各个层面，从而为行业信息资源的分布式存储和跨行业调用提供了新的支持手段。

云计算（Cloud Computing）体现了分布式处理（Distributed Computing）、并行处理（Parallel Computing）和网格计算（Grid Computing）的新发展。云计算作为一种基于互联网的超级计算模式，旨在将分布在多服务器、终端和其他设备上的软硬件资源和应用服务集中在一起进行协同工作。在应用发展中，云计算具有超大规模、虚拟化、高可靠性、通用性、高扩展性和按需服务的定制特征，由此决定了其在行业信息资源服务中的全面应用。

从技术实现上看，云计算作为分布式计算的一种技术，通过虚拟形式的网络实体云，将大量的数据处理分解成若干部分，通过分布服务器组成的系统进行处理上的融合，即开展分布计算环境下的任务分割、处理和结果归并，从而实现面向多用户的开放服务目标。当前，云服务的应用已不限于简单的分布式计算，而是分布式计算、特定计算处理、效用计算、并行计算和分布式存储的整体应用。就面向产业链的行业信息云服务发展而论，行业云服务组织实际上是一种网络虚拟服务形式，作为行业资源服务虚拟网络，以数字信息技术、互联网设施和服务融合的方式进行架构。云计算所具有的资源池结构和不断更新的技术构架，决定了面向行业的发展前景。

对于行业信息资源服务组织而言，云计算所具有的高度灵活性、协同性、可扩展性和高性能决定了其在信息资源管理与服务中的深层次发展。在行业云服务中，可以进行基础设施即服务（IaaS）、平台即服务（PaaS）和软件即服务（PaaS）构架，推进云服务面向用户的多方面应用发展。在行业云服务技术实现中，体系结构的确立具有基础性作用。在具体实施中，根据所面临的运行环境和技术环境进行智能化、组合化和嵌入服务部署，同时解决用户界面、服务目录、管理系统、技术工具、监管和服务器集群支持问题。在行业信息云服务部署中，应充分重视应用的可扩展性，根据用户应用软件快速部署条件，进行虚拟资源的动态化扩展，提高云计算服务的应用水平。同时，在行业信息服务中，进行云系统的自动化嵌入，开拓更加专门化的服务。值得注意的是，云服务的网络组织特征决定了安全保障的同步实现。基于云计算的行业信息服务平台结构如图 6-3 所示。

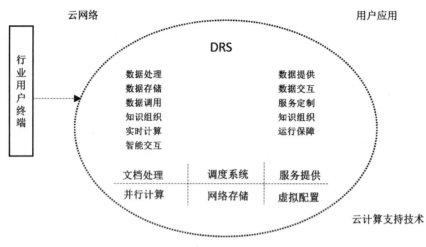

图 6-3 基于云计算的行业信息服务平台

目前，行业信息服务机构在基于云计算技术的服务组织中，以云服务平台为中心的服务发展迅速。全球化产业链发展中，构建功能强大的云服务中心，为各行业用户提供多种形式和内容的服务具有全局性意义。跨行业信息服务云平台的技术发展，作用在于深化数据资源的组织层次和强化云计算服务面向企业数据存储与交互的利用功能。在技术实现上，行业信息服务中的平台构建应适应分布式云服务系统环境，从而将互联网分布资源和服务整合成为一个整体，以此提升行业平台的自适应能力。基于云计算的行业信息服务体系可以通过动态资源管理和分配，支持跨行业资源的共建共享。

在行业信息服务创新发展中，新的应用支持系统可以基于云平台来开发，在云服务的部署上可以调用通用服务，实现规定的用户接口接入。与此同时，行业云服务还可以通过不同的组合，形成跨行业系统平台的应用组合。其中，行业信息应用服务的运行可以在行业云服务框架下来实现。在基于云计算的行业信息服务平台技术发展中，应强化多种云服务模式的结合，在统一的大数据和智能支持环境中推进面向产业链的服务应用。

6.2.4 行业信息服务系统互操作技术推进

在跨行业信息系统的资源整合与服务融合中，对信息资源的异构分布和行业系统之间的技术障碍应予以屏蔽，以实现信息资源同构化基础上的资源共享和服务协同目标。在这一环境下，行业信息系统之间的互操作，其作用在于使分布信息资源和技术嵌入通过具有通用性的相互操作，在协调工作的基础上达到跨行业系统的信息集成服务目标。一般情况下，互操作是指不同平台或程序语言之间的数据共享和交互处理。为了适应不同行业平台之间的相互操作条件，需要进行硬件设施的互用和在硬件支持基础上的数据库系统、应用软件、数据模型、操作控制和语义层面的相互操作。互操作技术涉及运行环境、资源体系结构、数据模型、操作控制和应用流程等方面的问题。

行业信息服务跨系统互操作，涉及信息技术应用层的异构问题。各行业产业链的复杂性和环境差异，其所采用的数据库系统、应用系统和操作平台的不同构架，决定了技术应用上的异构。对此，应在企业信息化和行业信息服务的顶层设计中统一建设标准，进行行业信息系统硬件、软件上的规范，提供无障碍的交互操作和利用环境。

多元化结构信息来源和开放的信息资源服务环境，使得产业链和创新价值链中的行业信息内容、数据格式和组织方式之间存在系统性差异。同时，产业链运行时空结构上的差异，使行业系统间的资源共享和交互处于不断变化的开放动态环境之中，从而提出了差异屏蔽要求。从总体上看，跨行业信息资源整合必须解决行业资源异构集成的障碍问题，以便在动态的行业技术环境中实现资源的通用和服务的融合。在网络技术和数字技术不断进步的情况下，各行业系统难以实现技术上的完全统一，这就要在推进标准化管理的同时，实现行业系统操作上的相互兼容。事实上，基于开放结构的行业信息资源协同共建，已改变了原有的异构结构和资源状态，从整体化建设和跨行业共享角度出发，可以进行适应性变革，采用自适应方式改变原有的操作环境。

从行业信息资源跨系统整合的实现上看，行业信息资源共享、整合和服务，需要克服信息资源分布异构和体系结构障碍，实现信息资源共享基础上的服务整体化。因此，各行业信息系统之间的互操作应包括不同行业数字资源对象、行业信息系统结构和服务组织利用的互通问题。同时，跨行业系统的互操作还包括不同形式资源的组织和交互处理。随着行业信息内容和数据整合的推进，对象的动态组合、迁移和转化需要操作技术适应性变化。

综上所述，行业信息资源共建共享和服务集成中的互操作技术应用的意义，在于实现跨行业系统的信息互通和服务互用，在实施中提供通用的操作平台和入口。为了保证跨行业信息资源系统的互操作实现，还需要采用相互支持的技术标准，在互操作技术推进上实现应用层和资源层次上的整体化实现。以此出发，表6-1归纳了其中的主要问题。

表 6-1 行业信息系统互操作的技术构架

行业信息系统互操作结构		行业信息系统互操作内容	行业信息系统互操作技术发展
应用技术层	应用系统互操作	进行互联网硬件实施基础上的应用部署，实现应用系统的互操作，解决不同软件构建的应用差异问题	发展外部中介或中间件技术，推进分布式计算中的互操作工具开发，进行标准化应用
	互操作传输协议	解决不同行业机构的不同技术管理差异问题，在一致性服务中实现基于协议的互通	信息共享和信息资源集成服务协议包括 Z39.50、LDAP、WHOIS +、OAI、openVRI 等
资源管理层	内容组织互操作	内容组织的互操作，指从内容层面上进行信息资源的无障碍获取和重组	在内容组织上实现不同格式的内容关联，通过内容结构的关联，推进行业信息资源内容的跨系统集成
	元数据互操作	元数据作为行业信息组织的基础，需要进行格式上的统一，在元数据共用中进行资源描述，实现跨行业资源体系的交互检索	在元数据描述和互操作上，解决元数据映射描述和数据共享问题
	数据编码互操作	按数据编码关系进行有序化组织，在共享概念模型的前提下进行规范，实现信息转化	数据编码技术从表层向深层不断取得新的发展，在基于本体的语义互操作中提供编码工具

表 6-1 对行业信息共享的服务系统互操作进行了分析。从表中可知行业信息系统之间的互操作在应用技术层和资源管理层上的组织架构，从总体上适应了应用系统互操作、传输互操作协议、内容组织互操作、元数据互操作和数据编码互操作的应用发展。在行业信息资源集成和服务融合中，基于协议的元数据基础上的互操作具有关键性。对此，我们在所构建的区域性农业信息集成平台上实现内容组织的互操作功能实现。从跨系统应用推进上看，基于行业信息资源共享的系统互操作技术采用，可归纳为如图 6-4 所示的技术路线。

如图 6-4 所示，在行业信息服务系统的技术推进中，应强调互操作技术环境建设、互操作技术发展、面向系统互操作对象的技术应用和面向行业系统的互操作平台构建。

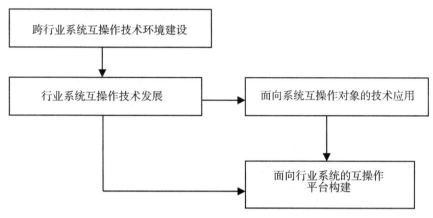

图 6-4　行业信息服务系统互操作技术推进

①系统互操作技术环境建设。行业系统互操作环境包括互操作硬件环境和软件环境，在硬件建设中需要从行业信息系统与网络部署出发进行设施保障，使其与全球信息化发展相适应。在软件建设上需要实现基础软件的操作系统的标准化配置，以屏蔽其差异影响，从而为应用层互操作实现提供基础支持。行业系统互操作应能在相应的信息网络环境下协同进行。在环境建设中：一是根据智能网络技术的发展，利用数据网络将分布式行业信息系统资源进行有效连接，促进行业信息跨系统共享的技术实现；二是在硬、软件环境变化中进行技术规范，以避免新的技术差异出现，同时进行环境建设的联动。

②系统互操作技术发展。大数据与智能环境下的行业信息资源系统之间的互操作，存在需要面对多元结构的数据形态和复杂的来源及分布异构影响，而且需要面对企业及相关用户深层次与智能交互需求变化。在这两方面因素的交互作用下，要求在行业系统互操作关键技术上进行应用发展，重点突破新的系统技术应用瓶颈。对于跨行业信息系统互操作来说，面对网络环境、技术环境和需求环境的变化，应围绕基于服务功能实现的互操作技术应用，提升行业信息系统的元数据应用水准，在基于本体的服务融合中，开发面向数据组织与应用的共享技术。

③面向系统互操作对象的技术应用。跨行业系统的信息资源组织互操作和面向用户的服务交互中，面向操作对象的功能实现是其中的核心问题。在面向对象的互操作技术构建上，可区分为信息来源层面的交互共享和资源链接组织、信息资源数据层面的基于元数据的互操作管理，以及基于内容层面的知识

175

组织和集成互操作。在这一情况下，存在着多种可能的技术方案。按行业信息系统的互操作组织方式，同时存在着基于规范的实现方式。在实践应用中，可以采用混合方法进行"标准"与"非标准"互操作的有效结合，在技术应用上进一步优化互操作技术保障体系。

④面向行业系统的互操作平台构建。行业信息资源整合和系统互操作的实现，最终目的是跨系统信息资源的交互共享。对于行业信息资源机构而言，在面向产业链和创新价值链的服务中，需要进行互操作基础上的信息利用集成。在服务内容不断深化的过程中，应采用行业平台模式进行表层互操作向深层互操作的发展。在这一前提下，行业信息系统之间的互操作应进行构架的不断优化，以便根据技术发展，从信息结构和形态入手，构建结构相对简单、内容逐层深化的互操作平台，以实现数字资源集成互操作基础上的服务发展目标。

6.3 行业信息服务技术的协调应用

数字网络技术与信息服务技术的迅速发展为全球产业链环境下的行业信息服务融合提供了有效的解决方案，其方案的选择和优化理应适应技术发展和产业链发展环境，以此构建具有动态结构的行业信息服务协同体系。在行业信息服务技术的协同应用中，技术组合层面上的协调应用和基于集成框架的协同技术规则制定是两个基本的方面。

6.3.1 基于技术协调应用的行业信息服务技术集成框架

全球信息化和产业开放发展中，跨域行业信息资源共享和面向产业链的协同已成为行业信息服务组织不可回避的问题。在协同服务中，实现行业系统之间的无缝连接，应根据行业信息服务流程对关键技术进行选择和融合，以构建基于资源组织和服务流程的技术集成框架，在实施中实现技术的协同应用，即在技术层面上提高信息服务的协同效率。

在行业信息资源整合与协同服务中，技术集成应用的意义在于根据行业信息服务任务要求和各行业的技术基础及资源条件，将现有的信息技术进行整合，形成合理的信息服务技术集成结构。在面向产业链的信息组织中，技术集成应用应遵循以下原则：

①按统一的集成技术构架，采用规范的网络设施和硬、软件系统，实现行业信息系统的互联互通，确立技术资源共享体系；

②按统一的集成技术规范，采用具有通用性和可扩展的技术标准规范，在行业信息资源整合与服务协同中，保障应用系统标准规范接口的有效和利用；

③按统一的数据规则，在空间数据和非空间数据组织中进行统一的数据规划，实现数据标准、数据编码的有效统一；

④按统一的身份认证要求，进行行业信息系统之间的身份认证，按安全规范实现跨行业信息服务平台的统一身份认证管理，以保障跨行业服务的安全访问；

⑤按统一的用户管理要求，建立跨行业用户信息管理库，有效保障行业信息资源服务主体和用户的权益和信息安全。

行业信息服务中的技术集成应用需要明确技术应用环境，根据信息资源组织要求选择合适的技术组合。在面向行业的信息资源整合中，明确行业信息服务的硬、软件支持环境，进行技术应用体系构建，在协同技术集成框架中进行信息资源组织与服务技术实现部署。在跨行业信息资源整合与服务协同中，应根据行业信息系统之间的技术交互利用关系，进行基于通用标准的应用技术构架，实现面向信息资源组织与服务环境的技术集成，其集成技术应具有应用于产业链信息资源管理的适应性。在面向流程的技术应用上，应考虑技术方案的完整性，在各项技术的功能设计和技术组合应用上，构建跨行业信息资源管理技术框架，在技术实现上为行业信息服务融合提供支撑。

行业信息服务技术集成应用框架结构包括集成定义工具、集成应用功能和消息服务及流程服务中间件结构。其中，集成定义工具涵盖应用技术信息定义、集成资源映射定义、集成接口服务定义、接口数据定义、接口适配规则定义和集成应用规则定义；集成应用功能涉及资源映射功能、接口映射功能、集成调用功能、动态监控功能和接口适配功能。在技术构建中，以集成标准为基础进行，主要包括元数据标准和接口等方面的标准。在行业信息服务集成中，基于框架结构的技术配置按行业信息资源管理与服务技术集成的基本原则，可构建相应的技术集成应用框架。如图 6-5 所示的框架结构按配置语义数据模型（semantic data model）、应用接口规格（application interface specification），进行本体工具（ontological engineering）和协同软件间的应用集成。另外，框架采用标准的数据接口来实现行业系统间的信息集成，进行同步或异步处理实现。

如图 6-5 所示，行业的信息服务集成应用框架中的集成工具、标准定义和模块功能定义如下：

①应用技术信息定义面向行业信息资源数据集成和管理技术进行，定义内容包括协同技术名、访问路径、使用端口等；

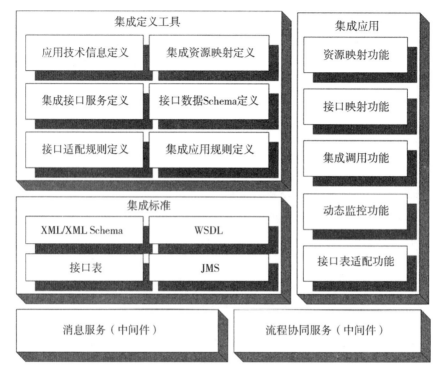

图 6-5　行业信息服务技术集成应用框架

②信息集成资源映射定义包括集成信息在不同行业应用系统中的映射关系，反映信息在不同系统中的代码差异，同时将表示同一信息的数据映射到不同代码上；

③通过定义接口，将接口以 Web 方式进行发布，以提供不同系统的调用，通过接口服务定义还可以增、删接口服务；

④在接口数据 Schema 定义中，进行明确的规范，包括规范输入和返回数据类型，使用 XML Schema 描述接口数据和数据的合规性校验，同时按需提供多种形式的接口；

⑤接口适配规则定义的作用在于，通过适配规则确立数据转换与匹配细节，从而在功能实现上将其转换为对应的目标；

⑥通过资源映射功能定义，在不同行业应用系统协同运行中进行数据的映射转换，以实现对资源技术的共用目标；

⑦对于接口映射功能，根据接口映射规则实现接口数据的转换，以此为基础提供字符类、时间类、操作类、匹配类等多种映射函数；

⑧在集成调用功能上，根据集成协同关系，调用集成应用技术或应用软件，在应用中形成可以调用的技术集成体系；

⑨在动态监控功能实现中，对技术集成和集成应用进行监控，同步显示监控数据，提出存在的性能问题和集成接口。

6.3.2　集成框架下的技术协调应用

信息资源整合基础上的行业信息服务的融合实现，需要进行跨系统的信息技术应用和协同技术的支撑。在行业信息服务融合中，技术协调应用的目的在于以技术集成为基础，在行业信息技术协调框架下对相关技术和专门技术进行合理选择与配置，使之在行业信息服务协同和融合的不同层面发挥实质性作用，以实现跨行业信息系统的协调运行与服务整合目标。① 在协同技术发展与应用框架下，一些国家建立了专门化的技术协调委员会，承担信息化的技术规范与标准管理职责。如英国信息技术协调委员会(Focus Committee)，作为协调信息技术标准活动的工业部专业机构，在推进信息化和信息化过程中的信息技术发展和应用中发挥着部署和监管作用。

表 6-2　行业信息服务的技术协调层次与结构

协调层次	技术协调内容与功能	协调实现
表示层协调	跨系统信息服务中，实现用户界面封装协同，在服务功能上进行嵌入	在 PROTLET、WSRD、OLE、JSR168 等中实现
过程层协调	在技术实现过程中，按基本的技术环节进行面向业务流程的技术组合	在 BPM、WFMS 、BPEL、Web Service 等中实现
功能/服务层协调	面向信息资源组织与服务功能的实现，在技术上保障系统间的业务逻辑共享	在 EJB、CORBA、DCOM、COM+、JAVA、RMI 中实现
数据/语义层协调	在数据和内容管理上进行数据转化，在语义上进行交互处理，提供访问机制	在 DC、Z39.50、OAI、OpenURL、Ontology 中实现
网络/传输层协调	在网络传输上进行传输渠道和方式的协调，建立连接和移动数据关系	在 HTTP、SOAP、TCP/IP、FTP、XML、WSDL 中实现

① Lu X, Mori K. Autonomous Coordination Technology for Correlated Services Access to Achieve High-assurance in Seamless Information Integration System [C]//Proceedings of the IASTED International Conference on Parallel and Distributed Computing and Networks, 2008.

对于行业间信息资源整合与服务协同中的技术协调，表 6-2 构建了具体的协调层次框架，分层展示了其中的协调机制。

在表 6-2 所归纳的协调层次中，行业信息服务技术协调具有组合特征，所采用的技术包括表示层技术、过程层技术、功能/服务层技术、数据/语义层技术和网络/传输层技术。同时，面向各层次的技术具有不同的选择，这就需要进行多技术之间的兼容或转换，以及基于技术协调的信息资源管理和服务的资源共享。

从行业信息服务技术组合出发，由于各层面上的技术构建差异，行业主体存在着软件体系结构、数据描述格式、实现语言、资源共享协议、功能实现组合和用户界面支持等方面的差异或异构。在行业信息资源集成和服务融合中，各方面差异所带来的影响客观存在，因此需要从行业信息系统构架的底层向高层进行全面协调。即从网络/传输层进行底层协调，从过程环节出发进行技术实现协调，最后实现基于界面表示的技术协调实现。

(1) 网络/传输层技术协调

在行业信息服务协同中，系统间的数据传输和基于网络的资源共享必然以网络传输和通信协议作保障，这就需要基于网络/传输协议的技术协调。网络/传输层作为信息系统协同的底层，其作用在于为信息资源和服务资源的跨行业系统利用提供支持，不仅需要充分的网络传输能力，而且要求提供资源和发送请求的系统之间可以协同。网络环境下跨系统的信息资源共享的前提是，实现无障碍互联和网络通信与互联技术的协同支持。在异构分布式的系统资源条件下，既可以选择 TCP/IP 通信协议，也可以在模块中调用 TCP/IP 协议的 API 函数库。这说明，协作途径所具有的多样性有助于协调实现。

网络/传输层技术支持的重点是提供两个或两个以上系统间的连接和移动数据的传输，在网络/传输层系统连接方式上可以区分为同步和异步两种。同步传输要求在网络通信中建立和维护固定的通信渠道，基于这一模式的数据传输支持与之相适应的请求/应答服务。网络/传输层使用的同步通信技术主要有事件中间件、HTTP、SOAP、XML、TCP/IP 等。[①] 对于跨系统信息资源共享中的传输而言，异步传输允许信息发送和接收的松耦合组织，即发送者可以不间断地发送信息，接收者可以间断地接收信息。基于异步传输机制，可以通过

---

①　Deepak A C. Intersections Between Engaged Learning, Social Capital, and Information and Communication Technologies in Social Work Education[J]. Sswr, 2015.

消息中间件队列集成系统中介。与同步传输相比较，消息队列更适合多对多的集成，可以方便地管理路由和审核数据流，而同步传输机制更多是实现点对点的集成。

(2)数据/语义层技术协调

数据管理作为行业信息资源内容组织的基本环节而存在，其规范标准、格式选择和数据内容的语义揭示处于关键位置。鉴于数据描述的多元性，应着重于数据语义层构架和内容描述技术的应用协调。数据/语义组织在网络/传输之上进行，需要系统具备数据转化、交换和整合等方面的功能，同时解决数据访问和语义上的特征描述问题。① 其中，应用系统访问的目的在于从信息资源存储库中抽取和存入数据，在元数据管理中主要包括元数据抽取功能，所采用的技术和技术应用环节可归纳为数据集适配、数据合并、数据复制以及数据转换和加载。在数据集成处理中，数据集成适配器的功能在于支持对应用系统的访问。适配器的利用包括访问数据库、应用系统 API 及其他访问。数据转换技术应用的目的在于实现数据语义上的转换，包括数据文本、文档间的转换等。

对于行业信息系统之间的数据整合，语法与语义层面上的组织是基本的。在实现中，数据层通过统一的数据描述标准，进行基于信息交换的语义处理，在具体实现上可利用知识本体进行概念术语、约束关系和内容的表达、参照、映射或关联，同时解决多个领域的内容表达问题。语义处理对于跨系统协同服务是必要的，其应用在于提供数据/语义上的内容集成和面向用户的转换利用目标。

(3)功能/服务层技术协调

行业信息服务协同中，功能/服务层技术保障的作用在于实现基于系统资源的数据整合、开发与利用目标，需要进行信息流组织上的功能实现。在信息组织与服务协同中，技术协调围绕业务流程进行。在实现上功能/服务层是针对业务逻辑而言的，在功能/服务配置中应实现行业信息系统间的业务逻辑共享。行业信息组织与服务中的功能/服务层的核心作用，是在行业信息系统的业务逻辑中进行组件的封装，通过基于分布组织的远程调用进行业务逻辑关联。

① 黎建辉，沈志宏，孟小峰. 科学大数据管理：概念、技术与系统[J]. 计算机研究与发展，2017，54(2)：235-247.

行业信息服务的跨系统协同实现中，所采用的协同技术主要有 EJB、CORBA、DCOM COM+等。其中，EJB 为 SUN 公司的服务器端组件，在应用上具有较广的适应面。由于允许部署分布式对象，该组件在应用服务器 EJB 容器中具有相对完善和完备的服务支持功能，可以有效进行事务管理和队列组织。另外，公共对象请求代理体系结构（CORBA）作为分布式对象部署，由 OMG 组织制定后，其应用广泛。在应用中，提供 Object Bus 允许组件动态方法调用。CORBA 可以实现跨语言支持目标，在不同语境检索处理和不同语言平台上可以进行完整的应用，其基点是通过 CORBA 框架来实现跨系统平台的互联和互通。分布式组件对象模型（DCOM）是微软公司定义的，其作用在于针对计算规范进行程序衔接。利用规范程序接口，某一客户端程序对象可以方便地无障碍请求另一台计算机网络服务器程序对象，同时 DOCM 在微软平台的无缝连接中具有独特的优势。随着 Web Service 技术的发展，在面向用户的服务中，行业信息系统可以将相应的服务封装成组件，以此提供基于 WebService 规范的 API 调用。①

（4）过程层技术协调

行业信息资源整合与服务融合有多个相互关联的环节作为支撑，这些环节的技术要求明确、成熟度高、技术稳定性强，因而在技术协同上具有规范性的使用协议要求。同时，过程层协调是行业信息服务技术协调的较高层次，需要在一定的物理环境和数据层面上的支持，数据和组件以及基于功能的服务组织，其作用通常表示为逻辑实体作用。具体而言，信息过程协调由服务业务环节驱动，而不是由数据处理和组织引发。

行业信息服务过程的技术协同中，其技术协调的逻辑实体依据业务活动或工作流来定义。其中，业务管理系统（BPM）作为业务过程集成管理工具，其使用具有普遍性。该系统工具由多个组件构成，每个组件执行过程环节中的一个方面的任务。其中的技术协调包括：进行图形化的业务表示和过程建模；进行过程管理和监控流处理；对过程事件及业务进行处置；利用过程流引擎实现过程流管理。从总体构架上看，过程技术协同以服务协同、数据协同为基础，支持如 Web Service 的相关协议，以此进行客户端的 Stub 数据集成适配、工作流管理（WFMS）和流程化的服务组合。

① 胡昌平，等. 国家创新发展中的信息服务跨系统协同组织［M］. 武汉：武汉大学出版社，2017：284.

(5) 表示层技术协调

行业信息服务面向应用的表示层技术协调处于技术协调的上层，其作用在于为用户使用信息提供一个统一调用界面。在表示协调中，一是应突出服务功能的全面实现和面向应用的交互提供，二是应在技术协调的基础上形成友好的表示结构和界面。另外，表示层技术协调的意义还在于适应动态化的技术和资源利用环境。

表示层协调为用户提供统一的调用界面，通过门户方式访问服务协同应用程序，以在不同的集成应用中提供协同服务的统一界面，提供面向跨系统的统一服务功能入口。通过表示层技术的协调，用户在利用统一渠道访问所需信息的同时，也可以按特定要求设置个性化的定制服务。在行业信息系统面向用户的交互服务中，用户交互最终都会被映射到一定的服务上。表示层协调的意义就在于，通过提供交互界面展示隐藏在不同应用程序中的实现细节。从服务组织上看，根据用户对界面的操作，自动调用应用系统，可避免在不同应用程序之间的切换，以达到简化操作、提高效率的目的。在应用中，所采用的技术包括 PORTLET、WSRP 、JSR168、OLE 等。

6.4 行业信息服务技术标准化推进

行业信息资源集成基础上的协同服务，建立在行业信息服务技术标准之上。信息技术标准体系建设，一是明确技术的应用发展水准，保持技术的先进性和适应性；二是按统一的规范进行信息服务技术构架，以屏蔽技术应用上的差异性和层次上的混乱。与此同时，动态网络环境下的数字技术与网络通信技术处于不断进步和发展之中，这就需要进行技术应用的动态规划，推进基于动态规划的技术标准体系建设。

6.4.1 基于动态规划的技术支持体系构建与标准建设

行业信息服务技术支持体系建设依赖于全球信息化的发展水平和网络数字技术进步，同时涉及行业信息机构以及相关产业的技术协同。因此，行业信息服务技术支撑体系的构建是一个涉及多方面主体的动态过程，必须通过系统规划和协调来实现。

面向企业创新和行业信息服务的技术支持体系，是一个由多种要素的相互关联作用来决定的复杂系统。其中，技术资源要素之间及其与环境因素之间的交互作用和关联，使得系统处于多变的动态环境中，因而行业信息服务技术构建及技术标准化的制定，应根据各因素的关联关系，寻求可操作的实现方案。

动态规划常用于处理经营和生产管理中多变量、多阶段决策最优化的问题，其应用可以将一个多维决策转化为若干环节上的最优化问题。在实现上，动态规划强调不同阶段所进行的策略应变。例如，由于企业运行与发展是基于产业链关系的一个动态持续过程，如对于某一产品的研发，一般要经过产业链要素积累、协同创新能力培育、集中研发和规模量产等环节来实现，在不同阶段的信息服务支撑自然具有不同的构成。因此其构建需要遵循动态规划的法则。

行业信息服务技术支撑体系构建标准的动态规划中，体系构建可根据产业和信息环境的变化确定相应的规划决策方案，最后从决策方案集合中选择出最优方案，从而确定总体最优技术实现目标。

动态规划是一种持续性的决策方式，在技术发展和标准建设中，按规划法则可进行服务支撑体系的完善，以寻求合理的发展策略。

行业信息服务的核心技术发展，应适应新的硬、软件环境，在基于产业链关系的服务组织中进行规划。

行业信息管理技术在面向行业用户和跨系统的网络服务发展中，其信息流管理与服务结合是其中的关键，因而应以此出发进行基于信息流管理与服务融合的集成技术及标准体系构建。而这种构建又以面向服务业务的信息技术应用和基于标准的技术发展为基础。这一客观关系和需求决定了信息技术标准化建设的发展规划。

如图6-6所示，基于网络的信息服务技术发展离不开信息组织技术需求，因此必须在解决现实的具体问题中，确定行业信息资源组织与服务技术标准化策略。从总体的技术标准化战略目标上看，网络数字信息技术标准又必须面向未来的网络发展和用户社会化数字需求的变化。因此，应立足于信息化发展中普遍存在的技术共享问题进行构建：

①在网络化信息资源共建共享与面向各行业用户的资源开发和服务中，进行信息技术应用推进，构建既适应共享环境又满足各方面用户定制需求的信息技术标准体系。

②在基于产业链和创新价值链关系的服务组织上，拓展基于互联网用户交互体验的信息构建技术应用，在数字空间中进行信息组织技术规范，以此推进分布式虚拟技术的标准化建设与技术发展。

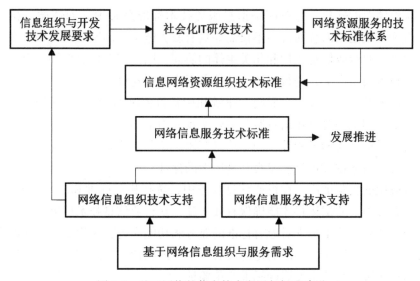

图 6-6 基于网络的信息技术发展与标准建设

③在公共和行业信息技术平台构建中，强调平台虚拟标准与信息技术的同步，全面推进大数据技术标准和智能服务标准体系的建设与完善，促进一体化技术工具的开发和应用。

④将信息资源管理与服务技术标准化建设纳入信息化与安全保障轨道，实现网络安全与服务技术标准的衔接，在业务整合和服务集成中为多网合作提供技术标准支撑。

⑤实现标准技术管理的规范化，以信息资源平台技术为基础，推进服务集成和服务嵌入技术的发展和标准化实施规范。

信息资源组织与服务技术标准建设是实现跨行业信息资源整合和服务融合的重要基础，需要在网络信息管理与服务中制定指导性的技术框架，通过技术规范进行网络技术和信息化技术的协同应用。信息资源管理与服务标准并不是局限于行业信息活动中的标准制定，而是通用标准在行业信息组织与服务中的规范应用，进行针对产业链信息流组织的专门化标准体系的完善。

行业信息组织与服务技术标准化建立在企业信息化和全球化中信息管理实践基础之上，信息化建设和行业发展决定了标准化推进的目标、任务和原则。

对于面向产业链的跨行业信息服务融合系统而言，信息资源传输、组织与服务技术标准化是实现最终目标的基础，其标准化推进的目标原则包括以下几个方面：

①整体上的优化。行业网络信息服务技术标准是必须共同遵循的技术规范，就标准规范的内容而言，不仅需要具有服务链关系的网络运营服务商的配合，而且需要行业信息机构和相关主体的协同。因此应在信息传输、组织存储和利用技术的组合上，进行整体化的技术标准体系建设。

②标准的协调一致。在面向产业链和创新价值链的行业信息服务组织中，标准上的协调统一对行业信息服务融合实现尤为重要。标准的统一，意义在于屏蔽行业系统之间的异构性，消除信息资源共建共享障碍，从而为跨行业信息资源整合和服务融合提供技术交互利用上的保证。

③应用的实验推广。在行业信息服务中，选择相关标准和制定行业标准，需要动态环境下的试运行才能确保有效实施，在行业信息技术标准制定和推广中，应注意新的技术标准对原有标准的兼容和功能完善，采用渐进替代的方式提升技术水准。同时，标准制定应具有一定的前瞻性，应采用国际标准体系进行面向行业服务与技术发展的标准变革验证。

④内容的适时扩充。大数据和智能化环境下，行业信息资源组织与服务发展，导致了行业信息资源组织与服务技术的动态变化。技术发展中，往往总体构架相对稳定，其技术组合变化加速。在需求日趋多样化的情况下，制定或采用行业数字资源组织技术标准时，必须留有相应的技术标准修改或扩充空间。只有这样，才能使数字信息技术标准化适应行业网络信息资源组织与服务的需要。

⑤组织的相对稳定。在标准实施和基于标准化的行业信息服务组织中，应保持标准使用和管理上的稳定性；对于原有标准的应用终止和新标准的采用，应进行无缝衔接，以保持技术稳步发展的效果。在实施上，需按行业网络信息资源技术标准的生命周期进行有计划的标准研发和更新，以保证标准体系结构的相对稳定，只有这样才有利于信息资源协同服务的发展。

由于行业信息网络服务系统中所使用的技术标准结构复杂、来源广泛，在信息服务技术标准化推进中，应明确基本结构、目标任务和内容。从综合角度看，在行业信息组织与服务的标准化建设中，信息化标准是最基本的，也是信息机构和企业必须遵循的。信息化标准作为信息管理系统之间数据交换和互操作的基础，在信息技术动态发展环境下形成并不断完善和更新。行业网络信息服务以互联网为依托面向用户而开展，其服务业务随着需求的变化和技术发展不断深化和扩展，在"互联网+"背景下已延伸到企业运营和信息化的各个方面。就服务环节和流程而言，行业信息技术标准涉及范围广泛、结构复杂、关联性强。从技术标准应用上看，可概括为如表6-3所示的内容结构。

表 6-3 行业信息资源服务技术标准内容结构

技术环节	标准内容	标准建设
网络/传输	网络/传输标准在全球化背景下建立，具有国际上的通用性，包括 IEEE802 在信息技术领域制定的标准，以及国际通信标准等	信息化发展中进行网络基础设施统一部署，全面推进网络/传输标准建立
信息组织	信息组织基于统一的标准进行，以此确立内容上的关联揭示关系，包括分类、主题层面上的标准、语义层面的标准和元数据标准等	在统一的分类、主题词表的基础上进行扩展，包括元数据标准、语义描述和本体标准等建设
软件开发	软件开发标准涉及软件的各个方面，包括软件架构、环境、代码、功能规范、测试、构件和应用等方面的内容	按统一的规范和要求进行标准体系建设，针对行业信息服务环节进行规范管理
数据库建设	数据库标准应支持主流厂商的硬件和操作系统平台，需要具有跨平台的管理功能，在数据库设计、数据结构、功能上进行技术规范	在统一标准的基础上，建立专门数据库标准、行业数据库标准，进行数据库开发、利用的规范
信息系统	信息系统标准包括计算机信息系统设计规范、构架、界面、基本功能、数据符号、代码、系统建设和安全等	在通用标准的基础上，着重于各行业或者专门信息系统的系列标准体系建设和标准实施
信息服务质量	国际上通用的信息服务质量标准是 ISO 9000 标准，信息服务质量的形成受包括开发、设计、控制、利用在内的多环节因素的影响，因而具有多方面关联特征	在 ISO 9000 标准体系结构下，进行面向产业链的服务融合质量控制的细化，在国家质量管理体系下进行建设
信息安全	信息安全标准是有关信息安全状态的标准，国际上和各国有着相关的安全等级要求，在安全保障中，基本环节决定了安全标准的内容	在安全管理和安全协议等级框架下，进行面向行业的信息安全保障建设，完善标准体系
其他	其他方面的信息技术标准包括基础设施建设标准、信息服务资质标准、信息安全监督资质标准和相关标准等	在行业信息技术标准化实施中，进行跨部门系统的协同，进一步完善基本的技术保障环节

综合表6-3所归纳的标准化目标、内容结构和建设要求，行业信息技术标准化的主要任务包括以下内容：

①国际通用标准的采用。为了实现全球产业链环境下的行业信息流通和信息资源共享目标，实现技术工具应用上的融合，应采用国际标准进行行业网络信息服务的标准化组织。在推进行业信息服务国际合作中，实现基于国际技术标准的统一和协调，同时结合我国行业具体情况进行发展应用，按有利于促进行业网络信息资源服务技术进步的原则来实施。

②国家信息技术标准的贯彻。信息化中行业信息服务技术标准建设在国家标准化部门的统一管理下进行，在全国范围内发布和使用。行业服务的信息技术标准涉及范围广，不仅包括信息系统和互联网络使用的系列技术标准，而且包括产业信息化相关标准。到目前为止，我国已发布的相关标准主要集中于通信、互联网、信息系统和计算机等级领域，其中有关标准直接和行业信息组织与开发相关联。在这一框架上，应针对行业信息服务技术的应用发展，在专门的技术环节实现上扩充内容，为标准化管理提供完善的技术依据和准则。

③行业标准体系的完善。信息化深层次发展和"互联网+"背景下的产业发展，提出了不断完善行业信息服务技术标准的问题。从发展上看，需要围绕行业信息服务的各环节，将有关技术标准进行有序整合，以利于在技术共享中规范行业信息组织与开发技术平台建设。在行业信息服务组织中，立足于标准化建设，形成行业信息服务的专业标准体系，以提升行业信息服务的协同发展水平。

④行业标准的科学化管理。在标准化实施中，对于行业标准的科学管理是不可缺少的基本环节。推进信息服务技术标准的应用，一是强调国家网络安全和信息化总体框架下的网络信息服务标准在面向行业中的整体化应用；二是针对行业信息服务结构、流程关系和服务链构成，进行专业化的标准建设与全面应用。在二者的结合中，行业标准的科学化管理在跨系统环境下应有序展开。

6.4.2 行业信息服务标准化实施

行业信息服务技术标准化实施中，技术标准体系构建，基于业务环节的标准制定和面向应用的实现是其中的关键，因而应从基本层面出发进行组织。

行业信息服务技术标准化中的标准体系构建，应考虑信息技术的形成机制。按行业信息服务中的信息技术应用环节，面向应用的数字信息形态转化、内容存储和关联组织决定了网络传输技术、数据库技术、元数据组织等方面技术标准的选择和采纳。在信息服务技术标准化推进中，行业信息服务的组织机制关系到网络信息技术标准的构成。在技术利用上，行业信息服务标准体系的构建应从数字信息资源载体标准、元数据管理标准、数字化内容存储和信息资源开发标准着手进行。按业务流程，体系化的技术标准包括：面向操作对象的技术研发、组织和实施标准；信息资源服务技术标准，包括个性化服务技术、云服务技术以及各方面的新技术推进标准。以上多层次结构的技术标准内容结合为一体，在行业信息服务技术标准化建设和实施中应全面考虑。

具有开放特征的行业信息服务技术标准化，应保证行业标准在跨行业系统中的应用。行业信息服务技术，随着互联网技术的发展而不断进步，因而应将其作为行业信息管理与服务的一项基础工作对待。

随着大数据和智能技术的发展，行业网络信息组织与服务手段处于动态变化之中，除实时的规划保障外，其技术标准的制定应强调标准的兼容性、便捷性和适应性。基于这一现实，行业信息服务技术标准化推进应着重于信息载体技术的标准化和信息内容技术的标准化，按行业协同服务规范进行信息业务技术的标准化组织。

①信息载体技术的标准化。行业信息载体具有形式多样和结构复杂的特征，载体技术的标准化的作用在于使用标准化的数字技术实现不同形态信息的统一管理，在规范文本、图形、音视频等载体形式的基础上，制定各种载体的数字化转化标准、交换标准、存取标准和利用标准，以适应多模态标准化载体管理目标。

②信息内容技术的标准化。行业信息内容的细粒度提取和描述已成为一种必然的发展趋势，体现在细粒度内容检索和基于内容的知识发现上。服务需求的细粒度化反映在信息内容组织上，便是构建一套完整的数字信息内容组织标准，实现语义层面上的组织向内容单元组织上的转换。其中，对元数据标准的完善和新的标准体系构建应予以关注。

③信息开发技术标准化。行业信息技术开发主要是基于数字化资源形态的软件开发，其中包括行业大数据技术开发、面向企业的数字化嵌入技术开发、关联数据库技术开发、虚拟资源管理技术开发和行业信息资源安全技术开发等。对由各行业的需求差异所决定的技术异构，应在总体上进行相应的规范处理，以保证各行业信息资源服务协同发展目标的实现。

④信息服务业务标准化。各行业产业链结构和创新价值链关系的不同，导致了行业信息服务业务组织上的不同特征。因此，在行业信息服务的跨系统融合中，存在服务协同的技术障碍。面对这一问题，应对各行业服务业务进行细分基础上的规范，实现不同行业服务的业务关联、有序结合与调用。

行业信息服务技术标准化的推进是一项持续性的工作，需要在变革的环境中进行适应于信息技术发展的标准化管理，在不断完善体系结构的前提下推进行业信息服务技术的标准化。在总体构架上，应从以下几方面着手：

①专门机构作用的强化。信息化环境下行业信息服务技术标准化涉及面广泛，在各系统、部门中需要协调和解决的问题具有多面性，因此需要设置专门的标准化协同机构，在明确其职责的基础上，强化管理职能。在行业信息服务协同推进中，标准的规范执行可以考虑在不同层面进行，一是国家统一部署上的标准化技术的采用，二是跨行业层面协同主体之间的合作实现和规则上的约束。

②行业规章的建立和完善。行业信息服务的多元主体结构和协同运行关系决定了行业内标准化实施和跨行业标准的协同采用。为了实现整体上的标准化管理目标，需要在基于产业链的行业信息机构合作中建立完善的规章制度，以便按信息服务所采用的标准体系组织实施。

③国际化进程的加速。产业链的全球化延伸和信息化的发展环境决定了行业信息服务的国际合作关系，在面向产业链的跨行业信息服务组织中因而存在国际标准的应用和基于国际标准的技术应用问题。例如，网络安全和信息服务质量的国际标准，应在行业服务中得到完整的体现。面对这一问题，在行业标准的制定和技术资质的认证，应与 ISO、IEC 等国际标准保持一致，同时制定基于国际合作的行业信息技术标准。行业服务技术标准建设，并不是行业信息服务组织单方面的问题，其中包括的面向用户的业务内容与用户需求和用户对技术环境的适应直接相关，这就需要从用户出发进行技术标准建设上的统筹。

④行业需求导向作用的发挥。随着行业信息服务技术应用的发展，企业用户对行业信息技术标准化的影响不容忽视。因而可以建立相应的机制，使用户以更为有效的方式参与技术标准化建设过程。

⑤标准化实施的改进。行业信息服务技术标准化是一个不断发展的过程。一方面，标准化的实施有利于信息服务资源的开放共享和信息资源协同利用社会效益的提高；另一方面，一些行业的信息服务技术创新又可能突破原有技术标准的限制，需要改变原有的约束状态而取得进一步的发展优势。因此，信息服务技术标准制定和执行必然处在两方面的交互作用之中，在标准化实施上需要进行进一步的机制完善。

全球化中的行业信息服务协同可以在跨行业系统平台上进行组织。在这一层次上，允许各行业系统的用户分离地利用其他行业系统的服务，实现服务的互补性利用。这种服务，通常仅限于基于跨行业系统平台的信息资源开放共享，而不产生新的服务组织方式，因而基于平台统一技术标准的服务组织具有普遍性。

基于平台的服务合作与互补服务需要提供交换接口，以便用户通过标准化的服务接口利用各行业系统的服务。在这种协同中，其标准化程度决定了各系统的服务异构程度，因而需要以服务兼容为目标，推进行业信息服务平台标准化。

基于平台的服务协调是在平台上的服务协同，即按平台标准、信息资源技术规范和标准协议组织各行业系统的有关服务；通过各行业信息资源系统的平台连接，实现服务定制和信息利用的集成。

基于行业信息协同平台的服务融合，在行业系统交互的基础上实现完整的资源跨行业共享和服务集成。按平台标准化框架，用户可以无障碍地利用平台资源和跨行业的服务。

显然，标准化建设是基于平台的协同服务基础性保障，从行业信息服务互补到融合，每一个环节都以前一个阶段的标准化工作为基础。在基于标准化的行业信息服务协同中，各行业系统信息服务的合作主要体现在信息资源技术标准的应用上，而服务协调和融合则是技术标准化的进一步延伸。从总体上看，可以将资源共享服务技术标准视为一个整体，其作用在于使信息资源跨系统协同服务得以全面实现。

7 跨行业信息融合服务平台建设与实现

跨行业信息资源整合与信息集成基础上的融合服务平台构建，在一定的技术条件下进行，且受行业信息分布结构和利用形态的影响。从产业链创新和技术支持交互关系上看，创新发展的组织环境和信息环境决定了平台的构建方式和基础，因此有必要从跨行业融合平台建设的环境影响出发，进行服务融合机制的确立，在跨行业信息系统的协同发展中进行平台建设和基于平台的服务融合实施。

7.1 跨行业信息融合服务平台的建设环境

基于产业链和创新价值链关系的行业信息服务协同，在环境因素的综合作用下，其融合平台具有固有的本质特征。从总体上看，跨行业信息融合服务平台，不仅具有对产业链运行的适应性，而且受各方面因素的综合影响。这意味着，在跨行业信息融合服务平台的建设中，应立足于平台构建的环境影响，合理利用各方面资源进行部署，实现可预期的发展目标。

7.1.1 产业链发展的社会环境及其关联作用

全球信息化发展中，企业的网络化运营和价值链关系的变化，引发了跨行业信息需求，从而对行业信息服务支持提出了新的要求；另外，全球化中的产业链形成又促进了信息化的深度发展，推动着信息技术与服务的进步，从而为跨行业信息融合服务平台构建提供了基本的支持。如图 7-1 所示。

从更广的范围看，全球化环境下的市场关系已发生深刻变化，其产业链的延伸提出了国际化背景下的科技创新、研发生产和运营服务的整体化协同要求，由此决定了跨系统、跨地域、跨行业的信息资源交互和共享基础上的服务

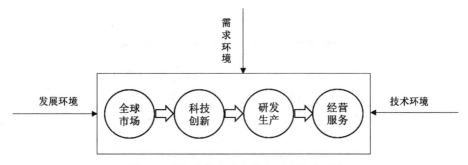

图 7-1　跨行业信息融合服务平台构建环境

融合要求。21世纪初，美国科学基金会（NSF）在发布的《科学与工程革命报告》（*Revolutionizing Science and Engineering Through Cyberinfrastructure*）中，提出了面向科学与工程发展的跨系统信息保障战略。① 对于企业来说，技术创新与产品研发的协同和基于产业链的集群发展，改变着行业信息需求结构，其多元化的关联需求需要跨行业服务协作保障。对此，美国的制造行业在信息基础设施服务的基础上进行了信息环境项目规划（JISC），针对行业需求组织系列项目的实施。在全球化环境下，我国强调在可持续发展的公共信息和行业信息服务中，持续推进面向产业集群的跨行业信息服务融合发展，实现互联网经营与服务的有机结合。

事实上，对于跨行业用户而言，信息融合服务平台运行在一定的社会环境之中，全球互联网环境、产业链关系、行业信息流的组织形式和用户的跨系统信息需求因素相互制约，从客观上决定了行业信息服务的平台结构。

创新发展的全球环境是对信息资源整合与服务融合平台建设和面向产业链的服务组织起宏观作用的大环境，直接影响基于平台的服务组织机制、运行关系、资源共享和技术应用。处于全球化环境中的各国产业发展，所面临的共同问题是如何更好地利用各方面资源，取得进一步发展优势，由此提出了面向产业链的平台服务组织要求。随着社会信息化的深入发展，从社会因素、经济因素、技术因素和网络因素的交互作用上看，行业信息融合平台在国家发展战略框架下形成，其构架如图 7-2 所示。

---

① Hofer B. Geospatial Cyberinfrastructure and Geoprocessing Web — A Review of Commonalities and Differences of E-Science Approaches［J］. International Journal of Geo-Information，2013，2(3)：749-765.

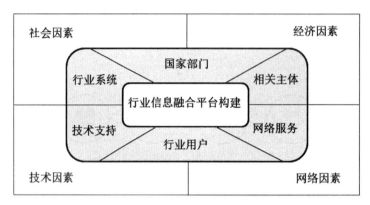

图 7-2　社会发展环境作用下的行业信息融合平台构架

如图 7-2 所示，行业信息融合平台在国家战略框架下由行业系统和关联主体协同构建，其中面向行业用户的网络服务和技术支持是平台运行的基础和前提。在国家创新和产业经济发展中，行业信息服务机构基于协同关系的平台建设的目标在于，在融合各方面资源的前提下进行面向行业用户的跨系统资源整合与服务组织。从总体上看，各方面要素之间的交互作用关系日益密切，由此形成了有机互联的行业信息深度整合基础上的信息服务协同构架。从行业创新发展作用机制上看，跨行业服务融合面向产业链中的企业进行，通过行业信息系统和相关系统协同网络平台，进行面向企业的跨部门、跨行业信息服务的融合组织。融合服务平台的网络化运行，其作用在于消除各行业系统之间的信息障碍，为基于产业链的企业研发合作和市场运营提供开放的信息交流渠道和服务支持，从而推动企业信息共享和定制化利用。与其他社会网络平台相似，跨行业信息资源整合与融合服务网络平台将行业数据库和相关信息资源库连成一体，形成有机互联的跨行业网络系统。在实现上，行业服务融合网络由跨行业机构、行业组织、产业链企业及相关主体系统构成。

提高行业创新和企业运营效益的关键在于，基于产业链的协同创新能力和经营能力的提高。开发环境下，企业已不再局限于依赖本行业服务获取信息，因而需要实现跨行业信息的集成利用和创新发展中的跨部门信息保障支持。由此可见，跨行业融合服务网络平台建设，是拓展面向企业服务的基础性支持。

图 7-3 根据融合平台的要素结构和关系，展示了融合服务网络平台的主体构成，反映了其中的交互关系和运行机制。在平台运行中，一方面，全球化信息环境决定着行业信息服务的融合框架，其框架不仅反映在行业信息服务融合的网络构架和技术支持上，而且体现在科技、经济和社会环境作用下的产业结

构上。这说明，全球环境下的产业运行关系和面向企业的信息服务组织机制是平台建设的组织基础。另一方面，各环境要素的关联关系到平台的运行，决定了跨行业信息融合平台的运行机制。由此可见，面向企业的跨行业信息融合服务平台建设在信息环境的综合作用下进行，各行业信息服务系统之间的关联关系和面向行业用户的跨系统服务组织，决定了基于网络的跨行业信息服务融合平台架构和面向产业链关系的运行机制。

跨行业信息融合服务平台构建的目标，在于面向企业运行中的市场信息、技术信息和运营信息需求，在全球网络化环境下确立基于互联网的服务协同关系，按产业链上下游结构，进行跨行业信息服务与公共信息服务和知识创新服务的协同，确立基于平台的融合服务构架，实现跨行业的信息服务融合组织目标，开展面向企业的融合服务业务。跨行业信息服务融合结构如图 7-3 所示。

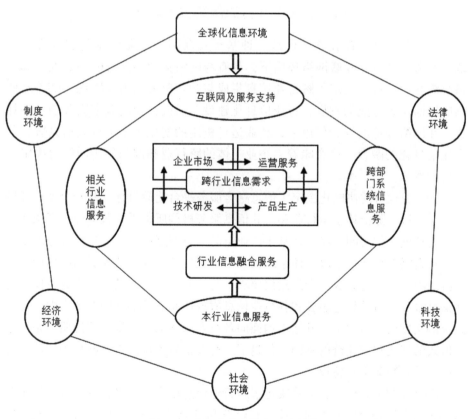

图 7-3 跨行业信息服务融合结构

面向企业的跨行业融合服务平台建设的目标在于，支持各行业企业对所需信息的集成共享、内容组织、数据嵌入和传播利用，以实现面向企业的服务目标。为了实现集成服务目标，跨行业信息融合服务平台应能适应各行业系统的技术环境，实现基于通用标准的行业间数据交换和数据库资源共享，同时在系统服务合作中屏蔽其异构性；对于非结构化数据的处理，需要按统一的规范实现数据转化。在基于平台的服务协作中，网络设施运行服务、数据库服务和多种形式的技术应用服务，具有分工、合作基础上的交互利用关系，因而行业信息融合服务平台的功能结构具有多样性。在面向产业链的平台服务中，各企业可以进行各自的定位。另外，跨行业信息平台服务的意义还在于实现与企业信息系统的融合，在面向企业的服务组织中，进行行业信息网络面向企业系统的链接，从而进行面向用户的服务业务嵌入。

7.1.2 跨行业信息融合服务平台的网络支持环境

跨行业信息融合服务平台是一种基于互联网的行业信息与服务交互系统，在数字技术和互联网络环境下，具有与网络化数字形态的一致性，即网络组织和运行形态决定了跨行业信息集成与融合服务的组织实现。随着互联网应用面向各行业的发展，行业信息化建设与面向行业的数字服务趋于一体化，在网络环境的综合作用下，企业运行机制的变化决定了行业信息服务与企业信息化的融合。这意味着，企业主体的跨行业和部门的协同行为决定了平台的发展。

①企业运行的协同化决定了信息融合服务平台建设目标。基于全球产业链的企业运行，除依赖于本行业和公共信息服务机构所提供的服务外，还依赖于信息化环境下的协同发展。在基于产业链的信息交互中，产业集群服务的组织使相对封闭的行业信息服务体系结构发生了根本性改变，从而提出了面向产业集群的跨行业信息集成平台的建设要求。与此同时，我国的以部门为主体的公共信息服务、科技信息服务和各行业信息服务体制正处于新的变革之中，在各系统协同发展的基础上，开始重构面向各行业服务的大系统。这说明，企业组织模式的变化和产业链的延伸，促进了以行业信息资源跨系统共享为特征的行业信息融合服务平台建设。

②企业的全方位信息需求决定了跨行业信息融合服务平台的形成。处于全球产业链和创新价值链中的企业，其经营和发展已不再局限于固有的产、供、销模式，而需要进行全方位的信息保障。在信息需求内容上，不仅需要市场信息、供应链信息和宏观经济信息，而且需要支持产品研发和技术创新的科技信

息、专利及标准信息等。这些来源广泛、形式多样的信息需要从不同的信息部门或机构获取。由于产业链和创新价值链的融合障碍，其行业信息服务组织方式必须得到改变。由此可见，信息化环境下的企业协同发展，迫切需要行业信息服务系统在面向产业创新的发展中进行重构，其平台融合形式作为一种主流模式，在跨行业信息整合与服务集成中应得到确认。

③行业信息服务的集成化与高效化决定了信息融合服务平台的功能结构。行业信息服务的组织与技术支持环境密切相关，这种相关性不仅体现在支持行业信息服务的技术应用发展上，而且体现在企业信息化中的数字技术和网络利用上。在两方面因素的综合作用下，跨行业信息融合服务平台应具有对技术环境的适应性，由此决定了平台的功能结构。事实上，数字环境支持下的企业运行，需要数字化服务面向创新和运行环节的嵌入，其集成化和高效化利用决定了数据与内容层面的深化，以及服务深层发展中的平台功能集成保障。

行业信息服务的基础存在于经济与技术发展之中，全球产业链环境的变革对行业信息服务的影响是多方面的。它不仅作用于各行业信息流形式和信息来源分布结构，而且作用于产业链中的企业信息交互形态，因而从更广的范围影响着行业信息服务的组织实施。由于行业信息服务对环境的依存关系，随着社会信息化和全球产业链的发展，信息环境在行业信息服务组织中的作用更加显著。

在科技与经济发展中，科学研究、技术发展和企业创新与运营活动决定了基本的交互合作关系和协同发展关系，围绕科技创新与经济发展的信息组织融合机制随之产生。与此同时，信息流的有序组织与服务保障，又是科技与经济发展所必需的，这两方面相互作用成为一个整体。在信息化发展中，信息需求作为一种关键性需求而存在，基于现代发展环境的信息服务关系到社会运行的各个方面。对于行业信息服务组织而言，客观环境作用下的信息资源整合和服务融合，以网络信息基础设施和全球化环境为依托，在网络化服务组织中，其跨行业融合服务平台建设的意义在于实现各方面的要素关联，使之形成一个整体上的集成体系。

信息化环境下的企业运行和创新发展，体现为跨行业协同下的网络平台形成和行业信息服务的网络化融合。图7-4反映了基于互联网的融合服务平台的形成。

如图7-4所示，基于全球互联网络的行业信息融合服务平台在企业跨行业信息需求驱动下形成。首先，企业所面临的产业链环境决定了行业信息服务的

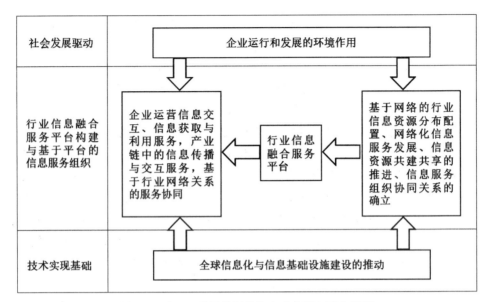

社会发展驱动	企业运行和发展的环境作用		
行业信息融合服务平台构建与基于平台的信息服务组织	企业运营信息交互、信息获取与利用服务，产业链中的信息传播与交互服务，基于行业网络关系的服务协同	行业信息融合服务平台	基于网络的行业信息资源分布配置、网络化信息服务发展、信息资源共建共享的推进、信息服务组织协同关系的确立
技术实现基础	全球信息化与信息基础设施建设的推动		

图 7-4 基于互联网的行业信息融合服务平台机制

内容和形式，由此提出了与各行业企业发展环境相适应的平台服务要求；同时在信息资源组织中，虚拟分布资源共享和云服务的全面利用，改变着行业信息网络化服务结构，在行业信息资源跨系统共建共享的基础上，为跨行业系统的融合服务平台构建提供了分布式资源集成管理支持和基于共享的服务融合条件。对于行业信息融合服务平台的硬件环境，企业信息化中的信息基础建设为行业信息融合服务平台构建提供了物理技术支持。

图 7-4 还展示了社会发展驱动下的跨行业信息融合服务平台构架和基于平台的服务组织结构。在信息化物理设施和技术的支持下，行业信息融合服务平台得以形成。在平台组织和运行上，行业信息融合服务平台立足于企业运行和发展环境的作用，面对行业信息资源的多元结构和分布，在网络化的服务融合组织中，确立协同建设和跨行业系统的整体化保障结构，立足于产业链延伸和创新价值实现需求，进行平台功能定位和面向企业的服务推进。

从行业信息融合服务平台利用上看，具有协同关系的各行业系统服务具有互补性，因此可以在数字网络环境下通过平台整合行业信息资源和融合行业信息服务，使之成为跨行业的网络信息协同服务系统。鉴于行业信息融合服务平台的跨系统性和对行业互联网的依赖性，在基于产业链的信息融合平台服务中，应推进基于产业链关系的行业信息机构之间的合作，以充分发挥资源集成和服务协同的优势，为平台服务发展创造进一步的支持条件。全球网络和产业链环境下，随着企业全面合作运行关系的确立，行业信息机构的实体合作机制和虚拟合作机制得以建立。在行业网络平台服务中，在各行业机构开发信息资源的同时，可以通过合作实现信息资源的共建，以满足行业用户的集成信息需求。行业信息资源基于平台的共建共享服务的定位，由融合服务平台的建设目标、基础条件和技术应用所决定。从实质上看，行业信息资源共建共享中的融合服务平台，可视为行业信息系统融合保障平台。因此，通过平台的虚拟集中方式，可以实现数字化信息资源面向企业的集成和服务功能上的融合。

7.2 行业信息融合服务平台建设中的跨系统合作体制确立

基于产业链和创新合作关系的行业服务协同体制的确立，是信息化环境和数字技术条件下行业信息融合平台构建的保证。面向产业链和创新价值链的平台建设在跨系统和跨行业的基础上实现，理应突破平台系统封闭和严格的纵向等级结构限制，以适应跨行业信息资源整合与服务融合发展的需要。因此，在行业信息服务组织中，既要突破部门系统和行业系统的障碍，也要突破地域的限制，在体制上保证平台建设的开放化。对此，应在行业信息服务多元结构环境下，确立平台主体之间的行业机构协同关系，实现行业信息融合服务平台的开放建设目标。

7.2.1 行业信息融合服务平台的跨系统发展机制

行业信息服务平台的跨系统建设是一个不断改进并发展的动态过程，从发展阶段上看，经历了从行业信息资源跨系统共建共享、面向跨部门用户的信息集成，向基于平台的服务融合发展的过程。在部门系统管理体制下，行业信息系统平台大多限于行业系统间的资源协作建设和信息共享，未能实现面向跨行业用户的内容集成和服务实现功能上的互补。在基于产业链和知识创新价值链的信息资源集成和面向用户的融合服务组织中，行业信息服务系统体制的变革和行业信息服务的开放化，为行业信息服务机构之间的合作和协同创造了新的条件。在这一背景下，行业信息服务的深层次融合得以实现，在基于平台的服务协同中，跨系统服务机制不断完善。

既然是跨行业系统的信息服务融合，那么行业机构的协同则是平台服务实现的基本保障。在跨行业信息服务融合中，行业信息服务机构之间的合作关系决定了跨行业系统信息融合服务平台的构建与运行模式。如果行业机构之间仅限于信息资源的跨系统传递和共享，其平台建设并未改变原有的行业信息服务的系统结构和运行关系，其功能也仅限于共享资源的交换；如果行业信息机构定位于信息资源的协同开发和集成组织，则需要融合平台具有数字资源的内容融合和交互功能，从而实现行业信息资源跨系统集成利用目标；如果在面向产业链关系的服务中，实行平台化定制和面向用户的服务嵌入，则需要在协议的基础上进行行业信息融合平台的整体化构建和基于平台的跨行业信息机构的全面合作。由此可见，平台服务目标定位决定了基于平台的融合服务机制。

信息化环境下的企业经营改变着传统意义上的供应链关系和信息需求结构，产业链信息流的跨行业存在提出了行业信息服务的合作要求，因而拓展以跨行业信息融合为依托的平台服务已成为关系各行业企业发展的一个重要问题。从行业信息融合平台的跨系统构建上看，平台建设不仅需要国家发展战略上的部署和行业信息服务体系的适应性变革为保障，而且需要行业信息服务与企业信息化的有机结合，即在基于互联网的企业运行中按产业链关系和创新价值链结构，进行跨行业、部门和机构的多元服务主体的合作，确立完善的跨行业平台服务机制。面对这一问题，各国均采取了一系列对策，不断推进平台建设和服务。如美国在建设中进行了生物信息基础平台（National Biological Information Infrastructure）的完善和全美空间数据基础平台（National Spatial Data Infrastructure）等协同服务平台的建设，从而使面向行业的信息平台保障能力不断提升。

跨行业信息资源整合与服务融合平台的建设，作为一项整体工程进行组织。我国的跨行业系统信息服务平台始于信息资源的跨系统共建共享，在面向科技创新的信息服务组织中，2000年6月，国家科技图书文献中心（NSTL）正式组建，作为由中国科学技术信息研究所、中国科学院文献情报中心、机械工业信息研究院、冶金工业信息标准研究院、中国化工信息中心、中国农业科学院图书馆、中国医学科学院图书馆、中国标准化研究院和中国计算科学研究院所组成的虚拟运行的科技信息文献信息服务机构，跨系统融合平台建设以成员机构的协作为基础展开。平台基于分布式资源结构的服务组织，其作用在于统筹协调各系统的文献信息资源收藏、数据加工、存储，建立科技文献数据库资源利用的网络服务支撑体系，组织面向用户的开放服务，进行数字信息资源协同开发基础上的协调管理。经过20余年的建设，NSTL进行了基于网络平台的升级改造，系统网管中心与各成员单位已实现了有效的网络业务连接；在数据资源的深层开发中，实现了同中国教育网（CERNET）、中国科技网（CSTNET）

等网络服务的协同。NSTL 的实践表明，以联邦/松散耦合方式进行跨系统的融合服务平台建设具有可行性和普遍性，在平台建设和服务组织中与行业信息服务协同体制具有适应性。

全球信息化环境下，我国不断发展的国家科技信息保障系统平台模式，在跨行业信息融合服务平台建设中具有通用性。其 NSTL 模式在行业信息跨系统整合和服务融合中具有拓展应用前景。国家科技图书文献保障系统是根据国家科技发展需要，按照协同服务原则建设的，其组织模式同样适用于基于产业链的跨行业信息融合服务平台建设和服务的跨系统协同实现。从平台组织结构和资源利用关系上看，基于产业链的跨行业信息服务融合平台建设具有固有的协同关系，其组织具有有序性，而并非无序状态下的整合。因此，在平台资源的利用上更多是考虑基于产业链关系的数字化资源的同构重组和面向企业业务流程的利用。同时，在融合服务平台的功能开发中，应允许第三方服务机构提供技术支持和专项服务保证。由此可见，基于产业链和创新价值链关系的跨行业信息融合服务平台建设，应从平台合作、组织机制、平台技术支持机制、平台协同运行机制和平台服务集成机制出发进行组织。在平台融合服务的推进中，确立各方面主体的关系，以实现面向企业的集成服务目标。

跨行业信息服务融合系统在行业信息机构服务协同和资源整合基础上构建，按行业系统之间的合作框架，可区分为行业系统服务融合和行业系统与部门系统融合等类型。从服务机构的分布上看，可分为全国系统、区域和地方系统协同。无论何种情况，跨行业信息服务融合构架都具有共同的系统交互和协同特征。从平台运行上看，为促进各系统间的信息资源共享，在公共信息服务协同组织和部门系统平台的基础上，面向企业的跨行业信息融合应强调公共信息服务资源的共享，进行跨行业信息融合平台与公共信息服务平台的连接，以充分发挥公共资源的开放共享效益。对于行业信息融合服务平台建设，应立足于包括科技、经济在内的公共平台资源的开放利用，实现行业信息平台资源与各系统信息资源的交互。因此，在跨行业信息资源整合和服务融合中，可以有效地进行多个平台资源的融合利用，实现与行业信息服务的全面协同。随着信息资源协同共享的推进，行业信息资源平台的组织形式趋于多元化，从而形成了产业集群和区域协作平台、联合体平台等多种模式。在这一现实情况下，可以按企业产业链的多元存在形式实现各主体服务的交互融合，为面向企业的平台服务创造条件。

从公共信息机构的服务组织上看，其服务构成趋于多元化，其中既包括国家信息中心及地方信息中心的服务，也包括公共图书馆、科技信息系统和档案系统的服务。对这些服务的应用，可以按松耦合方式在行业信息融合服务平台中予以共享。对于跨行业信息服务融合组织而言，则着重于产业链和创新价值链中的行业信息机构的服务融合组织，包括关联行业的服务融合和相关机构的信息集成提供。在面向企业的信息资源集成和服务融合中，其组织方式具有多元性，因此应注重不同隶属关系的服务机构的作用发挥，进行公益性信息服务和市场化信息服务的区分。

对于面向企业的具有产业链关系的跨行业信息融合服务平台建设与服务组织而言，由于产业链所具有的行业关联性，其融合服务的目标在于实现信息资源的交互利用和面向产业链的服务嵌入，而不是单纯的信息来源上的共享和服务界面的链接。这说明，需要进行内容层次上的整合和服务技术上的衔接。在面向企业的融合服务中，行业信息服务资源尚缺乏有效的整合利用机制，表现为结构松散，在服务功能上难以进行深层次的融合。因此，在面向产业的信息服务网络化和开放化发展中，应同步进行产业信息源的多元化组织协同，加强企业用户间的定制化交流利用，打破信息服务的系统、部门和行业的界限。在基于产业链的信息融合服务平台构建中，应立足于企业的业务流关系进行关联行业的信息资源数字化整合，通过平台提供面向流程环节的利用；与此同时，实现公共信息资源基于行业平台的共享。在平台运行的技术支持中，采用市场合作方式，建立网络运行服务商、数据库服务商和云服务商基于协同平台的合作关系。为实现这一目标，在行业信息融合服务平台规划中，应保持与企业信息化和全球环境下的发展的同步。在体制改革和技术应用上，创造有利于行业信息融合服务平台的协同运行环境。这方面的工作，旨在最大限度地调配跨行业和部门的信息资源，实现面向产业链企业的全面信息保障目标。因而，行业信息跨系统融合服务平台的建设，应以面向产业的信息服务机构为依托，实现行业信息系统、相关部门和公众机构系统资源的无障碍交互利用。在平台运行中，通过信息融合服务平台为企业提供全面信息保障。在服务融合组织中，平台所面向的用户由产业链相关企业主体构成，其集成化信息需求和技术应用决定了融合信息服务的开展。

在面向企业的信息融合服务平台建设中，应坚持服务于全产业链行业，支持多元企业主体开放共享资源。对于基于产业链的跨行业信息服务融合的组织，其平台构建目标由产业链关系和行业创新发展需求所决定，平台服务内容与行业信息资源分布形态和服务技术支持相关联。表7-1从整体上对其中的关键问题进行了归纳。

表 7-1 跨行业信息服务融合目标与平台构建

组织环节	目标实现	平台构建
平台组织规划	根据产业链中的企业服务融合需求，进行信息服务融合及其平台定位	从整体优化要求出发，进行行业信息融合服务平台的规划
协同服务规范	确定信息服务融合对象，明确融合平台服务范围，进行融合平台信息资源组织与服务规范	按产业链关系进行跨行业信息服务的协同规范，为平台构建提供依据
技术架构部署	确定行业信息融合服务平台的框架，进行基于平台框架结构的资源配置，在虚拟资源部署下确定技术实现路径	按技术规范要求，在"互联网+"环境下进行行业信息服务融合技术构架
内容开发安排	根据行业信息服务融合服务内容，进行行业信息资源的集成开发	在基于平台的行业信息资源开发中，进行内容开发和基于资源共享的数据集成
融合功能实现	从产业链中的企业需求出发，进行平台服务功能的封装和服务业务的组织	在行业信息服务融合功能实现上，进行面向产业链的服务推进

在面向企业的跨行业信息融合服务平台构建中，应注重以下问题：

①跨行业信息融合服务平台的构建和基于平台的服务推进，需要各方面的协作保障。按协同主体关系，包括产业链关联行业机构之间的协同、行业信息服务机构与企业集群的协同，以及具有功能互补性的技术服务商、数据库提供商与网络运行服务方的协同。在协同组织中，在国家统一部署下，以行业信息服务机构为核心进行。在平台建设服务实现中，平台的组织规划、协同服务规范、技术构架部署、信息内容开发和融合服务功能的实现是关键环节。对此，应有明确的目标规划和发展定位。对于跨行业信息融合服务平台的构建，应按整体优化和协同原则，从资源、技术和服务出发进行优化组织。

②基于产业链的跨行业系统的信息融合服务平台结构和功能实现，应强调信息资源的合理配置和跨系统平台的交互利用，以便从整体上在面向企业的服务组织中提升信息保障的能力。在整体组织上，跨行业系统的信息融合服务平台出于宏观层面上的利益考虑，一方面在国家部门主导下进行协同保障，另一方面应建立以信任为基础的平台协同建设组织机制。其中，投入机制的不断完善，最终将体现在服务于行业的产业经济发展效益上。

③在多元体制下的融合服务平台建设中，存在着行业信息服务机构、信息资源技术服务商业机构和公益性机构之间的合作问题，因而需要进行不同隶属

关系的信息机构的协同服务组织。从总体上看，商业机构在服务行业企业的同时需要获取投资回报，而公益服务机构的要求是确保公益效果，因此不同体制的机构之间存在不可避免的博弈关系。对于基于产业链的行业信息融合服务平台中不同体制的信息服务组织，可采用公共的信息服务组织形式，在面向公共用户的服务中提供公益性服务，其服务提供并不影响公益机构与商业机构的合作。在行业信息服务跨系统融合平台中，服务机构之间的合作或交易作为不同的价值实现形式，在博弈过程中同时存在着相互之间的依赖关系。因此进行整体构架下的均衡发展是其中的关键，也是开放化行业信息融合服务平台建设所必须注意的。

④跨行业系统信息融合服务平台建设不是某一行业信息服务机构能够单方面承担的，也不是某一行业组织或部门的问题。从跨行业信息融合服务的整体构架上看，需要产业链中的行业信息服务机构、公共服务机构和产业化服务的协同。跨系统行业信息融合服务平台的建设，还需要政府部门的协调组织和推进，这说明多方合作是行业信息服务融合可持续发展的必然选择。

⑤跨系统行业信息融合服务平台建设并不是单一形式的跨行业系统的信息资源共享系统建设，而是在各行业信息服务基础上进行面向产业链关系和创新价值链的行业信息资源的集成和面向企业及相关用户的服务融入。因而，行业信息融合服务平台运行需要互联网环境下的整体化组织保障。显然，这种平台融合关系是不同类属行业信息机构和相关机构的稳定合作关系，其共同的服务对象和相互利用的信息资源决定了平台组织和运行机制。从跨行业信息服务融合实现上看，参与协同的行业信息机构、公共部门机构和服务商之间具有相互独立的关系，其服务体系并未因为平台的建设而改变，所不同的是在开展原有服务业务的同时，通过平台整合资源和技术的融合利用，同步进行融合服务的拓展，提升面向本行业企业的信息保障水平和效益，与此同时提供行业资源的平台化共享渠道。

跨行业信息融合服务平台建设，需要达成以下条件：

①以主体行业为中心。跨行业信息融合服务平台应以产业链中企业集群的主体行业为中心进行建设，融合服务平台的信息资源共享侧重于各行业信息资源和公共信息资源系统的资源共享与互补，这种共享所涉及的多方面服务组合决定了融合服务的结构。因此在行业信息服务融合中，信息资源共享和服务功能融合应依靠正式的协议进行，同时跨系统信息服务融合还需要在更深层次上进行信息服务基于平台的整体化推进。相对于信息资源共享，跨行业系统信息服务融合是一种质的飞跃，它强调信息服务机构基于平台的服务流程变革，由

此拓展平台服务业务空间。

②以信任为合作基础。从跨行业信息融合服务平台运行上看，基于平台的行业信息服务组织中以信任为合作基础展开，建立机构的独立平等关系是实现行业信息服务平台服务的基本保证，其协议信任确保服务的开放性和稳定性。① 跨行业信息服务平台的运行强调契约和信任两种形式的管理。"契约"是借助正式的协议规范进行行为约束，如按协议规定进行行业信息服务协作组织和服务冲突的解决，它作为一种硬性约束，用于规范平台融合服务的组织。对于跨行业信息服务融合中的服务实现而言，仅仅依靠"契约"是不够的，因此信息服务融合还需必要的"软约束"。"信任"作为一种可靠的约束方式，其采用旨在确立融合服务平台机构之间的相互信任关系，以推进稳定的融合服务业务。

③具有独立平等的关系。在基于产业链的行业信息服务融合中，跨行业系统的信息融合服务平台所产生的效益，是平台中各行业信息机构系统单独运作的效益难以匹敌的，然而，在效益评测上却难以精准地评测机构的产出贡献率，因此应将平台效益作为一个整体来考量，在整体融合效益的基础上进行各行业基于平台的效益评估。融合平台的行业协同信息服务组织，实际上并不是一个具有严格系统结构的组织，而是一种基于融合服务协议的联盟，因而各行业系统的独立性是基本的。这说明，跨行业信息融合服务在各系统合作的前提下进行，在整个协同过程中，各行业信息服务机构的地位平等，各系统独立运行中的协同决定了平台的服务组织构架。因此，一个行业信息服务机构可以同时参与多个跨系统信息融合服务平台的组织。

④具有运行稳定的平台。如果说协议关系和信任是跨行业信息融合服务得以实现的软性条件，那么网络化数字信息技术则是服务平台化运行得以实现的硬性条件。离开了这两方面的支持条件，行业信息融合服务平台建设和服务协同是不可能实现的。在服务融合的平台化运行上，要求面向产业链的行业信息系统实现基于平台的信息映射，同时在信息内容集成管理的基础上使各行业系统的服务得以融合。实际上，如果没有基于互联网的行业信息融合服务平台，跨行业系统的协同信息服务便难以按预期目标开展。同时，跨行业系统协同信息服务的关系维护和面向产业链的业务组织也需要在运作平台上实现。基于这一现实，跨行业系统信息融合服务平台建设可视为一个动态的组织过程，组织结构的分布式扩张，决定了面向企业动态联盟的服务实现。

① 曹鹏. 数字学术资源云服务安全保障研究[D]. 武汉：武汉大学，2016.

7.2.2　基于融合平台的跨系统协议框架

在跨行业信息资源组织与服务融合建设与体系形成中，协同或合作协议框架下的服务组织架构具有重要性。其中，行业信息服务融合的多源关系和协同要求决定了协议框架结构。对于基于产业链的行业信息融合服务平台建设，跨行业系统的服务协同结构反映在基于平台的信息资源组织标准、技术互操作和标准协议框架上的协同技术体系构建上。就技术应用而论，包括基于协议的协同服务技术数据交换技术和软件技术等。

在行业信息融合服务平台构建中，应实现基于平台的行业信息系统的资源整合，以便在信息资源系统异构的情况下实现服务融合目标。对于这一现实问题，应从数据服务层管理出发，采用协议方式进行应对。跨行业系统的融合服务平台的作用，在于面向行业用户提供一致性服务，其中的协议便是实现操作的一种可行方式。其作用在于，在行业平台信息整合与服务融合中，实现行业信息系统之间的数据/服务协议目标。对于行业信息服务跨系统平台而言，有关协议包括 Z39.50、WHOIS++、OpenURL、OAI 等。

Z39.50 最初是针对美国国会图书馆、美国研究图书馆集团和 OCLC 等机构之间的交换数据而设立的标准，于 1988 年推出，2003 年的第 5 版为 Z39.50：2003。此后，将 Z39.50 标准进行了拆分，形成了新的框架。在使用中，Z39.50 在各系统分别采用各自的数据软件、数据描述格式和访问方式；为了实现系统之间的开放互联，在系统分别采用各自的数据库软件、数据描述格式和访问方式的情况下，系统通过建立通用的用户视图，实现模型上的映射，使其在相互理解的标准通信平台上进行交互。Z39.50 作为允许计算机系统搜索远程系统资源的协议，可进一步处理结果和检索信息。对于行业信息服务融合而言，其协议可应用于信息资源检索层面上的互操作实现，其基于 ISO 的开放系统互联(ISO)的应用层协议具有普遍性。

WHOIS++协议面向用户实现网络连接，在提供服务器连接中支持分布式的可扩展查询服务，通过分布式数据库架构将 WHOIS++服务器联在一起，建立一个分布式的可检索广域目录，以实现跨域互操作目标。由于客户的特定 WHOIS++服务器联系，其信息门户或主题网关可以方便地利用目录查询，从而将分布在不同位置的数据资源进行集中，即通过分布式数据整合形成一个整体上统一的数据库资源系统。WHOIS++协议的特点是部署简单、使用灵活，在平台数据查询中可以使用多种语言。在使用中，可结合其他协议应用进行构架。

开放文档(OAI)最初起源于电子出版(E-print Community)的交互利用与操作。随着 OAI 的发展，其应用已扩展到文献服务的多个方面。由于 OAI 协议的简单性、灵活性和平台独立性，在行业信息资源整合和服务融合平台中具有适应性。OAI 作为一种独立应用的协议，旨在提高 Web 上的资源共享能力和扩展共享范围。OAI 最初是为了数字期刊预印本互通性检索而设置的，为了加强数字资源之间的互通性，OAI 进一步发展为 OAI-PMH。在协议中，存储被定义为可获取的网络存储，其资源以 XML 编码格式进行，同时 Dublin Core 元素集用于支持编码记录。在协议使用中，OAI 允许使用其他支持 XML 的记录定义。另外，OAI-PMH 亦可支持 perl、Java 等编程语言。鉴于 OAI 的广泛适用性，在数字图书馆和其他资源系统中的应用发展迅速。在 OAI 的应用中，Open Archive 是在数据库(Repository)结构(Architecture)上的开放。Archive 随着 OAI 的发展，已用于各种电子文档管理之中。如同 Z39.50 在图书馆基于 MARC 标准的应用一样，OAI 的元数据标准为 Dublin Core。在格式间的转换和匹配中，需要进行 OAI 技术构架。对此，OAI 通过元数据采集标准进行处置。这说明，OAI 的技术框架具有简单易用的特点，其深层次的应用可结合其他标准进行。

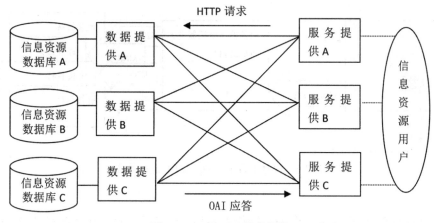

图 7-5 OAI-PMH 技术框架

如图 7-5 所示，OAI 框架中数据提供者和服务提供者之间的请求与应答通过标准协议进行。数据提供者所提供或发布的数据按协议进行结构化组织；服务提供者通过元数据从数据提供者所提供或发布的数据中采集数据，经加工处理后向用户提供统一的数据查询服务。其中，最基本的服务是对元数据的分布组织和内容揭示。OAI 对数据提供的元数据格式进行了相应的 Dublin Core 格式规定，同时强调根据服务提供者的要求进行格式转换。在 OAI 协议框架下，一个数据提供者可以面向多个服务者提供元数据，一个服务提供者也可以同时采集多个数据提供者所提供的元数据。因此，在信息融合平台中，其数据提供和采集具有多元关系，OAI 协议正是为了统一交互规则而确立的。

　　OpenURL 作为开放链接的框架，是一种解决不同数字信息资源系统互操作而进行资源整合的构架，也是一项开放技术标准。开放链接使附带元数据信息和资源地址的信息得以方便地调用，可用于解决二次文献数据库到原始文献提供服务的开放和链接问题。对于行业信息资源整合和服务融合，OpenURL可以展示并提供产业链中的相关信息关联关系和来源结构，有助于面向企业的服务拓展。在开放链接的实现上，OpenURL 建立了一种具有普遍性和扩展性的开放链接框架，在 OpenURL 架构中由链接服务器提供服务。在开放链接服务实现中，OpenURL 允许公开相应的链接接口，进行链接资源之间的信息传输，从而实现分布式异构数据库之间的操作。由于 OpenURL 的开放性和对异构数据资源库的适应性，可视为异构系统之间的互操作规范。OpenURL 唯一标识符是OpenURL、链接数据库之间的元数据传递和本地化使用方式，如图 7-6 所示。①

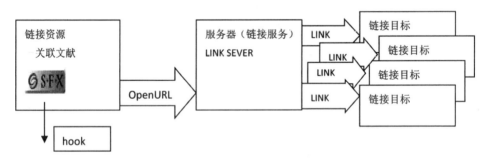

图 7-6　信息平台中的 OpenURL 链接方式

　　行业信息融合服务平台的互操作需要相关协议的保证。由于各种协议都有着不同的应用对象和范围，且与相应的服务相适应，因此平台建设需要进行面向环节的应用组合。Z39.50 因为其体系的针对性和复杂性，往往限于在图书

　　① 东方．基于 OpenURL 和关联数据的图书馆资源整合新模式［J］．新世纪图书馆，2013（9）：61-64.

馆系统中的应用。然而，行业信息系统资源与图书馆资源的兼容，有必要通过 Z39.50 协议解决文献资源互用问题。WHOIS++、CIP 和 LDAP 协议在行业信息融合服务平台中，主要在分布索引、跨平台操作中进行应用。OAI 协议在行业信息平台中用于元数据的采集和交换，在应用中可充分发挥使用便捷和适用面广的优势。OpenURL 对于链接信息源和链接服务器基础上的行业信息系统互操作，在跨系统平台建设中具有普遍性。

7.3 基于行业信息融合服务平台的系统互操作

行业信息融合服务平台建设和基于平台的服务组织，需要实现产业链和创新价值链中的跨系统信息集成，从而实现面向各行业企业的服务融合目标。在服务组织和实现中，除标准化的信息基础设施服务、统一的质量和安全规范外，行业信息系统软件互操作、语义互操作和网络互操作的实现是必须注意的问题。

7.3.1 信息系统软件互操作

信息系统软件的互操作性包括不同操作系统、平台软件、应用软件之间的信息交互和性能操控。软件的互操作通常通过制定标准或通用接口规范来实现，其核心是克服不同软件构件所采用的模式、语言和应用环境差异障碍，以实现交互通信和协作，完成特定任务目标。在通用标准执行的前提下，异构系统之间的互操作可通过专门的适配系统来实现，主要途径和方式包括外部协调或中间件互操作、基于软件代理的互操作和分布式对象描述互操作。

(1) 基于外部协调或中间件的互操作

外部协调(Mediator)或中间件(Middiewore)技术具有广泛的适用性，可方便地应用于行业信息融合服务平台中的跨系统异构互操作环境。外部协调通过网关、封装和中介进行全局性模式转换；中间件在客户机和服务器之间进行软件的功能封装，在应用程序与系统软件细节之间进行隔离，使应用程序只处理某一类型的单个应用接口，而将其他细节转入中间件进行处理。由此可见，外部协调和中间件的采用，目的在于进行应用软件的差异隔离，通过替代处理完成系统架构上的相互操作。在使用隔离中，客户机操作无须进行细节上的互操作处理，便可以通过中间件实现操作目标。在跨系统互操作中，中间件定义了异构环境下的发送请求和接受响应，在异构分布的对象应用中，进行不同层次的异构环境下基于应用程序的互操作。在更广的范围内，外部协调具有良好的自治性，如果增添服务，可按需要进行相应的包装。

TSIMMIS 系统由美国斯坦福大学和 IBM 联合开发，其互操作实现应用了包装器(Wrapper)和外部中介(Mediator)两类组件。包装器作为功能部件，在信息源上进行部署，通过信息源封装将特定的数据对象逻辑关系转换成一个通用数据模型，然后将其包装为可查询转换的执行操作。外部中介的作用在于提供信息源中的数据视图，针对外部数据处理实现，进行查询处理和应用调用，在使用中可以通过中介从包装器或其他封装中介获取应用，通过集成不同来源信息，进行基于外部协调的互操作。中间件和包装器采用的 MSL 语言具有基于逻辑视图的定义(Mediator Specification Language)功能，因而其中间件和包装器可以实现 MSL 的查询。在中间件和包装器中，MSL 定义一组逻辑操作规则，用户可以按 MSL 方式进行表达或使用查询语言(LOREL)进行使用。

(2)基于 Agent 的互操作和分布式对象互操作

在人工智能和计算机领域，美国麻省理工学院 Minsky 教授在 *Society of Mind* 一书中首次界定 Agent 概念后，国内外学者从多个方面进行了研究，最初的应用是针对传统的计算机封闭系统的非一致性，进行适应于开放化系统一致性要求的转变。美国斯坦福大学的 Hayes Roth 等人认为，Agent 在于感知环境中的动态条件，执行相应的操作，进行推理并对问题求解。在分布式人工智能和分布式计算领域，国内外进行了一系列探索和研究，FIPA(Foundation for Intelligent Physical Agent)将 Agent 界定为环境中的实体，可通过从环境中获得数据，执行对环境产生影响的操作。基于这一认识和信息化中的系统环境变化，可以通过 Agent 自主感知并获取数据，以进行基于适应环境的操作。在跨系统信息服务融合中，数字信息的一致性处置要求与各系统软件的非一致性是不可避免的问题，对此可通过 Agent 的应用予以有效解决。作为一个功能实体软件代理，Agent 可以根据人工智能知识规则和控制逻辑，通过中间件转换接口获取异构系统软件细节，经智能化处置进行直接干涉或软件自动代理。在 Web 服务中，Agent 作为智能中介而存在，其所具有的获取环境信息能力、修改行为能力和应对操作能力决定了面向互操作的技术发展。

分布式对象技术在面向对象技术的基础上发展，主要解决位于不同进程中的对象之间的调用问题，在中间件系统、web 服务和面向对象的服务构架(SOA)中具有不可替代的作用。在行业信息融合服务平台互操作中，分布式对象请求的作用在于，按对象操作请求在程序数据描述的基础上进行封装，提供相应的函数接口进行对象间的互相调用。在面向分布式对象的操作中，公共请求代理体系结构（CORBA）具有典型性。CORBA 所具有的面向对象管理（OMG）规范，在分布式环境中的软硬件互操作实现上具有适应性。在操作上，可进行分布式对象和系统技术的集成，通过统一的互操作结构加以实现。由于进行了内部操作的对象定义和细节封装，可以有效屏蔽其他信息，确保互操作的目标实现。在运行中，CORBA 还可以实现分布环境下的多语言使用，适用于异构硬件平台和异构系统之间的互操作实现。

利用描述方法实现信息系统互操作具有使用上的灵活性，在应用中既不需要改变现信息系统结构，也不需要信息融合服务平台中的系统间互操作协议，只要求统一使用开放描述语言和元数据访问支持。在运行中，可将描述信息登记到中心注册服务器中，以提供使用。鉴于该方式的易用性，其在产业集群信息融合服务中具有应用发展前景。

7.3.2 语义互操作

语义互操作的实现，可以解决语义表达和描述上的异构问题，从而实现基于内容的信息资源集成管理。语义异构是跨行业系统信息内容融合中各行业系统面临的挑战之一，也是行业信息融合服务平台构建中的一个难点。语义互操作解决的是一个信息服务系统"读懂"另一个信息服务系统内容的问题，因此出于行业信息服务系统之间共享内容和信息交互的需要，其语义互操作层次结构主要包括系统元数据互操作和共享本体互操作。

(1)元数据互操作实现

元数据（Metadata）是关于信息内容的单元数据，是对信息内容进行处理和存储的基础。作为互联网信息资源组织工具，元数据管理包括对数据的描述、组织和揭示，以及对数据资源的序化提供。对行业系统用户而言，基于元数据的信息内容识别和描述处于核心位置，其目的在于发现、选择、组合和重用相关信息资源，从而将信息资源定位于合适的使用场景。

元数据描述对象可以是任意层次的数据，除传统的文献信息内容对象和数字内容对象外，还包括内容对象集合和信息系统中的信息管理对象。对应于行业信息融合服务平台资源集合的不同内容或描述方式，存在着不同的元数据规范。在这一情况下，描述规范和内容组织上的差异，导致了不同元数据格式信息资源体系之间的差异，由此提出了元数据的互操作问题。

元数据互操作，就是在不同元数据格式下进行描述转换，使之形成一个具有交互映射关系的整体。在元数据互操作实现中，按元数据的不同结构和特征，可采用具有针对性的实施方案，其中的重要方法包括元数据映射、元数据开放描述和注册登记等。

①元数据映射转换。元数据映射是行业信息融合中的数据开放共享和开发利用的必要条件。在信息资源的跨系统平台化组织中，映射的作用在于实现元数据格式的对接，以便在元数据集中整合的基础上，实现跨系统的集中检索。元数据映射（Metadata Mapping）转换（Metadata Cross Walking），在元数据格式间的关联基础上进行，即以一种元数据格式表征另一种元数据格式中的元素内容。元数据映射转换从语义角度提供基于内容元素的元数据互操作，以实现基于平台的跨资源库统一检索。在基于元数据映射关系的元数据转换中，存在多种形式的转化，其中包括 DC 元数据与 EDA、USMARC 或 GILS 之间的转换，以及 GILS 与 USMARC 的转换等。

元数据映射、转换的技术实现，可区分为一对一转换和通过中介格式的转换。第一种是通过一对一的映射和转换（如 DC 元数据与 EDA 元数据之间的映射转换），可以较好地保证映射关系的准确对应，但由于元数据格式的一一对应关系，一般适用于两种格式转换。第二种是通过中介元数据格式进行转换，即将一种格式作为映射标准格式，将其他格式数据映射到这一格式之中，这样既可以降低转换复杂程度，又可以实现多种格式的映射集成；然而由于中介转换效果受中介格式精细程度的影响，在转换中应针对多种格式的元素映射关系进行处置。图 7-7 展示了元数据映射转换的框架结构。①

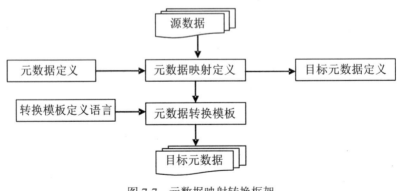

图 7-7　元数据映射转换框架

---

① 张晓林. 元数据研究与应用[M]. 北京：北京图书馆出版社，2002：243.

如图 7-7 所示，在基于标准格式的元数据映射中，进行适应协同环境的元数据互操作转换处于核心位置。针对信息资源集成应用所面临的数据异构障碍，应立足于元数据共享标准化组织的需要进行映射转化规范。就整体发展和元数据交互上看，建立基于 DC 元数据扩展的标准格式具有可行性。在 DC 的发展和应用中，按元数据格式之间的对应关系，可以实现 DC 元数据格式与多种格式的映射，进行 DC 与 MARC、INDECS、LOM、MPEG-7 的格式转换。基于映射的通用性，DC 元数据作为多种格式间的互操作媒介具有可行性。以 DC 作为基本元数据格式的映射，可进行应用格式的扩展，以有效保障元数据互操作的实现。为了适应不同的互操作要求和环境，美国、欧盟、英国、加拿大、澳大利亚等国家和地区的数字图书馆采用了多种方式进行基于扩展 DC 元数据的互操作实现，包括美国 INDECS、MSDL，欧盟 MIReG 等。

以 DC 作为基本元数据及其在各方面的扩展元数据格式体系，不仅在 DC 扩展的基础上满足各自的专门要求，而且可以在 DC 核心元素上形成一致的语义标准和编码规则，因而具有较高的互操作性和使用上的适应性。

②元数据开放描述。建立一个标准的资源描述框架（RDF）是实现元数据互操作的另一种方式。基于框架的元数据格式描述，在系统解析标准描述框架上进行，其中可扩展标记语言和资源描述框架具有关键性。

可扩展标记语言（XML）作为一种标准语言，将 SGML 功能和 HTML 的应用结合，以开放描述方式定义数据结构，在描述元数据内容的过程中突出对结构的描述和数据之间的关系体现。XML 兼有语义结构化标记和元标记语言功能，包括文档定义/模式（DTD /Schema）、可扩展语言（XSL）和可扩展链接（Xlink）。文档定义规定了 XML 文件的逻辑结构、文件中的元素及属性，以及元素与元素属性的关系。可扩展语言 XSL 定义了 XML 的方式，旨在使数据内容与描述方式相互独立。XML 通过文档定义/模式，允许在解读 XML 语句基础上的 DTD/Schema 定义和 Metadata 格式使用，以此解决不同格式的解读问题。

资源描述框架（RDF）用于支持语义网的语言含义表达。作为一个支持 XML 资源描述的框架，RDF 提供支持 XML 数据交换的结构。在使用中，RDF 使用 XML 句法，在基于 XML 的系统平台上构建一个统一的元数据标记和交换规则，以此出发提供了元数据的语句互操作方法。RDF 的特点是并不直接定义具体的元数据，而是通过资源、属性值的提供进行元数据的使用，同时在 XML Namespace 的基础上通过已有元素定义来描述相应的资源。

在基于信息融合平台的跨系统信息服务中，需要对信息资源对象元数据集合上的整体进行描述。对于跨行业系统融合平台的协同服务而言，资源集合元数据方案所描述的是元数据资源集合的共同属性，在分布式环境下的共性描述决定了基于资源集合元数据描述的可行性。基于资源集合的元数据描述在整体描述的基础上，可以方便地为融合服务的组织提供基于语义的路由工具，这样更有利于实现分布虚拟资源库的跨库操作或异构系统的互操作。目前，国际上采用的资源和服务描述规范在行业信息融合服务平台上可以得到充分应用，其中包括 DC Collection、IESR 等。

③元数据注册登记。元数据注册登记(MR)通过建立一个公开网站，提供各种格式的定义和用法登记注册。用户可以方便地申请注册元数据格式，增加或修改定义、规范词表等。其中，注册登记的各种格式、词表和编码在一个命名空间(namespace)中存在，以注册(Registry)的形式为元数据共建共享提供支持。元数据注册登记作为用户都可以向其添加记录的元数据集，无论采用何种途径和方法实现元数据互操作，都必须联合各方制定相应的互操作规划，以共同创建通用的元数据记录集合或元数据模板。只有采用合作方式开发的元数据集，才能最大限度地实现信息系统间的互操作目标。

利用元数据的开放描述和注册登记方法实现行业信息融合服务平台中的互操作，在不改变现有行业信息系统结构的前提下进行，因而也不需要某种形式的互操作协议，只要求用户在登记注册的基础之上使用开放描述语言描述各自的元数据资源，通过访问和服务实现互操作目标。①

行业信息融合服务平台基于开放描述的注册登记，意义在于实现跨行业系统的数据资源共享和协同服务。跨行业系统平台以现有的资源为基础，可以建立开放元数据的登记注册系统和分布式互操作系统，以实现数据资源的集成利用目标。其中，集成组织按分布式模式建设，在多个独立系统协同中实现融合平台资源的交互组织与共享。行业信息跨系统服务平台中的各系统按平台规范提供访问接口，从而保障行业系统之间的跨平台交互和操作，与此同时为符合规范的外部系统提供服务接口。如图 7-8 所示。

行业信息融合服务平台运行中，开放式登记系统(OFSR)是支持平台运行与服务的不可缺少的部分。通过开放式资源和服务描述规范的制定和实施，可在建立分类管理和控制的基础上，构建基于 UDDI 登记注册的系统。②

---

① 张付志，刘明业，等. 数字图书馆互操作综述[J]. 情报学报，2004，23(2)：191-197.

② 王思丽，马建玲，王楠，李慧佳，张秀秀. 开放知识资源登记系统集成关联数据的方法及试验研究[J]. 情报理论与实践，2016，39(2)：124-128.

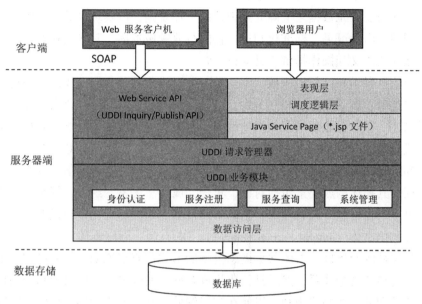

图 7-8　信息融合服务平台开放式登记系统框架

在对资源和服务的描述中，UDDI 区别于一般意义上的资源集合描述。首先，UDDI 资源整合描述从以资源为核心转变到以服务为核心，因此不需要设置有关资源描述的元数据格式，而将资源作为服务的组成部分进行描述；其次，区别于传统的资源特征和属性描述 UDDI，以用户为目标的描述体现了面向用户的资源描述特征；最后，UDDI 通过分类和扩充分类框架，可以从更深层次揭示资源的属性，提供用户发现资源和服务的途径。在 UDDI 的开放式资源描述体系中，原有的资源属性转变成为服务描述。由此可见，开放式资源描述和服务登记框架适应了面向用户的资源组织环境，在跨行业信息融合服务平台中具有对环境和需求的适应性。

(2)基于本体的互操作

在基于本体(Ontology)的信息融合服务平台构建中，应有效克服行业信息服务用户认知差异和数据操作上的交互障碍。针对不同部门、系统之间的信息认识和需求表达差异，应在跨行业信息融合服务中构建具有共识性的领域本体结构，以维护产业链和价值链中的企业信息同构交互利用和资源互操作目标。在行业信息资源组织中，由于元数据资源结构与关系描述缺乏数据对象的内容揭示和关联，难以展示行业关系和面向产业链的资源与相关事件之间的复杂关系，因此需要在元数据之上确立共识性的本体规则，以实现领域信息内容的共识性利用。由此可见，标准化和形式化的行业领域本体，其作用在于为跨行业系统之间的语义互操作提供工具支持。

在信息科学和计算机领域，本体是一种形式化的共享概念体系，通过明确的对象类型、概念属性、相互关系，进行认知客观事件的结构化表达和对象及关系描述。在各行业领域或知识领域中，本体作为领域中的概念及其相关关系的形式化表达(information representation)而存在。作为关于现实世界的某一构成的知识表达形式，本体具有人工智能、语义网、软件工程和信息管理上的交互特征，其描述构成要素包括对象、集合、属性、关系、约束、规则、逻辑推理和事件。在信息资源管理中，基础本体普遍适用的标准化构建模型，主要有通用形式化本体(General Formal Ontology，GFO)等，领域本体在通用基础上具有对各领域的专指性。本体共享概念模型的形式化规范说明，将领域知识抽象成一套完整的概念体系，然后具体化为概念词的明确定义，同时展示词与词之间的关系和共识性描述规则，以便在知识领域中共享词表和词表规则，同时使用约定的编码语言(如 RDF/OWL)表达其本体体系。由此可见，领域本体已成为提取、理解和处理领域信息的工具，可以完整地应用于各行业专业领域。从原理上看，类似于本体的工作，包括主题词表、分面分类的发展可视为初始的应用。当前，智能技术应用于大数据的实践发展，要求通过严格的形式化计算来处理信息，实现数字信息资源系统之间的语义互操作。在基于行业信息融合平台的本体互操作中，本体的表示、转换和集成应用是关键。

图7-9展示了基于知识本体的语义互操作过程。① 信息资源系统 B 和信息资源系统 E 的数据库通过 XML 进行组织和 RDF 文件描述封装，以此为基础集成为本地词表。在信息资源集成管理中，出于系统资源交互和融合利用的考虑，需要在内容上进行数据描述的映射转换。面对这一现实，在知识本体上，利用词表关系可以形成全局视图，由此提供信息查询和交互操作工具。在基于本体的语义互操作中，XML、RDF 等格式的描述可封装在不同的行业资源库中。以此出发，可以通过本体建立抽象的语义层，实现不同行业系统之间的数据资源共享和重用。

---

① Chianese A, Fasolino A R, Moscato V, et al. A Novel Approach for Semantic Interoperability in the Web Based on the Semantic Triangle Communication Model[J]. International Journal of Software Engineering & Knowledge Engineering, 2011, 21(7): 1037-1073.

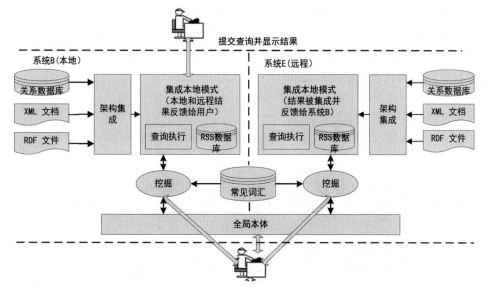

图 7-9 基于知识本体的语义互操作框架

7.3.3 网络环境下互操作的推进

大数据环境下的行业信息融合和基于平台的服务需要将互联网资源、高性能计算资源、分布数据库和远程设备融为一体，从而为跨行业用户提供资源交互和服务融合利用支持。在行业信息服务协同组织中，跨行业的虚拟超级系统，形成了相对透明的高性能计算环境，旨在通过计算资源、数据资源和通信资源的交互共享，向行业用户提供一体化的定制服务。

网络环境下行业信息系统互操作平台的构建如图 7-10 所示。按系统平台结构，可分为服务层、数据层和分布层。

行业信息融合服务平台的运行，旨在将不同行业系统和不同接口的分布式资源连接起来，从而形成一种虚拟集成结构。面对数据访问的实现，需要为数据资源层的异构、分布数据源进行集成管理，围绕数据存储、传输与融合提供基础框架，以利于系统互操作的平台化实现。

在信息集成化组织中，行业信息融合服务平台对来自行业网络的数据进行平台整合层面的集中处理，进而形成基于产业链的跨行业集成信息资源体系。行业信息资源网络平台通过构建统一的数据资源池，实现分布存储和无障碍信息获取目标，从而将分散的行业信息访问转变为基于行业平台的融合访问。

融合服务环境下，跨行业平台不仅提供信息，而且提供计算和智能处理服务。显然，平台提供的服务是单一行业系统所无法提供的，如协作计算、大规模实时数据应用等。因此，虚拟环境中的行业信息融合平台服务，使不同行业系统的服务得以全面协同和交互。

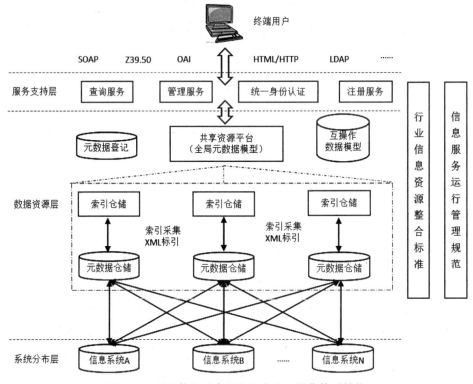

图 7-10   行业信息融合服务平台的互操作体系结构

在网络互操作结构中，行业信息平台提供一个虚拟组织（Virtual Organization，VO）底层结构。在虚拟网络结构中，相关的行业信息机构（或系统）提供共享信息资源和信息访问接口。行业信息聚合目录基于 VO 视图进行组织；行业信息融合网络按索引记录、信息查询和更新维护流程进行部署，按目录形式提供应用。其中，聚合目录提供连接点，实现虚拟分布资源的定向查询。运行中，聚合目录界定查询操作范围，明确虚拟用户和其他服务的权限和范围，以便将分散的信息查询服务转变为集中虚拟查询服务。在运行中，网络的分布式结构可以使行业系统资源以虚拟组织形式存于网络之中，而不影响其相对独立的自主运行。

在行业信息融合服务的组织中，基于平台的行业信息网络服务具有去中心化的特征。除信息资源的虚拟化平台共享和分布协同组织外，用户的注册、访问、查询依赖于具有互操作性的协议进行。网络资源协议和网络注册协议作为支持平台信息融合服务的基本要素，具有执行上的互补性。网络资源协议作为对框架协议的补充，作用在于实现注册管理和服务组件配置，在功能实现上进行信息服务结构的组件关联。基于这一结构，行业信息融合服务平台可以实现系统之间的交互操作，其基本操作结构如图 7-11 所示。①

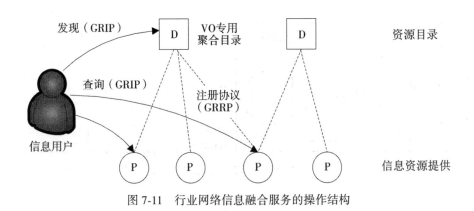

图 7-11　行业网络信息融合服务的操作结构

如图 7-11 所示，行业信息融合服务平台中的互操作具有去中心化的特征，跨行业系统的信息融合服务平台因而注重于行业系统之间的服务关联和互操作，而不限于以平台为中心的跨行业信息资源整合和简单的面向用户的集成。基于此，数字化网络环境下的行业信息融合服务互操作推进，应着重于元数据集成框架构建和互操作实现。

图 7-12 反映了 OAI 元数据组织和融合基础上的操作框架。在行业信息融合平台中，资源层和数据层处于中心位置。其中，资源层所存储的信息在集中提供检索利用的同时，通过与数据层接口进行持续采集和处理；数据层通过与分布式行业信息系统的连接进行数据的映射转换，同时进行面向资源层的提供。在融合服务中，服务层实行基于数据和资源的面向行业用户的服务目标。

① 焦玉英，李进华.论网格技术及其信息服务的机制[J].情报学报，2004，23(2)：225-230.

数据层发布的元数据格式可以多样化，但必须在发布接口上遵循 OAI-PMH 协议。行业信息融合平台中的各系统在数据层中作为数据提供者，各信息资源库对元数据需要进行有效的组织，以利于数据格式的映射和转换。平台运行中，可以通过元数据映射模块将各行业的异构元数据映射为 OAI 协议要求的格式。在实现上，各行业数据提供者通过注册模块可进行有效注册。

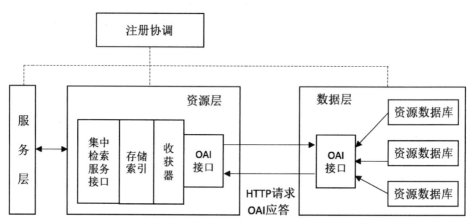

图 7-12 基于 OAI 元数据的信息融合操作框架

资源网络层负责元数据收获和在索引数据库中的存储。基于元数据映射转换的 OAI 标准，可以直接按 OAI-PMH 协议进行处置，经过有序整理的记录作为面向用户的资源而存储。从存储数据提供组织出发，通过数据处理进行数据源集成；通过索引和集成检索接口提供统一的服务。服务层运行中，其主要形式包括检索查询与交互等，这些服务可通过登记注册进行虚拟整合，以支持跨行业系统信息融合服务的透明使用。

7.4 跨行业系统协同定制信息服务的实现

全球化环境下的企业信息需求并不是形式单一的跨行业信息整合利用和信息资源的跨系统共享，而需要进行面向产业链和创新价值链关系的服务协同，以满足企业和相关用户的信息保障要求。由于企业所处行业和发展上的差异，需要进行跨行业的定制服务组织。从实现上看，可通过跨行业信息融合服务平台，针对不同的服务对象进行多样化的服务推进。

7.4.1 平台定制服务架构

基于产业链和创新价值链关系的跨行业信息融合服务平台所集成的虚拟信息资源和网络资源，具有来源广泛、形式多样、结构松散的特征；其面向用户的服务往往限于信息资源来源层面和内容上的集成化共享，因而深层次服务的开展有待加强。当前，产业链的延伸和基于网络的企业运行发展，对深层次的融合服务的需求趋于普遍，这就需要在跨行业信息融合平台的基础上进行面向用户的定制化服务组织。从平台结构和功能上看，跨行业系统的协同定制服务在分布、异构的开放环境中展开，根据用户需求定向调用所需要的资源和服务。按面向用户的定制服务流程逻辑，可以将这些关联服务进行组织而构成一种新的服务。

跨行业融合平台的协同定制服务架构如图 7-13 所示。在构架中，定制服务的组织环节包括定制资源部署、定制服务注册、定制服务生成和定制服务应用。在定制服务组织中，通过注册机构进行定制服务注册，通过发布接口描述服务环境和要求，从而进行服务保证。行业融合平台的协同定制服务涉及范围广、业务合作调用复杂，在组织上应从简单的功能封装开始向自主适应服务调用方向发展。

与系统定制服务不同，基于融合平台的协同定制服务具有以下特点：

①需求驱动下的差异化服务。产业链结构差异和各行业之间的差异，决定了跨行业融合信息服务的需求差异，同时企业所处环境、经营状况和信息化发展差别，提出了个性化定制服务要求。在这一情况下，应选择差异化形式进行面向用户的定制服务架构，以通过交互方式实现面向用户的定制服务嵌入。在定制服务组织上，应对定制模块作区分，按用户需求进行模块的功能化组织，以便为不同用户所选用。

②适应环境的动态服务。一方面，全球化环境中产业链关系处于不断变化之中，对于行业信息服务机构和行业组织而言，存在着适应于环境变化的信息组织和服务利用问题。另一方面，网络技术环境的变化对行业信息融合服务的影响决定了定制服务的发展。因此，应根据行业发展需求的变化进行平台定制服务的调整，适时进行服务方式的动态更新。

③面向用户的协同服务。行业信息融合服务平台的跨系统合作推进决定了面向用户的协同定制服务结构。从定制功能上看，系统的功能可以封装为基于标准模块的服务，对于用户而言，不需要明确服务的位置和实现技术，只需要以定制方式进行应用。所以只要服务接口不变，用户和服务双方便可以互不影

响。在组合中，平台定制服务可以按不同的组合形成业务流程，也可以通过组合调整满足动态需求。

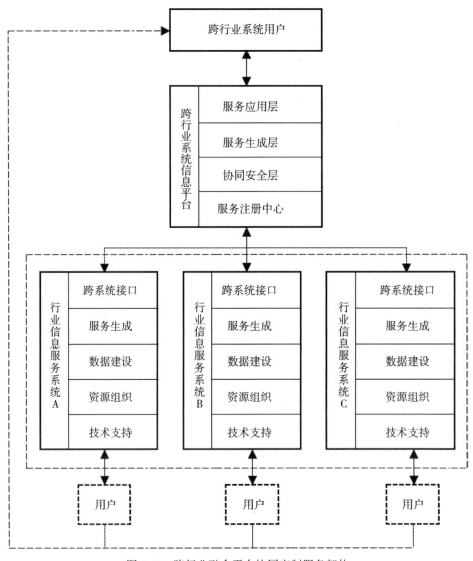

图 7-13　跨行业融合平台协同定制服务架构

　　图 7-13 展示了跨行业融合平台的协同定制服务结构。在服务组织中，跨行业融合服务平台面向跨行业系统用户进行定制服务组织；融合平台中的行业

信息服务系统提供资源、技术的分布式虚拟保障，提供交互操作支持。在组织服务中，平台和行业信息服务机构实现面向用户的定制服务，在定制界面上实现用户操作的统一。

7.4.2 协同定制信息服务的实现流程

基于融合平台的跨行业系统协同定制服务按照面向用户的原则进行组织。在基于平台的用户交互中，各行业信息服务系统可以无障碍地调用面向用户的数字资源和服务资源，在功能模块的定制利用中形成面向用户的跨行业信息融合服务定制结构，从而按个性定制需求提供信息资源、技术支持与嵌入服务保障。通过流程组合语言描述面向用户的定制服务逻辑，确定基本服务类型和用户交互机制，形成动态定制服务组合。在平台定制业务组织中，定制用户在客户端或通过平台协同接口提交请求，其请求由平台系统协同完成，其中的服务资源对用户透明，因而可方便用户定制利用。

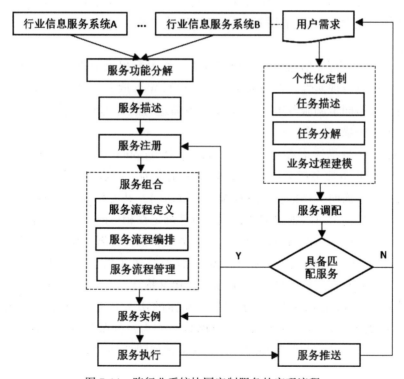

图 7-14 跨行业系统协同定制服务的实现流程

图 7-14 归纳了跨行业系统协同定制服务的整体流程，从服务组织构架出发进行了定制服务的流程展示。如图所示，基于平台的跨行业协同定制服务用户即各行业用户，在定制服务中需要进行定制功能的解析。以此出发，跨行业系统协同定制服务实现环节不仅包括服务功能分解（Function Decomposition）、服务描述（Service Description），同时包括描述基础上的服务注册（Service Register）等。融合平台中参与协同服务的行业信息服务系统在与用户交互中按服务描述进行服务功能、约束条件和输入输出等方面的细节展示，将其注册成为基本的功能模块服务。在服务中，注册用户/系统按定制内容和功能实现协同服务的利用。在基于平台的协同定制服务实现中，对应任务的分解具有重要性，其作用是将一个复杂的任务分解为相互约束和关联的子任务。① 在任务分解（Task Decomposition）的基础上，可根据业务流程调配基本服务并按序执行。通过服务的序化组织，面向用户的协同定制服务组合目标得以实现。

面向用户的动态服务组合，直接关系到协同定制服务的实施。其动态服务组合方式主要有基于流程驱动的方式、基于服务环节的处理方式和即时任务求解方式等。这些方式的采用具有一定的环境条件，在应用中需进行合理的选择。

面向用户的行业信息协同定制服务中，在内容提供上进行动态 Web 服务的组合应用具有现实性。在服务实现上，动态 Web 服务组合在 Web 服务描述中进行。在协同定制服务中，其 Web 服务描述可区分为句法层面上的描述和语义层面上的描述。

Web 服务器描述语言文档（Web Service Description Language，WSDL）在基于句法层的 Web 服务描述中，将 Web 服务定义为一组服务访问，客户端按点对点关系通过面向文档信息或过程调用进行访问。其流程为：WSDL 首先对访问操作和使用请求进行抽象描述，然后将其绑定在相应的消息和传输协议格式上，从而定义已部署的服务访问点。在服务流程上，部署的访问点组合成为抽象的 Web 服务。WSDL 作为最初的 Web 服务描述文档，限于从句法层面对 Web 服务进行描述，而不涉及 Web 服务的语义描述。

涉及 Web 服务语义描述的是基于本体的服务描述。基于本体的描述（Ontology Web Language for Services，OWL-S）作为一种服务本体描述，展示其服务形式、服务模型和服务基础，其关联描述如图 7-15 所示。

---

① 瞿成雄. 跨系统知识创新信息保障平台构建与服务组织研究 [D]. 武汉：武汉大学，2012.

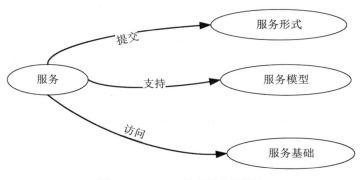

图 7-15　OWL-S 的上层本体描述

　　基于本体的 Web 服务语义描述，旨在从服务形式、模型和基础上进行结构功能组合表示。如图 7-15 所示，服务形式（Service Profile）描述用于自动服务发现和形式上的组合调用；服务模型（Service Model）描述从功能模型上展示服务过程，用于服务互操作；服务基础（Service Grounding）描述通过服务构架基础和应用，提供对服务的访问途径。在更广的范围内，基于 Web 服务的本体语义描述，为服务发现、选择、组合和应用的自动化实现提供保证。

　　面向用户定制服务的协同组织，以有效的服务组合为基础进行。在服务组合（Service Composition）中，需要按功能实现和调用关系进行服务编排（Orchestrated/Aggregated）。在这一情景下，描述 Web 服务参与者之间的跨系统的协作关系具有现实性。因此，需要将 Web 服务中的相关服务进行合成，通过组合提供复合功能，以支撑 Web 服务的定制化嵌入。根据动态定义组合目标，面向行业用户的协同定制 Web 服务语义描述的目的在于，进行可用资源和服务的组合，通过服务利用上的规定和约束，为服务定制提供支持。

　　图 7-16 展示了动态 Web 服务组合模型，其组合涉及服务提供者、注册机构、用户和服务组合平台。按动态组合关系，在服务发布、注册、组合应用中，存在着服务描述、请求、绑定和返回规范。其中，Web 服务组合可以区分为流程驱动和及时任务求解。

　　①流程驱动的动态服务组合。在面向用户的服务组织中，服务提供者的服务发布和用户需求描述之间的环节关联形成了 Web 服务的动态业务流程。其服务组合在用户端驱动下启动并实现；与此同时，Web 服务新的功能实现和面向用户的推送，反映在发布端便是对协同定制组合服务的推动。在这两方面作用下，动态 Web 服务组合得以通过业务流程来实现。在服务组合中，可以

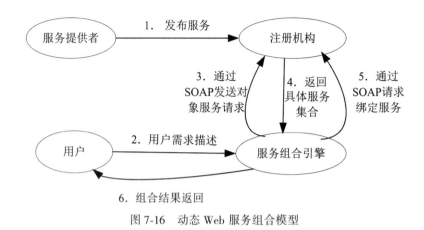

图 7-16   动态 Web 服务组合模型

依托业务逻辑创建业务流程，在此基础上从服务库中选取并绑定对应的服务，通过设置服务之间的组合实现调用目标。

②任务求解的 Web 服务组合。通过任务求解的 Web 服务组合按用户提交的即时任务请求进行，在组合中按任务操作需求从服务库中选取相应的服务进行组合并绑定。与流程驱动相比较，即时任务组合不受业务流程逻辑关系的影响，服务组合的自动化程度高。对于面向用户的服务组织而言，服务任务求解组合具有即时性，当任务完成时其组合随之解除。Web 服务组合多用于一次性问题求解，如联合计算、数据分析等。即时任务求解的 Web 服务组合通过任务规划和逻辑关联来实现，具有面向用户服务的任务目标性，因而可嵌入服务之中。在服务实施中，即时任务求解组合可采用 Web 服务的 AI 组合方式或基于搜索的 Web 服务自动组合方式进行。

7.4.3   面向企业的协同定制服务优化

基于行业信息融合平台的协同定制服务对环境具有依托关系，由此决定了基本的技术构架和实施方式。在分布、异构的网络信息资源环境和服务开放环境中，行业信息融合平台在组织面向用户的定制服务中，需要适应具体环境或业务流程，以便调用和组合相关资源与功能服务。在动态变化的开放环境中，Web Service 为行业信息融合平台提供了发现和调用所需服务的机制。在实现中，用户的定制服务往往不可能由某个 Web 服务单独完成，这就需要通过服务组合技术，将若干服务进行组合提供。

基于融合平台的跨系统的协同定制服务，在多元用户不同的需求分布条件下展开，在信息服务描述和服务组合中，基于本体的 SOA 架构 (OSOA) 具有普遍意义和实用性。在实现中，OSOA 以 Web 服务作为总体架构进行。其中的服务，采用基于本体的 Semantic Service 进行，以改进服务组合效果。以用户为中心的目标驱动服务组合和互操作，具有应用于平台的针对性。

基于行业信息融合平台的个性化协同定制服务组织，受多方面因素的影响，在服务优化中应注意以下几方面的问题：

①对行业信息系统服务描述的改进。基于 Web Service 组合的定制服务优化是近 10 年来信息资源服务机构共同关注的问题。① 对此，诸多系统进行了持续性改进。在 Web 服务不断发展的情况下，服务描述作为实现服务组合和调用的基础，应从服务的智能发现和功能出发进行改进。在 Web 服务发布中，可采用标准的 Web 服务描述语言进行描述，根据 UDDI 技术标准和规范完善服务注册，以便服务组合的优化。

②对信息服务的合理拆分。在行业信息融合服务平台的协同定制服务推进中，依赖的不仅是基于产业链和创新价值链的跨行业信息资源的整体集成和服务共享，而且需要平台服务面向用户需求的组件集成。因此，在协同定制服务中应对现有信息服务系统功能进行合理的拆分。其中，Web 服务组合粒度的细化和逻辑构建机制，为协同定制服务功能的粒度描述提供了支持。一般来说，服务功能描述粒度越细，服务组合构建的适应性就越强。从基于融合平台的动态定制服务构建看，定制服务描述的粒度应能适应资源组件、功能组件、应用组件和管理组件描述要求。在 Web 技术的应用中，WSDL 是服务描述的标准，BPEIAWS 和 BPML、WSCI 等组合语言具有适应性。对于信息服务系统合理拆分后的组件，可采用 WSDL 进行服务内容、操作类型、系统绑定等方面的规范描述。

③语义内容的嵌入支持。借助 Semantic Web 进行语义内容的嵌入，作用在于支持灵活的服务动态组合，以便在操作上 Web 服务可依靠 XML 进行。由于 XML 限于句法层面上的互操作，其对语义处理的缺乏限制了消息内容的语义描述。XML 消息内容的语义描述限制，使得服务之间的互操作和组合往往是以一种机械的方式进行。利用 Semantic Web 技术进行服务描述，可以在 Web 服务组合消息中嵌入细粒度的服务功能语义内容，以有效支持服务语义分析、服务规划和服务组合。按语义内容嵌入构架（如 OSOA），可采用 Web 本体描述语言（Web Ontology Language）构建服务，实现语法匹配向语义匹配的

---

① 张继东．基于 WSMO 的数字图书馆语义网格服务动态组合框架研究[J]．图书情报工作，2012，56(17)：109-114.

转化，从而提升服务发现和组合的效用。①。

④注重服务组合的验证。在基于融合平台的协同定制服务中，需要进行跨行业领域的服务组合。因此，跨行业系统的信息服务提供应有相应的服务层协议(Service Level Agreement，SLA)支持。由于服务组合对复杂目标的支持有限，因而在协议基础上应进行相应的服务验证。事实上，基于融合平台的定制组合服务需要依赖于分布式的、异构的系统服务进行，其中实现组合所涉及的服务和用户需求也可能发生变化，所以在服务协同中应提供可靠性保障机制来解决其中的不确定性问题，以提高协同定制服务的适应性。

从总体上看，跨行业信息融合服务平台在面向服务的构架基础上进行建设，其技术支持和规范具有通用性和 Web 环境的适应性。面向服务的架构将应用程序单元接口和契约联系，采用的定义方式使之独立于系统服务的硬件、操作系统和语言。服务及其关联方构成了信息融合服务平台的主体提供者。在服务组合中，服务主体、服务代理和服务请求者的发布、查找和绑定操作成为一体。其中，发布操作的作用在于使协同定制服务可以访问；发布服务描述的作用在于使服务使用者得以发现；查找操作按服务请求进行查询服务注册和标准服务定位；绑定在查找服务描述的基础上进行；使用者根据服务描述进行服务调用。由此可见，从流程上，跨系统协同定制服务的优化应在流程构架的基础上进行。

图 7-17 展示了具有典型性的基于 SOA 构架的跨系统协同定制服务构架。其中，Web 服务作为 SOA 构架基础上的服务而存在，在基于 SOA 的服务中，按系列标准和协议进行相关服务的描述、封装和调用。例如，可使用 WSDL 语言对服务进行描述，通过 UDDI 进行服务发布和查找，通过 SOAP 协议进行面向用户的地址服务调用。在 SOA 服务框架中，融合平台中的所有应用系统使用统一的 Web Services 对服务进行封装并提供外部接口。运行中，UDDI 注册中心登记 Web Services，用户可在 UDDI 注册中心发现所需的服务和服务提供者，继而调用相应的服务。在 SOA 服务框架下，用户只需理解通用服务组件接口和程序，就可以利用信息融合平台上的操作进行个性化服务定制获取，同时通过 SOAP 对服务进行调用。对于 Web Services 可能产生的接口或功能上

---

① Skillen K, Chen L, et al. Ontological User Modelling and Semantic Rule-based Reasoning for Personalisation of Help-on-Demand Services in Pervasive Environments[J]. Future Generation Computer Systems, 2014, 34: 97-109.

的更改，用户仍然可以通过 Web 服务的描述文档及时发现并自动适应或变更。①

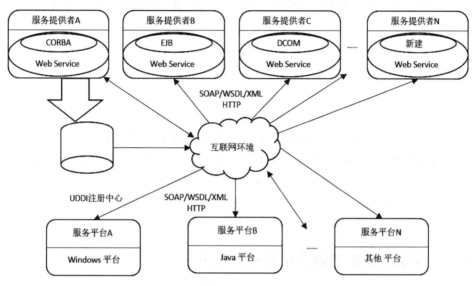

图 7-17　基于 SOA 构架的跨系统协同定制服务构架

　　在行业信息融合服务平台的协同定制服务中，行业信息服务组合、跨系统服务协同和服务的调用管理是其中的关键问题。因此，在信息融合平台定制服务组合和服务组织功能的实现上，应按统一的标准和融合平台服务协议进行架构。应在服务中建立协同组织关系，以保障服务的可靠性。当融合平台的技术环境和用户需求发生结构性变化时，同步进行服务注册、服务描述和组合调用的相应变革，以适应动态环境下的用户个性化定制需求的变化。②

　　①　许芳，徐国虎. 基于 SOA 理论的服务供应链模型构建框架研究［J］. 物流工程与管理，2011，33(3)：74-76.
　　②　瞿成雄. 跨系统知识创新信息保障平台构建与服务组织研究［D］. 武汉：武汉大学，2012.

8　面向用户的行业信息服务融合推进

　　"互联网+"背景下，行业信息服务已成为支持和融入企业运行的关键性。在服务组织上，应注重于和企业用户的全面互动。在基于行业信息融合平台的服务推进中，进行面向用户的服务业务拓展，建立主动式交互服务支撑体系，以产业链和企业创新发展需求为导向进行面向用户的融合服务组织。

8.1　行业信息服务融合中的用户交互

　　行业信息服务融合的目标不仅在于实现基于产业链关系的跨行业信息资源共享，而且在于数字服务面向企业运行的嵌入。"互联网+"背景下的企业信息化发展改变着企业的信息流结构，因而面向运行流程的数字信息交互已成为行业信息服务必须面对的问题，其基本的信息需求导向决定了面向用户的行业信息服务融合推进。

8.1.1　跨行业信息服务融合的用户导向原则

　　跨行业信息资源整合与服务融合中的用户需求导向，其意义在于实现面向企业运行发展的信息资源服务组织架构，以实现基于产业链和面向创新环节的定制信息保障目标。事实上，行业信息资源整合与服务融合的出发点是使产业链中的各行业信息资源面向企业用户进行集中共享，从而保证围绕企业的信息服务融合实现。显然，这一基本原则体现在行业信息服务面向企业的组织环节上，旨在以需求为核心进行跨系统信息资源组织的应用实现。

　　坚持用户导向原则，不仅需要在融合服务中重视用户因素，更重要的是改变行业信息资源的组织模式，将信息资源的全面整合转换为分布式构架下的面向用户的资源集中。在实施上，按用户的信息需求以及信息资源的利用机制，形成跨行业信息融合服务平台。对于行业信息服务系统而言，用户导向原则虽然已被普遍认可，但在服务实践中并未得到完整的体现。因此，进行跨行业系统服务的融合组织中，应有基本的面向用户的信息组织构架，以此出发采用相应的技术措施实现面向用户的定制目标。

以用户需求为导向进行跨行业或部门的信息服务融合，应强调跨行业整合资源对企业用户的适用性和满足定制需求的系统性，以便在行业信息资源共享的基础上，实现面向企业运行的信息集中和面向用户的服务业务拓展。在用户导向的总体原则框架下，跨行业信息服务面向用户的组织还应遵循适用性、系统化、标准化、安全性和发展性原则。

①适用性原则。在面向企业的跨行业信息融合服务中，服务适用性是任何信息资源系统都应遵循的通则，也是基于产业链的跨行业信息服务融合所实现的目标之一。以用户需求为导向的跨行业系统信息资源集成，一是进行面向企业的信息源保障，实现行业信息资源跨行业集成共享目标；二是针对服务需求提供定制服务保障。在行业信息资源的跨系统组织中，一方面要考虑产业集群企业用户的分布式信息需求，采用资源整合的方式，通过网络交互使用户便捷地获取所需信息；另一方面要根据企业运行和企业信息能力差异进行个性化定制服务需求保障，提供适合企业的定制功能，以满足企业用户深层次的个性化信息需求。

②系统性原则。企业用户的需求具有系统性特征，要求在行业信息融合中按信息的分布结构、来源形态和载体类型进行多元整合。行业服务中，对企业用户提供的信息应具有系统性和完整性，面向企业的跨系统信息集中，无论是文本信息资源，还是不同形态的跨行业网络数字信息，就信息内容而言，应该全面系统地覆盖企业运行需求的整个范围。因此，在面向产业链的信息来源与内容整合中，必须按所需信息来源，采取全覆盖的方式，对多源分布式行业信息资源进行全面整合，以保证行业信息资源面向企业提供的系统性和完整性。

③标准化原则。行业信息资源具有异构性和信息跨系统组织的专门性，因而进行面向产业用户的信息资源整合标准协议具有重要性。标准化原则的作用在于实现行业机构资源数据的统一，旨在保证行业信息集成的一致性，从而为行业用户共享资源和服务提供保障。行业信息资源集成标准主要包括数据和数据组织技术标准，服务融合标准主要包括通信协议标准、服务安全技术标准，以及数据软硬件标准。信息融合服务管理标准主要包括服务内容、方式和业务推进的标准。

④安全性原则。行业信息的跨系统集成和集成基础上的服务融合，涉及网

络构架、信息传输、资源保护、权益维护等方面的问题。在面向企业用户的行业信息资源整合与服务融合组织中，非安全的信息处置和不实的信息提供有害无益。因此，信息资源与服务安全作为一种基本保障至关重要。信息资源融合服务的安全要求还体现在服务技术与安全技术的同步发展上，需要在数字化信息资源整合、存储和交互利用中，进行服务技术安全、资源内容安全和行业与企业信息安全的全面协同实现。

⑤发展性原则。全球互联网和信息化发展中，企业用户需求随着经营模式和关系的变化而处于不断变革之中，其服务需要在信息化的动态环境中进行组织。在行业信息资源集成与服务融合中，应根据用户需求的变化，使信息组织与服务同步。其中的信息资源系统与服务系统构建，需要在资源管理和服务内容、工具上，根据企业和行业发展需要进行与用户的有效交互，以推动融合服务的发展和提高行业信息资源的利用效率。

8.1.2　基于用户交互的服务体系构建

用户是行业信息资源及服务的使用者，作为信息服务的对象始终处于中心位置。对于行业信息服务而言，企业用户作为服务对象，在利用服务的同时需要与服务系统交互。随着信息环境、技术和信息利用机制的变化，适时的用户交互已成为影响服务质量的关键因素之一。因此，在基于行业信息资源整合和融合平台的交互式服务体系构建中，应进一步明确这一问题。在服务与用户交互中，用户认知的适应，以及沟通机制、反馈机制和信任机制的确立是其中的重要方面。

(1) 用户认知的识别机制

数字技术环境为产业链中的各行业企业获取信息提供了宽广的网络活动空间。在这一空间中，用户认知结构和关系表达往往与行业信息资源的统一描述空间相异，从而导致了信息内容组织上的差异。这一问题的解决，一是进行认知空间和描述空间的同构，二是在难以同构的情况下进行用户认知识别和识别基础上的认知描述空间映射。在技术实现上，AI 发展应用为其提供了组织上的支持。从机制上看，行业信息服务面向用户的实施中，用户可进行自适应学习或机器辅助学习，能够在环境变化中适应新的服务，从而形成新的认知。这说明，智能技术可用于辅助用户思考，同时改变语言交流形式和规则。

用户感知和思维基础上的认知分析，旨在揭示机器智能和用户认知的关联关系。通过现实基础上的抽象，可以从人们已经认识到的人工智能与用户认知之间的关联出发，进行面向用户的机器学习和交互服务组织。用户所处的外部环境和所具备的认知能力差异，决定了用户接受外界信息的认识语境差异。从语境形成上看，用户通过所处环境从外部世界中感知信息的存在，从中提取所需内容，以此出发进行信息的利用。据此，可以在服务中构建适合于用户认知的语境，使用户的领域背景和交互知识得以展示。由于用户认知语境具有一定的模糊性和不确定性，对此应进行体系化处置。

在面向用户的个性化信息服务中，用户的个性差异和知识结构决定了不同的信息认知状态和需求表达状态，由此形成了具有个性特征的交互机制。这说明用户信息服务的交互行为受环境和认知的双重影响，体现了一定环境下的个性认知与信息行为。因此，在面向用户的协同定制个性化信息服务中，应进行基于 AI 的用户认知交互环境和体系构建。

(2) 用户需求的沟通机制

在面向企业的行业信息服务融合中，数字网络和大数据技术的发展带来了网络化信息沟通方式的变化，从而为企业用户扩展了交互沟通的空间。数字传播中，用户不仅可以适时发布信息，而且可以在产业链活动中进行协同合作，还可以进行"互联网+"服务的融合利用。基于数字网络的企业信息交流沟通，使得行业信息的关联和交互更为便捷，其效果不仅体现在企业之间面向过程的交互中，而且使不同地域的企业成为一个协同整体。在信息利用上，这种沟通和交流极大地改变着企业用户的信息认知和行为模式，从而适应了企业用户创新发展的需要。

大数据和智能化背景下的信息沟通以交互为基础，网络中企业所发布的信息可以迅速得到回应，同时还可以通过网络沟通进行信息分享。因此，在行业信息服务中可以从沟通关系建立出发，进行跨行业信息交流组织。

在面向用户的服务沟通中，互联网交互的多渠道提出了服务沟通的专门性和稳定性问题。目前，行业信息服务的系统内沟通渠道仍然是服务机构与用户交流的重要渠道，因而存在着信息融合服务中沟通渠道的多元化拓展需要，这是进一步完善沟通的关键所在。与此同时，在跨行业信息整合与服务融合中，应将行业内沟通渠道和跨行业沟通渠道有效地结合，以实现各自的功能，发挥沟通在面向用户的交互服务中的作用。因此，行业用户的网络化沟通机制应在跨行业信息服务中确立。

大数据网络时代沟通形式的变革对跨行业信息融合服务的影响显而易见，因此在跨行业融合服务推进中可同步构建全方位信息沟通平台，在技术上进一步完善行业信息沟通机制。跨行业信息沟通平台应具有信息交互功能，可以通过行业网络与其他系统的协作进行同步互动。在这一环境下，行业用户不仅可以获取所需的服务，而且可以实现跨行业的信息流和交互利用。

(3) 服务中的用户反馈机制

行业信息融合服务的跨系统特征和开放服务结构，决定了融合平台的协同运行机制。在提升面向用户的服务质量上，进行多渠道的用户反馈具有重要的支撑作用。在更广的范围内，大数据网络信息服务能否有效地进行用户的应用反馈，不仅取决于信息融合服务系统用户交互信息的处理，而且取决于是否建立有效的信息服务反馈机制。

在信息服务内容反馈上，符合用户需求的信息服务的效果，不仅体现于服务的实现情况，而是全面体现在用户对服务的利用结果上。因此，在信息服务利用中，用户需要同步反馈服务过程中的问题。在行业信息服务中，服务沟通作为交互服务的一个重要环节而存在，而服务反馈则是行业用户对服务的评价和服务持续使用的意向表达。对于行业数字资源的利用，只有进行适时的反馈，才能根据行业信息用户需求变化进行服务的完善。

行业信息服务中应构建有效的用户信息反馈机制，反馈的优化组织是与用户良性交互的基础，其意义在于提升用户的参与度，确保服务需求的全面满足。用户反馈一般可以采用反馈和跟踪两种方式来实现。

进行用户反馈是为了在与用户的交互中掌握用户的服务使用情况和要求，这是改善面向用户的信息服务质量的重要措施。只有充分而完整地反馈信息，才可能保证用户对信息服务的稳定利用质量。

用户跟踪则是在面向用户的服务中嵌入用户的信息反馈手段，以便从服务记录中挖掘来自用户的相关信息，通过完整的数据获取，分析用户需求的变化，从而提供更为个性化的服务依据。

(4) 行业信息网络交互的信任机制

行业信息服务中的用户信任不仅反映在用户对信息服务机构的信任上，而且包括用户对行业服务融合系统环境的信任以及开放环境下用户对其他具有交互关系的用户的信任。由于行业信息服务环境的动态性和环境因素影响的复杂性，在互联网技术开放应用的情况下，制度信任尤为重要。这里，制度信任是指对整个互联网环境的制度上的信任，如国家安全制度下的行业互联网安全信任。在开放环境下，如果用户担心其个人信息保护在制度上得不到保障，那么就不会进行基于行业网络的信息获取和交互。由于信息服务过程同时也是服务主体与用户之间的交互过程，其服务不同于一般的社会交往，因而需要建立基于制度的信任机制。对于信息服务的用户而言，在服务利用中往往处于被动地位，只有做出能否信任信息服务的判断才能有效地利用服务。因此，在面向用户的服务中，信任管理越来越关注用户对信息服务系统的信任关系确立。在关系描述中，图8-1进行了制度、机构、人际层面的关系分析。

图8-1显示了网络信息环境下行业信息服务中的信任关系。从理论模型上看，网络信息服务中的信任包括制度、机构和人际层面的信任，反映在行业信息服务中形成了制度—机构—人际的三维信任结构。对于基于产业链的行业信息融合服务而言，制度信任是网络化资源组织的基础，机构信任包括行业信息服务系统、部门和信息资源服务支持方的信任关系，人际信任体现在用户之间的信息交互与服务利用之中。这三方面的信任具有相互关联的关系，从而构成了基本的信任环境。

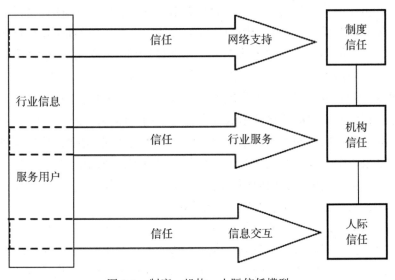

图 8-1　制度—机构—人际信任模型

在面向用户的行业信息服务中，用户信任受各方面主体因素和其他关联因素的综合影响。其中：制度信任主要体现在制度对互联网环境、技术应用环境、资源组织环境和服务构架与基础的综合影响上；信息服务机构信任反映在所提供信息内容和服务的可信度上；人际信任体现在用户信息服务的利用环节上，反映了用户利用信息服务的信度。人际信任方面，除人际影响外，网络交互技术和交互方式也会对信度产生影响。这三个方面的相互影响决定了共同信任关系的建立。

8.1.3　个性化交互服务基于用户体验的组织

个性化服务用户体验产生于一定的交互环境之中，各种环境因素的交互作用决定了用户的体验反应，多方面因素作用下的用户动机和行为反映了基本的体验状态，信息服务中可以根据用户体验来设计面向用户的交互信息服务。个性化定制服务用户往往专注于服务形式、展示方式和服务效果方面的体验，而忽略更深层次的内容。因此，可从综合角度进行用户体验的展示，通过信息服务的用户体验设计进行符合体验的个性化定制服务组织。

信息服务的用户体验设计，从心理学角度看，包括本能层(visceral level)、行为层(behaviour level)和反思层(reflective level)三个层次的服务体验设计。本能层设计在个性化定制信息服务中通过用户的视觉感受，进行界面设计；行为层设计关注的是操作体验，追求的是效用；反思层设计注重用户服务利用后的综合体验以及反馈。在基于用户体验的设计中，最重要的是明确用户的体验需求，只有了解用户真实的体验需求，才能设计出与用户相匹配的系统服务。要理解用户的需求(包括用户自己都没有明确的需求)，必须明确用户的服务使用感受，只有服务组织与用户理解相一致时，才可能提供用户满意的定制信息服务。在面向用户的信息搜索服务中，基于用户体验的设计已从表层理解向内容关联方向发展，同时致力于用户体验式操作的实现。在面向用户的跨行业协同定制服务中，设计所关注的主要是形式和内容，强调用户服务的情感、意识和经历体验。这说明，面向用户的个性化服务，不仅要符合用户本能层次的体验需求，而且存在着用户的服务价值体验。

数字化网络信息服务的发展，将用户置入一个不断变化的数字空间之中。基于用户体验的定制信息服务设计由此跨越了人与系统交互认知的范畴，其设计需要向满足用户服务体验的方向发展，其目的在于使用户更易于获取和利用所需的信息服务，从而满足其个性化的定制需求。

基于用户体验的个性化定制服务组织中的关键环节是用户体验设计。用户体验设计中，服务的易用和情感体验是相互关联的两个方面。在这两方面因素的综合作用下，用户期盼寻求最佳的平衡点，这一平衡点即个性化定制服务实施的出发点。例如，智能技术在交互服务中的应用，极大地提高了信息资源服务效率与水平，使用户在人机结合的服务中受益；然而，机器智能操作的模式化却使服务的人性化受到限制，使用户的情感体验欠缺。因此，在服务组织中，需要寻求二者的平衡点，以确立最佳的智能服务方案。由此可见，信息技术的进步要求在行业信息服务中创造高情感的环境，个性化交互式信息服务体验设计的目标也在于此。因此，面向用户的个性化定制任务目标设计，应按用户体验设计的综合模型进行，如图 8-2 所示。

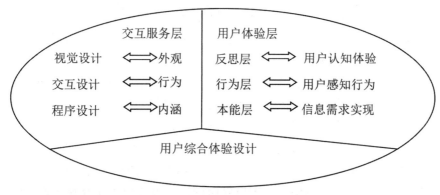

图 8-2 用户体验设计的综合模型

如图 8-2 所示，面向用户个性化定制服务的用户体验设计环节如下：

①交互服务层。按交互设计的目标和内容，可以区分为处理、行为和内涵三个层次。外观(Appearance)设计在服务中主要是面向用户的界面体验和使用的情景感知设计；行为(Behaviour)设计主要包括信息服务的使用途径、操作方式等方面的体验设计；内涵(Idea/Connotation)设计则着重于服务的内容以及交互服务中的用户参与体验设计。交互服务的三个层次设计，根据信息组织结构和技术需求的不同，在不同服务中有着不同的规范和内容。

②用户体验层。用户体验设计虽然存在着不同系统之间的差异，但涉及的本能行为和反映的设计内容却具有共性。在用户的交互体验设计中，应注重用户感觉、知觉和感知之间的转化，从对服务的认知出发，进行符合用户体验的服务架构。因此，在面向用户的个性化定制服务中，交互界面体验是重要内容。

在用户综合体验设计中，可以将面向用户的交互服务分为浏览、参与和探索。交互式服务三个层面的用户体验共性决定了浏览、参与和探索群体用户的特征，其体验决定了服务的交互结构。

对应于面向用户的交互式服务内容，交互式服务的体验设计包括视觉设计、交互作用设计和程序设计。视觉设计（Visual Designer）主要是界面视角设计，需要从用户的界面感知出发进行整体界面和细节安排；交互作用设计（Interaction Designer）主要提供符合用户交互体验的交互功能构架，在用户与系统交互中寻求优化操作组合；程序设计（Program Designer）的作用在于基于用户体验的交互功能实现，解决交互服务运行中的程序问题。

从面向用户的交互服务实现上看，用户交互体验设计包括基于用户体验的信息构建、交互界面设计、服务交互功能设计和实现。为了实现设计目标，应按用户体验要求，进行基于用户体验的需求发现、面向用户的服务业务构建和基于信息融合的服务实现方案设计。

基于用户体验的行业信息融合服务，所面对的是产业链和创新价值链中的行业用户。信息需求与服务体验设计基础上的协同服务组织，其作用在于通过符合用户体验的定制交互促进行业信息资源利用效率和效益的提升。面对这一问题，需要分析用户的体验需求，进行基于用户体验的系统服务构建。

用户体验需求发现，是作为服务构建的前期准备而存在的。基于用户体验的服务构建设计包括信息构建、用户界面设计、服务功能和资源配置设计等，在实现中需要围绕概念模型和原型进行易于用户体验的清晰化描述。在基于信息融合的服务实现方案设计中，应立足于用户体验构架上的服务交互和服务利用，进行具体的设计说明、功能配置、过程控制和交互反馈，以此出发进行协同服务的定制。

8.2　用户需求导向下行业信息服务融合业务组织

从行业信息资源整合与服务融合实施出发，行业信息服务跨系统组织应立足于资源的有效利用，强化面向用户的集成定制服务业务，实现行业信息资源集成与融合服务的规模效应，获得最佳的跨行业信息效益。为了实现信息服务融合业务整体效益的最大化，应加强服务机构的合作和协同。

行业信息服务系统或部门之间的合作和协同具有多样化结构特征，因此可以从多层次进行跨系统信息服务协同，同时根据行业机构协同目标进行相应的融合服务模式选择。① 对于各行业服务机构而言，跨系统协同信息服务采用的

---

① 胡媛，胡昌平. 面向用户的跨系统协同信息服务平台构建与定制服务推进[J]. 信息资源管理学报，2013(2)：29-35.

方式包括跨系统联合体服务、跨行业协同定制服务和面向企业的一体化虚拟协同服务等。

8.2.1　联合体协同基础上的服务融合

　　全球信息化时代，特别是大数据技术条件下，信息资源数量增长远超出人们的预测。对于大数据环境下的行业信息机构而言，一是要有效整合跨行业系统的多源信息资源，二是要利用多源信息进行深层次服务组织。在这一背景下，联合体协同基础上的行业信息服务融合具有重要的现实性。

　　联合体协同服务模式是指不同行业信息资源和服务系统，按信息共享和服务互通的原则，通过协议所结成的跨行业服务联盟，以及在协同结构框架下进行的信息资源分享和服务合作模式。行业联合体服务，旨在使行业信息资源跨系统组织效用最大化，在实现中行业信息服务联盟的各成员只需要支持共同协议，便可开展行业系统之间的协作服务业务。一般而言，行业联合体协同服务模式在信息资源的分布式虚拟组织基础上进行，其联合体协同服务结构如图8-3所示。其中，具有产业链和创新价值链关系的不同行业的信息服务系统，以跨行业信息资源虚拟共建和基于互联网的共用为目标，在已有的分布式数字

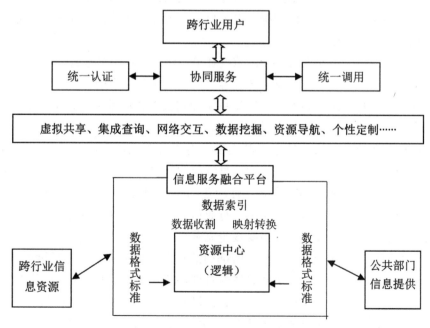

图 8-3　跨行业系统联合体协同服务结构

资源系统的基础上，通过协议框架下的标准规范，将多源异构信息资源服务进行多种方式的融合，通过支持分布式开放运行的数字化平台，向跨行业的用户提供面向需求的信息资源链接和定制化的内容服务。

如图8-3所示，具有产业链和创新价值链关系的信息资源分散存储在各行业系统和各部门系统之中，从而形成了一种基于网络的分布资源结构。由于资源由各系统自行管理和维护，资源整合中心平台对于分布式数据库的信息集成往往通过跨系统信息平台的交互接口来实现。按资源共享原则，集成资源通过行业信息融合平台为跨行业用户提供多种形式的利用。在运行中，融合服务机构共享逻辑上的分布资源库，通过平台中心达成互联；在服务融合过程中，各行业系统在面向资源整合中心提供资源的同时，通过平台资源共用开展面向行业用户的协同服务。

基于资源共享的联合体协同服务以信息资源的交换为基础，在多个行业或部门服务系统中实现资源联合共建和服务协同交互。在联合体协同服务中，各行业或部门系统具有相互独立的合作关系，可实现资源的实时整合。作为联合体协同服务体系中的行业或部门系统，实现功能/服务规范和接口的标准化利用。

跨行业系统的联合体信息融合服务关注应用接口层的转换，基于标准化的管理，旨在实现分布式资源的统一揭示目标。因此，元数据整合和共享是异构行业信息资源交换中的关键。

跨行业信息交换是服务协同的重要环节，信息交换中基于数据层的映射和转换具有关键性。然而，信息资源内容层面上的交换并不是单一的网络传输数据交换，而是将多源分布的行业信息系统异构数据进行面向应用的关联组织，从而实现数据的协同交互利用目标。

跨行业系统或部门的信息资源交换，需要突破地域和部门系统的交换障碍，以便在全球化环境下实现行业信息资源的开放共享和服务融合。为了这一目标的实现，需要在跨部门共享中确立统一的交换规范与机制，构建信息资源交换和服务融合共享平台。事实上，行业信息资源交换机制的建立涉及跨行业和地域的协同关系确立，因此需要逐步完善。

行业信息服务融合中跨系统、跨部门的信息资源交互共享包括网络规划、组织协调、资源整合、组织实施和风险管理环节。在技术实现上，围绕数字信息内容组织和服务功能实现上的数据转换格式、内容展现形式和资源交换方式进行融合。同时，在跨行业系统和部门的信息资源交换中使交换内容明晰化、交换规则制度化和交换管理标准化。为了使行业信息资源交换内容易于理解，各行业系统和部门主体在进行信息交换时需要对各自的信息资源进行基于标准格式的处理。

在实现上，跨行业或部门的信息资源交换需要屏蔽数据层的异构结构和描述方式的差异，以实现信息内容的统一表示。在数据交换中，数据格式和语义描述应符合各系统传递、读取和使用信息的规范要求。另外，数据应易于传输，可以便捷地适应消息的同步或异步传输需要，同时兼容网络系统通信协议。在跨行业系统的数据交换中，还需要进行数据格式和网络传输的权限控制和不同层面的安全防护。

标准的制定和应用是行业信息资源连通共享、服务融合和安全保障的实现需要。在跨行业系统信息资源交换组织中，应建立相应的标准规范体系。从规范内容和标准形式上看，技术规范标准主要包括信息编码、分类标准，以及行业信息融合平台互连互通和行业系统间的互操作技术标准。与信息资源组织相关联的标准主要包括信息编码标准、元数据标准等；与融合服务平台相关的标准主要是通信协议标准、通信格式标准、传输表示标准等。

跨行业系统信息交换标准的选择和应用，应遵循两方面基本原则：其一，跨行业信息交换中的数据传输在互联网环境下进行，应采用互联网传输协议进行开放传输标准应用体系构建，进行环节上的统一规范；其二，在跨行业信息融合平台中，按行业信息资源交换和共享需求，在信息交换与共享服务标准体系框架下进行规范。

加强网络安全保护和建立基本的信任关系，是行业信息资源安全交换和共享的基本保证。在行业信息资源跨系统融合服务中，应建立统一身份认证、授权管理和责任认定机制，这也是数据联合协同组织与共享的需要。通过密钥管理的完善，可以利用密码和隔离交换技术构建行业信息资源信息安全体系，在跨行业部门的信息资源共享和服务协同中提供保障。与此同时，通过信息安全等级保护制度的建立，实现行业信息安全保护。

通过跨行业系统的信息资源交换，行业协同信息服务联合体的联合数据仓储系统，可将各行业信息服务系统的资源进行整合，使之成为一个分布式的资源联合仓库，从而为用户提供高效的跨行业信息资源集成服务。根据行业数据共享的需求形式，跨行业联合体的协同服务可采用数据联合方式或数据整合方式进行。

数据联合协同服务的作用在于实现分布式数据的跨系统处理和同步集成。实施中，数据联合服务器提供结构化数字资源和非结构化数字资源的整合和数据资源存储支持，有效处理来自不同系统的数据资源。数据联合服务在接收定向数字资源的情况下，提供来源数据集成视图的查询；在信息资源数据查询中，通过使用优化算法进行转换；在查询划分中，将查询拆分为一系列子操作，从相应的源中收集结果进行组装，最后将查询集成结果返回到原始查询之中。这一序列处理过程以同步的方式完成，以支持服务协同。（图8-4）

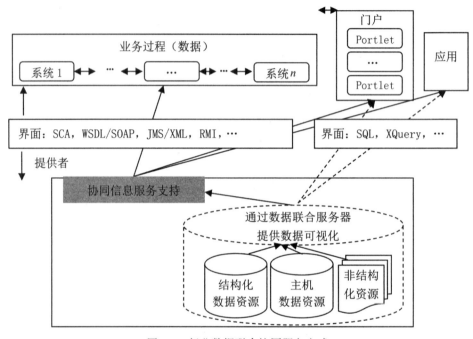

图 8-4　行业数据联合协同服务方式

　　数据整合方式针对信息资源进行集成，将空间与时间上有关联的信息资源集成为具有多维网状结构的整体。针对不同媒体、不同结构、不同类别、不同加工级别、不同物理存储位置的信息资源，在将重复与冗余剔除后，进行无缝链接；通过知识单元的有序化和关联知识的网络化，使全部相关资源构成一个统一的整体，以发挥信息服务机构资源的整体利用功能与效益。这种方式可以将资源对象的元数据导入本地数据库，经处理后，在统一平台中发布并提供浏览、检索。

　　数据整合服务方式在各系统数据交换和共享的基础上进行，其内容包括数据抽取（extraction）、转换（transformation）和装载（load）。其要点是，在行业资源库数据抽取和转换中，实现分布异构资源的整合，从而屏蔽数据资源的异构性。数据整合协同方式可应用于关系型数据库和文件数据库等类型数据库资源的抽取、转换和集成，其优势是可以最大限度地提高数据资源的利用率。数据整合协同组织中，首先利用数据整合组件提取来自不同行业数据源中的数据；然后将源数据转换为目标模型并进行集成；最后通过整合服务器将转换的数据作为目标数据进行存储(图8-5)。数据整合协同的意义在于支撑跨行业信息资源集成和链接服务的实现。① 例如，在跨系统部门的信息资源共享整合和服务协同中，NSTL 根据我国科技和产业发展的需要，按规范加工和联合共享的原则，进行了成员机构协同基础上的科技信息数字资源整合；在面向用户的开放服务中，完整地实现了系统之间的数据交互目标。NSTL 网络服务系统中的数据整合以及服务组件的标准化接口，允许已授权系统调用。NSTL 的数据服务确立了基于 MXG XML 的数字资源与服务发现机制，允许第三方系统在 NSTL 服务资源中查找所需内容。NSTL 的统一范式显示了数据整合协同的完整性和有效性，可在跨行业信息系统融合服务中得到应用。

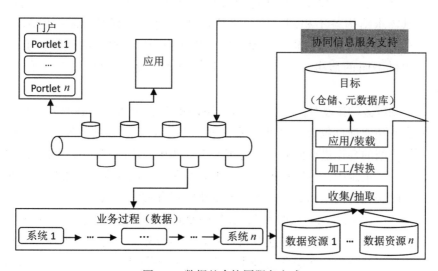

图 8-5　数据整合协同服务方式

8.2.2　跨行业系统的协同定制服务推进

面向产业链企业的跨行业系统协同定制服务需要实现行业信息系统之间的

---

① 康瑛石，郑子军. 大数据整合机制与信息共享服务实现[J]. 电信科学，2014，30 (12)：97-102.

服务融合和交互，而不是行业信息资源单一形式的整合和集中利用。跨行业系统的协同服务在实现上需要实现面向企业用户的服务互补和互联，以进行面向企业流程的全面信息保障目标。

跨行业系统面向企业的定制服务在分布的资源环境和自主的行业信息系统中协同实现，其作用在于根据用户需求，在协同平台中发现和调用所需的资源和服务。按个性化的定制服务流程和业务逻辑，其调用服务可以灵活组合而构成新的服务，从而实现行业系统面向用户的定制目标。

跨行业系统的协同定制服务具有面向多行业的特征，其系统架构如图 8-6 所示。协同定制的组织环节包括服务注册、服务生成、服务提供和应用。其中，由各行业服务提供者进行协同服务注册，发布个性化定制服务接口信息；协同定制服务在功能封装中，自主适应服务调用对象和网络应用环境。

数字化虚拟协同信息定制服务，在面向用户的跨行业实现中应注重服务需求的差异性、定制服务的主动性和以服务为中心的协同。

①服务需求的差异性。处于产业链和创新价值链中的用户具有个性需求特征，其需求结构各不相同，因而需要通过协同定制获取所需的资源和服务。应采用组合方式进行资源和服务的利用。由于定制服务的优势在于为不同用户提供不同的服务，因而在跨行业信息融合服务中应成为一种主流形式。

②定制服务的主动性。在跨行业系统的协同定制服务中，各服务系统应将相应的服务功能进行包装，以 Web 服务形式进行发布；以此出发，依托行业服务系统之间的合作进行面向用户的服务组合调用，从而实现用户的定制服务目标。在主动定制中，可以根据用户需求和产业链环境的变化对服务组合进行调整，同时实现协同定制服务内容和数字化实现方式的动态更新。

如图 8-6 所示，跨行业协同定制服务按面向用户的流程逻辑，通过解析服务需求，利用流程组合语言描述逻辑过程和基于服务类型的交互机制，形成可定制的服务组合流程。在服务受理中，用户通过各行业系统客户端提交请求，在服务实现中请求通过系统协同来完成，同时保证资源对用户的透明。

WSDL 是一种句法层面的 Web 服务描述语言，在描述中将服务定义为一组访问点，以利于客户端在服务访问点中进行面向过程的调用或访问。在流程实现上，通过 WSDL 对操作或访问请求/响应消息的抽象描述，将其绑定在相应的传输协议和消息上，以定义部署服务访问点；以此为基础，部署的相关服务访问点组合抽象为相应的 Web 服务。

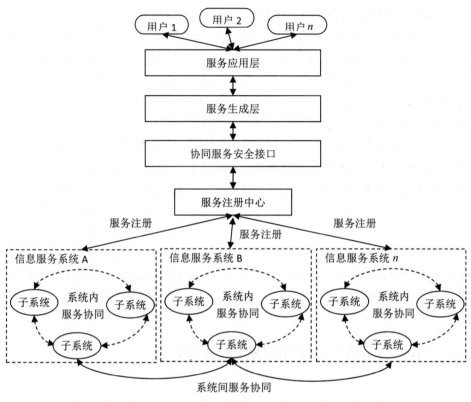

图 8-6 跨行业系统协同定制服务结构

③以服务为中心的协同。跨行业系统协同定制服务围绕服务功能和内容组合进行，将用户定制服务封装为基于标准描述的访问服务。对于来自不同行业系统的服务，不需要关注位置和实现技术，在利用上可以松散耦合方式调用。所以只要行业系统服务接口描述不变，服务使用者和提供者可以互不影响。通过定制协同，跨行业服务可以不同方式组合成不同的服务业务流程。在服务组织中，当业务流程发生变化时，可通过调整组装方式适应这种变化。

服务组合（Service Composition）描述，通过行业信息服务的跨机构协作，在面向用户的地址服务中进行 Web 服务组合。在基于功能复合的定制中，根据用户需求的组合目标进行语义描述和约束，在运行中创建组合方案。面向企业的跨行业服务融合中，Web 服务组合可采用业务流程组织和任务求解方式进行。

245

从总体上看，面向用户的服务协同组合目标在于实现流程，通过工作流技术与 Web 技术相结合的应用，按业务流程环节选择和绑定 Web 服务，从而形成基于流程的组合服务。在服务组合中，流程服务组合结构、服务交互关系和数据流受控于业务流程，其过程为：利用建模工具根据业务逻辑创建协同服务业务流程模型，以此为依托，从服务库中选取并绑定执行对应任务的服务；继而依托数据流设置服务之间的参数并进行参数映射。为了提高跨行业系统协同服务业务流程的兼容性，可借助服务模板实现服务的动态选取和绑定。

任务求解的 Web 服务组合，是指面向用户提交的即时任务进行服务组合，即根据任务需要，从服务库中选取若干服务进行组装应用。任务服务组合以完成用户确定的任务为目标，一般不受业务流程逻辑关系的约束，其组合的自动化程度较高。由于所形成的组合服务具有动态性，当用户任务结束时，即时组合随之解散。因此，即时任务求解的 Web 服务的动态组合建立在用户/服务目标任务的形式化表达之上，可通过任务规划、搜索匹配组织方式来完成。对于面向企业的跨行业信息服务融合组织而言，可根据定制服务环节需要进行任务管理和服务组合的实现。

8.3　基于安全链的行业信息资源云服务

面向产业链的跨行业云服务平台构建和面向企业的全方位云协同服务的组织，在"互联网+"背景下的企业发展中具有重要位置。面向企业的云服务推进，应立足于安全链中的跨域服务融合，实现基于安全链的云信息交互与利用。

8.3.1　云环境下的行业信息融合服务链体系架构

根据行业信息资源服务链共享与协作的要求和云计算的技术优势，在服务组织中可采用面向云计算服务链（SCDL）的集成架构。云服务平台作为虚拟中心，进行数字资源的云组织和使用管理，同时通过各节点机构的连接，构成以云服务平台为中心的网状服务结构。其中，各行业数字资源提供方、技术服务方和服务承担方的交互关系，决定了服务链结构（如图 8-7 所示）。

如图 8-7 所示，基于云平台的行业数字信息资源服务网络中的各节点组织，进行数字内容的传送和接收；在资源组织与技术支持上进行基于服务链的协同；在数字信息流的整合基础上，面向产业链提供内容服务。

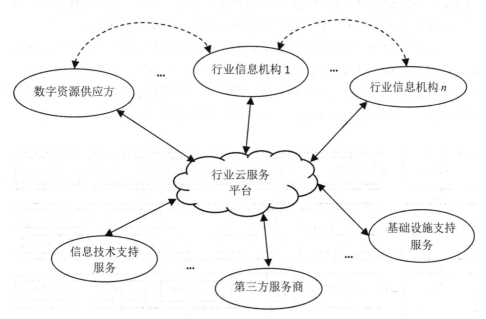

图 8-7　基于云平台的行业数字信息服务链结构

行业云信息服务平台具有多样性，按功能和服务内容可区分为硬件服务（HaaS）、软件服务（SaaS）、平台服务（PaaS）、基础设施服务（IaaS）和存储服务（DaaS）。对于行业信息云服务而言，主要形式是 SaaS、PaaS 和 IaaS 服务。参考 IBM、微软等云计算平台体系结构，对于跨行业信息服务融合组织而言，可以采用服务链云平台模式进行架构。基于产业链的行业云服务，其基本构架如图 8-8 所示。

行业信息服务云平台在 SOA 构建层包括服务基础、服务技术、服务资源、服务结构和服务应用构建，作为平台服务的支持框架而存在。服务中间件层围绕消息管理、服务聚合、服务组合、数据中介、服务描述、服务匹配、服务业务、服务管理和服务调用进行构架。管理中间层，一是用户管理、任务管理和资源管理的功能细化和协调实现，二是在数据资源池管理上进行身份认证、访问授权、综合防控和资源管理构架。资源层构建按计算、存储、网络、数据和软件结构展开。物理资源层构建涉及计算机系统、存储器、网络设施、数据库和软件系统。在基于整体框架的实现中，应进行分层构建的协同。

①SOA 构件。SOA 构件的作用在于实现基于 SOA 组件的服务关联构架，在实现中通过契约和服务接口来完成。其中，接口独立于服务的操作系统和硬

件平台,因此能够将不同行业系统中的服务进行统一交互。行业信息服务云平台所采用的面向服务的架构,适应了服务、注册、发现和访问的需要。

②服务中间件。服务中间件提供服务链协同的标准化构件,包括消息中间件(MOM)等功能组建,通过功能组件的组合形成面向用户的服务融合工具。同时,在服务调用中,进行服务链节点的协同,通过服务构件的灵活组合提供面向用户的订阅服务(Subscription Service)和检索服务(Retrieval Service)等。

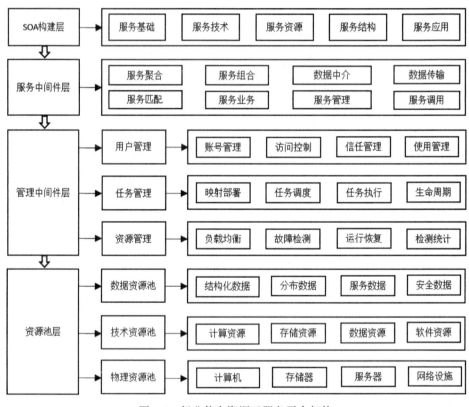

图 8-8 行业信息资源云服务平台架构

③管理中间件。管理中间件分为资源管理、安全管理、任务管理和用户管理,云计算松散耦合的结构为了使应用独立,而采用松耦合方式进行构建。在这一背景下,中间件安全保障和资源管理处于重要位置。对此,云服务商进行了基础架构基础上的应用开发,在资源安全检测、管理和负载均衡上进一步完善。

④资源池。行业云平台支持泛在接入，可以在任何位置进行行业服务云端数据的访问。对于行业信息云服务而言，虚拟化的技术应用可以将跨行业系统网络上的分布式资源机和设备虚拟化为存储资源池、数据资源池和软件等资源池。根据用户提出的应用请求，可分配虚拟化资源，为其提供相应的服务。

⑤物理设施。物理设施是指分布在网络上的网络设施、存储器等基础设施。行业云服务采用松耦合方式将其虚拟化，在设施利用中可以通过虚拟应用的方式屏蔽物理异构特性，从而提高设施的利用效率。

云计算环境下的行业大数据分布存储和开发所引发的安全问题，应通过服务的协同保障构架进行解决。面对数字信息资源安全要素的交互影响，可以将安全链要素与服务链流程进行关联，为云计算环境下的行业信息资源安全提供保障。在服务与安全保障的同步组织中，面对跨行业系统的数字资源存储、开发、服务与利用中的安全风险，行业信息服务与安全保障的融合实现具有重要性。基于安全链的行业信息云服务构架如图 8-9 所示。

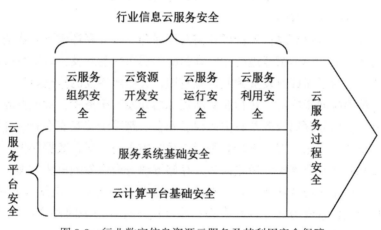

图 8-9　行业数字信息资源云服务及其利用安全保障

如图 8-9 所示，行业数字信息资源云服务涉及多主体的多环节协同运行，因而需要进行基于服务链的安全构架。其中，所需面对的问题主要在以下几个方面：

①基于云共享的行业信息资源建设安全。行业信息资源建设是具有产业链关系和创新价值链关系的信息服务机构的协同行为，机构之间的合作和基于协议的安全保障是跨行业信息资源共建共享的基础。基于云共享的行业信息资源

建设，由于云服务商的参与和云服务平台运行的虚拟性，决定了行业信息资源建设模式的变化，其中的安全问题不仅涉及行业信息机构之间的协同，而且涉及云数据的安全交换、跨云安全构架等多个层面。因此，云共享平台信息资源建设的安全构架，应面向信息资源云服务网络安全、行业系统安全、信息组织操作安全等环节进行，以保障行业信息资源的虚拟化安全实现。

②行业数字信息资源云存储安全。在基于云平台的行业信息服务组织中，资源的云存储安全是一个不可回避的问题，其安全保障也是服务实现的基础。不同于分布式存储的资源虚拟共享安全，云存储将行业信息资源迁移至云端，使分布式行业信息资源得以在内容上的云端融合，在方便用户使用的同时，随之引发了新的安全问题。为了保障行业信息资源的安全存储，一是要从存储组织和规划上进行规范，确定云安全存储构架；二是针对云存储有别于分布式存储的机制，进行云安全存储、访问和管理规范。与此同时，推进行业信息服务机构的协同安全保障，按统一的要求和标准进行部署，围绕行业云存储数据完整性验证、云存储数据确定性删除、云存储访问控制安全保障、资源云容灾与备份等环节进行安全保障。

③云环境下行业信息存储资源利用安全保障。云计算环境下行业信息资源组织的优势在于利用云服务进行存储资源的深层次内容开发，以提供面向用户的定制服务。为了保证开发资源的合规利用，其中所涉及的信息资源产权和涉密问题处理等应同步应对。在行业数据资源的开发与服务中，数据资源内容的深层次开发应保障存储资源及其主体权益安全、跨系统交互安全和云计算环境下行业信息资源应用开发安全。在跨行业系统中进行云平台数据保护、云处理权限保障和数据安全维护，使之成为云存储资源安全保障的重要方面。

④行业存储信息资源用户安全保障。行业信息资源云存储作为一种服务，在面向用户的信息资源开放存取中必然涉及用户存储资源的安全；与此同时，云服务与用户的交互也会影响到交互信息的存储和调用安全。这一普遍存在的用户存储信息的安全风险，应纳入云存储应用安全保障的范围，进行信息资源用户安全的全面维护；同时突出云计算环境下行业信息资源服务中的用户管控和基于第三方监管的安全保障。

8.3.2　基于协议的行业信息云服务组织

行业信息资源服务组织具有多方参与的协同特征，因而需要在服务和安全保障中进行基于协议的组织实现。在协同服务中，由于协同各方的自主性和数字资源云服务的差异性，需要在服务融合中进行统一的安全等级划分，进行基于等级协议的行业信息服务的规范，以实现资源的充分利用。

云环境下行业信息资源机构需要进行基于机构合作的跨系统数据交换，以及基于云平台融合服务的组织实现。其中的行业数据交换组织包括异构信息资源数据的交换、行业信息资源的跨网络传输以及行业信息资源异构数据源的整合。资源整合的目的在于，面向最终用户实现行业信息资源云共享。对此，信息资源服务机构可以采用 Web Services 及 XML 整合交换方案，在行业信息资源跨系统交换中满足数字资源跨系统交换的安全要求，同时与云计算的高效计算模式相适应。

跨行业数据整合需要在云计算环境中进行互操作，其目的在于使用户数据可以从一个云服务提供商流向另一个云服务提供商。由于不同的信息资源服务机构可能采用不同云计算提供商提供的服务，因而需要在互操作中实现跨云资源共享。在行业信息资源云服务中，国外包括 Amazon AWS、Microsoft Azure、Salesforce Cloud Computing、Rackspace Cloud 在内的服务商，以及国内的百度云、华为云、阿里云等在行业信息资源云服务中，都拥有自己的优势和运营范围。在这一背景下，跨行业服务融合中的资源云共享必然涉及跨云资源整合和资源调用问题。因此，云平台交互安全保障处于重要位置。其中，交互操作中的一个关键问题是使用开放标准。就目前情况看，云计算的相关标准仍然面临着多方面的挑战，因此云计算环境下应采用更加开放的标准，以增加云计算的采纳度。① 在交互操作中，云服务的互操作性包括云服务组织和服务功能接口上的互操作，这两个方面构成了云服务和云应用中的交互操作关系。在实现中，云计算交互操作标准在 IaaS、PaaS、SaaS 三个层次的应用中得以体现。

与此同时，面向行业的跨系统云服务应在协议基础上进行合作，如 ISCIS 和 NFS 传输协议合作等。② 在云服务平台安全互操作中，SOAP 编码规则和 REST 方法为标准化实现提供了基本的协议支持。简单对象访问协议（Simple Object Acess Protocol，SOAP）作为交换数据的协议规范，是一种基于标准通用语言（XML）的子集，可设计成 Web 上的交换固化结构，同时和现有的网络协议和格式结合使用（包括与超文本传输协议 HTTP 等）。其使用可支持从消息

---

① Perera D. Military Won't Commit to Single Cloud Computing Architecture, Say Panelists [J/OL]. Fierce Government IT: The Government IT New Briefing, 2011[2016-01-12]. http://www.fiercegovernmentit. com/story/military-wont-commit-single-clo-ud-computing-architecture-say-panelists/2011-05-17? utm_medium=nl&utm_sour-ce=internal#ixzz1RQqkS8Na.

② 李军，王翔. 云数据中心网络安全的新挑战[J]. 保密科学技术，2013(8)：6-11，1.

系统到远程过程的调用（RPC），通过定义标准的方法来适配不同操作环境中的分布对象。SOAP 封装定义了一个框架，用于表示远程过程调用和应答。表属性状态传递（Representational StateTransfer，REST）作为一种方法，作用在于为互操作提供数据传输标准，可以根据定义原则使用 HTTP、URI、HTML，为云服务提供 RESTful 的接口。对行业资源数据跨云平台互操作而言，二者结合的意义在于支持安全保障的全面实现。

在科技信息资源云数据中心网络中，云数据的网络安全风险包括拒绝服务攻击、协议攻击风险等。因此，行业信息云服务应采用协议方式实现可信网络的互联，在行业信息资源服务融合中进行网络虚拟化安全保障。在虚拟化的云数据中心，面向应用多变的安全保障的需要，对信息资源安全进行实时管控。

在网络体系结构的演化中，软件定义网络（Software Defined Networking，SDN）具有可行性。为了更好地利用网络资源，在 SDN 架构中可进行网络拓扑结构在逻辑上的集中，因此，云服务可以满足跨行业信息资源网络保障与安全需求。基于 SDN 结构的逻辑视图见图 8-10。其逻辑关系是，通过 SDN 控制数

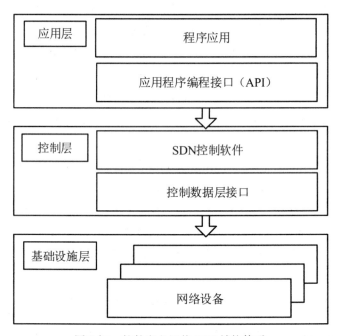

图 8-10　软件定义网络 SDN 结构体系

据层接口,将应用程序独立于网络。① 在这一场景中,服务机构可以通过单个逻辑节点控制整个网络,而不需要处理大量的协议。

如图 8-11 所示,从 SDN 体系结构和基于软件定义网络的行业信息资源组织与服务实施上看,基础设施起着主体支撑作用;应用层实现了面向产业链用户的资源云组织和服务实现,控制层则保证了云服务支持平台的运行。从实现上看,基于这一定义网络构架的服务需要服务主体的协议保证。

云计算环境下,行业信息资源机构与云服务商之间的协议在宏观层次上实现基于云服务的组织协同,从而确定相应的协同关系。在服务实施中,微观层次上的协同在行业信息资源服务主体与云服务商的业务流程中进行,其作用是保障服务融合组织和协同安全。

组织层次上的协同与不同的组织形式相适应,就开放化的行业云服务而言,协同主要集中在通用的云服务组织层面上,从而实现跨行业系统的云服务开放利用向云服务平台模式转变。因此,在云服务组织形式上,需要进行基于云服务平台的多主体合作和协同。

在服务实施层面上,行业信息资源机构与云服务商通过 SLA 协议规范,协同资源管理与服务行为,在融合服务中履行相应的安全职责。在具体实施中,具有协同关系的各方应根据具体的协议,约定服务及安全响应机制。

作为协同服务的组织基础,SLA 协议不仅规定服务各方的业务关系,而且提供协同服务组织协议构架,使协议供应商与应用方之间达成服务质量和安全标准的统一。SLA 在服务质量水平保障上,明确提供商承诺的服务质量和安全水平等级,进行差异化的服务组织。另外,基于 SLA 的组合服务,按虚拟环境下的服务链关系,进行服务的责任管理。具体实施中,通过 SLA 条款中关于服务质量参数以及服务质量监测等方面的定义,在行业信息云服务中可进一步细化。

8.4 "互联网+"背景下面向企业的信息服务嵌入

随着工业互联网基础上的产业链延伸,数字服务面向企业的嵌入已成为行

---

① Jimson E R, Nisar K, Hijazi M H A. The State of the Art of Software Defined Networking(SDN)Issues in Current Network Architecture and a Solution for Network Management Using the SDN[J]. International Journal of Technology Diffusion, 2019, 10(3):33-48.

业服务融合中值得关注的重要问题。面向这一发展需要，应将信息服务融入企业运行和创新发展的全过程，以数字化资源保障为起点，进行数字智能服务、数字研发和面向企业流程的嵌入，从而推进企业信息化的深层发展。

8.4.1 基于融合的协同服务嵌入结构

行业信息资源融合的深层发展，提出了融合服务面向企业运行的嵌入问题，即将数字化服务融入企业产业链活动和创新价值链活动环节。在服务内容上，不仅提供信息和数字化信息工具，而且将智能数字技术配置于企业用户的业务系统之中，形成整体化的服务嵌入。

智能化信息服务源于数字化科学研究、数字制造和虚拟技术保障，其由智能服务需求引发，也体现在跨系统协同服务面向用户的深层次发展之中。

从宏观层面上看，跨行业系统协同服务面向用户的嵌入，决定了跨系统协同融合服务平台结构。图 8-11 从 E-science 环境下的跨系统协同信息服务平台构建出发，进行了整体上的分析。

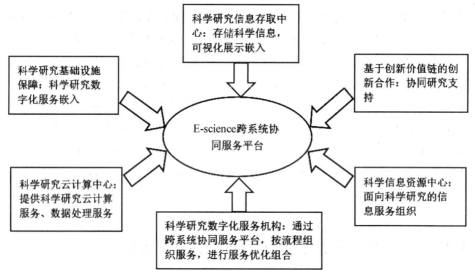

图 8-11 科学研究跨系统协同信息服务平台运行

图 8-11 所示的科学信息跨系统协同服务结构，同样适用于跨行业系统的协同嵌入服务环境。在面向企业的跨行业协同创新中，其协同体系由信息资源共建共享与集成服务系统构成。在基于创新价值链的联盟服务系统中，基础设

施条件保障系统、科学云计算中心、科学信息资源中心、协同创新主体和数字化服务机构的协同服务关系得以确立，以此为基础，通过平台开展面向科学研究的协同服务。在基于平台的嵌入服务中，信息资源系统提供集成信息资源，创新联盟进行服务嵌入，基础设施及相关系统的服务支持协同运行。从实施层面上看，跨系统信息服务的协同实现是其中的关键。融汇（Mashup）作为服务集成的一种方式，随着技术不断发展，其灵活的组织形式和多重融合的功能实现，决定了在跨系统协同服务中的应用。

在行业信息服务组织中，平台中的各系统在 Web 服务上遵循开放接口规范，其所创建的服务可以成为服务融合的对象。① 可通过以下方式进行服务融合组织：

①公共接口 API 方式。SOAP 或 XML-RPC 协议框架下的服务发布，可以将数据传递到融合服务器端，以便根据用户需要在公共接口 API 中进行调用。自 2005 年 Google Maps API 开放以来，国内、外服务商网站相继公开了自己的 API，如 Yahoo Maps API，微软 MSN API 等。② API 的开放使得 Web 服务可以方便地调用所需 API，继而进行面向需求的服务融合。

②Web Feed 方式。RSS（聚合内容）作为一种基于 XML 标准的描述和同步网站的协议，其简易聚合方式可用于搭建信息迅速传播的技术平台。在信息服务融合中，无须传输协议和开发软件的支持，只需在信息发布网络中将其整合到一个文件（Feed）中即可。在应用中，可以在来源模块中输入 RSS，以实现集成融合目标。

③REST 协议方式。REST 作为一种构架约束条件和原则，可以通过定义的一组构架原则，设计以系统资源为依托的 Web 服务。REST 构架面向 Web 应用而设计，通过资源创建、读取、更新、删除来完成操作任务；其开放性、简易性和松耦合性决定了在信息服务融合中的应用，其中 REST 提供的服务比较广泛，可适用于诸多方面。

在融合服务中，按融合对象、内容和结构可分为不同的类型，在行业信息服务融合中，所采用的主要方式如下：

①外层融合。信息服务外层融合是将多种外部信息来源进行聚合，通过对外部特征和属性的定义描述，在统一界面上展示所集成的资源和服务。采用这

---

① Piggy Bank-SIMILE[EB/OL].[2011-03-09]. http://simile.mit.edu/Piggy_Bank.

② Housingmaps 的集成融汇服务[EB/OL].[2011-03-09]. http://www.housingmaps.com/.

一构架，不仅可以提高效率，而且可以充分满足用户已经明确的个性化需求。

②数据融合。数据融合通过对分布信息资源的组合，将所创建的数据集合对象以统一方式向用户展示，旨在响应用户对数据的融合应用请求。数据融合包括汇集多个开放数据源数据的简单数据融合，以及从多个开放数据源获取数据且利用一定工具的分析数据融合。①

③流程融合。流程融合基于面向服务的开发和应用（SOOA）展开，以使web 服务实时融入应用之中。在融合服务实现中，不仅需要数据汇聚和分析，而且需要对业务流程进行处理，以实现流程服务组合目标。在流程融合服务的利用上，可通过定制方式进行组织，实现面向用户的服务嵌入。其中，可以利用相应的工具围绕流程活动进行处置，以取得预期的效果。

在服务器端融合中，可以将融合服务器作为客户 Web 应用程序来对待，通过与其他 Web 应用之间的关联，利用代理方式实现 Web 服务融合。服务器端融合构架如图 8-12 所示。②

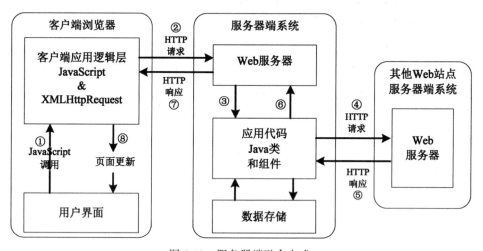

图 8-12　服务器端融合方式

对服务器融合过程可作如下描述：按融合服务需求在客户机内生成一个事件，以此为基础在客户机应用逻辑层利用 JS 创建 XML Http Request 对象，并

①　iSpecies［EB/OL］.［2011-03-09］. http：//ispecies. org/？ q＝Leo&submit＝Go.

②　Ort E, Brydon S, Basler M. Mashup Styles, Part1：Server-Side Mashups［EB/OL］.［2011-03-09］. https：//www. oracle. com/technical-resources/articles/javaee/server-side-mashups.html.

向站点服务器发送请求；服务连接器（Servlet）收到请求后进行 JS 调用，并在融合中与其他 Web 站点交互；通过代理请求处理，以 HTTP GET 或其他形式接收请求、处理并将数据返回代理；代理进行接收响应并转换为客户机数据格式，同时将响应返回客户机；在后台与服务器交换数据，通过操作表示文档对象模型（DOM）并显示客户机视图。

服务器端融合方式的优势在于，由于服务器承担了几乎所有的任务，对客户端的要求不高，因而可以不用考虑浏览器的兼容性。其缺点是，融合服务器数据处理量的增加导致了可扩展性的降低。①

客户端融合是在客户端上实现的，由于浏览器从服务器装载中进行了预先定义，因而可以通过 Ajax 建立浏览器与服务器之间基于脚本代码的交互，融合服务器只需转发浏览器请求，便可以在客户端进行融合。客户端融合框架如图 8-13 所示。②

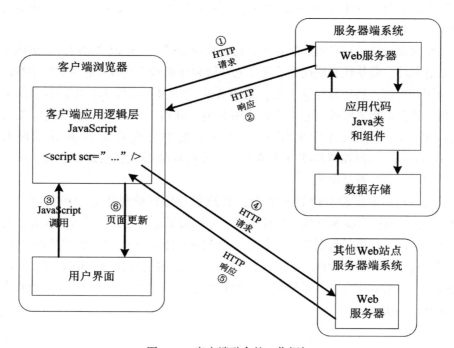

图 8-13　客户端融合的工作框架

---

① 李峰，李春旺. Mashup 关键技术研究［J］. 现代图书情报技术，2009（1）：44-49.

② Ort E，Brydon S，Basler M. Mashup Styles，Part 2：Client-Side Mashups［EB/OL］.［2011-03-09］. https://www.oracle.com/technical-resources/articles/javaee/server-side-mashups.html.

如图 8-13 所示，对客户端融合过程可作如下描述：浏览器对 Web 站点的服务器发送请求；Web 站点上的服务器将其加载到客户机中（其内容来自融合站点的 JS 库）；浏览器调用 JS 库中的函数，根据所创建的服务向融合 Mashup 站点发出请求以便加载；在融合站点中加载，按 JSON 数据交换格式对象来执行；返回函数在操作上表示文档对象模型（DOM），显示客户机视图。

客户端融合的优点在于，服务器的负担相对较小，由于融合处理主要在客户端进行，对用户来说扩展性较好；客户端融合的缺点是对客户端浏览器的要求相对较高，在复杂环境下必须全面考虑浏览器的兼容问题。

8.4.2 面向产业链的融合服务协同推进

为了推动融合服务的应用，英国 TALIS 公司曾开展了多种形式的推广应用活动，美国 OCLC 从 2005 年起连续主办融合设计竞赛活动。① 这些初期的推广应用为近 10 年来的面向各行业的信息服务融合发展，创造了良好的应用氛围和用户环境。

在跨系统协同信息服务融合中，地图普及应用是一种成功的形式。地图显示的直观性、简易性和便捷性决定了它在资源导航和站点服务融合组织中的广泛应用。例如，从来源层次上看，地图 API 主要用来定位参与协同信息服务的机构并获取相关服务信息。应用发展初期，新西兰 Stuart Lewis 通过采集到的数据，在开放服务中创建了一个全球化的开放存取资源导航网站 Repository66。该网站以地图方式显示了开放存取数据库在全球的分布，同时提供注册资源的统计服务。②

充分利用融合服务的数据资源，是跨系统协同信息服务组织的重要方面。③ 在面向科学技术领域的服务中，已经积累了庞大的数据资源，其数据分布在不同网络环境的数据库中，将这些数据进行融合基础上的组织是重要的。举例来说，加拿大在 2008 年开发的一个生物信息融合系统 Bio2RDF 就很好地进行了这方面的工作。该系统通过生物信息融合，实现了基于公共生物数据库资源整合的服务交互。④

---

① OCLC Research Software Contest[EB/OL]. [2011-03-09]. http://www.oclc.org/.

② Repository Maps[EB/OL]. [2011-03-09]. http://maps.repository66.org/.

③ Butler D. Mashups Mix Data into Global Service[J]. Nature, 2006(439): 6-7.

④ Belleau F, Nolin M, Tourigny N, et al. Bio2RDF: Towards a Mashup to Build Bioinformatics Knowledge Systems[J]. Journal of Biomedical Informatics, 2008, 41(5): 706-716.

在基于产业链和创新价值链的行业信息服务组织中，通过融合可以有效实现行业信息服务机构与第三方机构的资源交互和融汇利用。在技术实现上，基于融合的协同服务封装和调用是其中的关键。对于行业信息服务机构而言，其融合技术构架的作用在于充分利用分布式 Web 资源与服务，在融合的基础上创造新的服务，以实现面向产业链和用户环境的嵌入。

一个完整的融合应用服务架构具有三元组织结构，内容提供、融合服务和融合应用是其中的基本环节。在运行上，内容提供者通过 Web 协议封装组件接口，融合服务通过标准组件进行组合，融汇应用选择相关组件创建应用平台。对基于融合平台的行业信息协同服务来说，内容提供者可以是任何一个参与协同的服务实体，响应对服务组件的开放调用，在调用功能组件中建立其之间的应用关系。以上三个方面的协同，为动态融合服务的实现提供了保证。基于融合的协同服务模型如图 8-14 所示。①

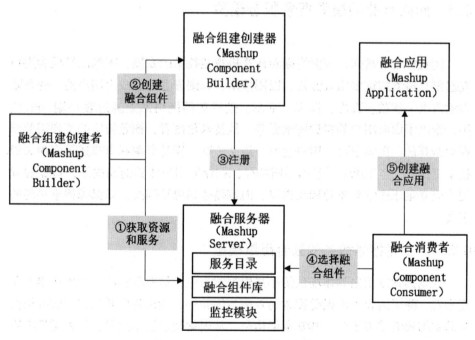

图 8-14　基于融合的协同服务模型

---

① Liu X, Hui Y, Sun W, Liang H. Towards Service Composition Based on Mashup [C]//IEEE Congress on Services. IEEE, 2007: 332-339.

如图 8-14 所示，基于融合构架的协同服务组织环节包括融合组件资源获取、融合创建、融合服务注册、服务组件选用和融合服务应用。融合组件资源可通过 API 或 REST 协议等方式从指定站点获取，其可以由平台机构提供，也可以由平台中的协同信息服务提供。

融合创建中利用组合创建器（MCB）对获取的资源服务进行组合，生成的用户界面包括 UI 组件（UI Componet）、服务组件（Service Component）和执行组件（Action Component）等。

融合创建者将协同服务组件在服务器上注册，发布服务目录（Service Catalogue）、融汇组件库和监控模块。融合服务利用者根据需要进行融合协同服务的选择，其利用者包括用户和信息服务机构。利用融合应用工具，将多个融合组件进行适当组合，可形成新的融合协同服务应用。

8.5 面向行业的视觉搜索服务模型

随着移动互联网、智能终端和计算机视觉技术的发展，图像已经成为用户发起信息检索的重要输入方式，以图搜图、以图搜意已经成为用户的一种重要检索需求。谷歌、百度、淘宝、京东、爱奇艺等网络站点通过客户端 App 应用，推出了面向用户的视觉搜索服务。从技术角度看，视觉搜索的实现需要图像检索算法、机器学习、用户建模、语义关联、视觉资源标引描述等多项关键技术支撑。[1] 鉴于搜索对象的不同特征，在保障用户体验的前提下，行业视觉搜索应立足于搜索对象的特征提取、内容描述和视觉匹配，以保障搜索功能的实现。

8.5.1 视觉搜索服务的融合组织模型

视觉搜索以面向具体场景的小规模探索为主，具有现实性。从服务组织角度来看，除了需要关注视觉搜索的效率与体验外，应构建以开放网络服务组件为基础的视觉搜索平台。其基本架构是，从视觉搜索技术出发，将视觉搜索系统分成细粒度功能模块；在融合互联网上开放的行业服务组件中发现和选择提供对应功能或功能组合；按照功能模块间的逻辑关系，进行服务组件的融合，

---

① 韩玺，孙霄凌，张玥，等. 图书馆移动视觉搜索服务现状、障碍与对策研究［J］. 图书馆，2018（7）：91-96.

形成面向行业信息资源的视觉搜索服务融合系统。图 8-15 所示的视觉搜索服务融合模型中，资源采集模块的作用在于采集视觉搜索所需的信息资源；服务组件发现和选择模块从海量网络开放服务中发现并选择适用于视觉搜索系统的

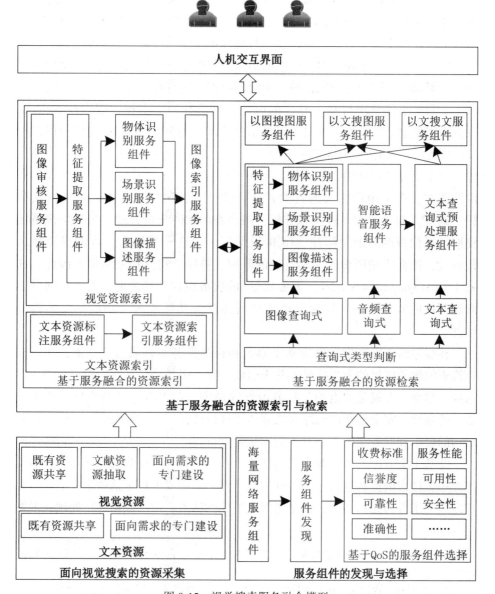

图 8-15 视觉搜索服务融合模型

服务组件,为技术实现提供支撑;融合组织模块则是按照视觉搜索技术原理对服务组件进行融合,进行资源索引及检索的功能实现;用户交互界面模块则是用户与系统交互的窗口,实现用户需求的接收与搜索结果的展示。

从组织流程上看,视觉搜索服务的功能实现环节如下:

①面向视觉搜索的资源采集。视觉搜索向用户提供的搜索结果,既包括视觉资源,也包括文本资源,因此,资源采集环节需要同时兼顾文本和图像两类信息资源。其中,文本信息资源可以共享行业系统已经采集的文本资源。图像资源的建设中,一方面可以从已有的信息资源库中进行析出;另一方面则需要将视觉资源纳入资源建设的范畴,面向用户需求进行视觉资源的专门采集。

②服务组件发现与基于 QoS 的服务组件选择。依据视觉搜索技术构成,一方面需要建立索引库,即对采集的信息资源进行加工,包括图像特征提取,图像资源的语义标注[包括物体识别、图像描述(Image Caption)、场景识别],以及文本资源知识标注,形成信息资源索引;另一方面需要实现查询式与资源的匹配,即对用户输入的查询式进行预处理,包括文本查询式的语义分析,语音查询式的文本转换与分析,图像查询式的分析处理,包括图像特征提取、图像资源的语义标注、OCR 识别等。在这一基础上,将图像转换为检索式,进而实现图像、文本资源的匹配、排序,得到检索结果。因此,在基于 QoS(Quality of Service,服务质量)的服务组件选择之前,需要从网络上海量开放的服务组件中发现能够满足前述某一功能或多个功能组合的服务组件。

在服务组件发现中,进行基于 QoS 指标的服务组件筛选。当前,在对视觉检索的服务质量的衡量指标上并未达成一致,多是结合具体场景进行指标的选择。然而,在视觉搜索相关服务组件选择中,可以按包括精准度、技术性能、可靠性、安全性在内的综合指标体系进行选择。① 在实现中,可结合行业机构的要求和服务组件类型对各指标赋予权重。②

③基于服务融合的资源索引与检索。在完成服务组件筛选的基础上,需要按照视觉搜索的流程进行服务组件的顺序融合。主要工作包括两个方面,一是确定服务组件的先后顺序,二是对服务组件的输入、输出数据进行处理,最终

---

① 韩敏,段彦忠. 融合可信性评价的 Web 服务组合 QoS 优化[J]. 控制与决策,2020,35(8):1859-1865.

② 鲁城华,寇纪淞. 基于多目标多属性决策的大规模 Web 服务组合 QoS 优化[J]. 管理学报,2018,15(4):586-597.

将输入数据传递给需要融合的服务组件。资源索引中各服务组件的先后顺序是：首先，调用图像审核服务组件，对采集的图像信息进行审核，确保其符合法律法规的要求；其次，调用图像特征提取、物体识别、场景识别、图像描述服务组件，实现对图像资源各方面特征的提取；再次，调用图像索引服务组件，进行图像资源的索引；最后，在进行图像资源处理的同时，同步调用文本资源标注、索引服务，实现文本资源的索引。资源检索环节，各服务组件的先后顺序是：先判断用户查询式的类型，进而对于图像、文本和语音查询式采用不同的处理流程。对于图像查询式，需要调用图像特征提取、物体识别、场景识别、图像描述、OCR 识别服务，实现对用户所上传图片的处理，据此进行检索式构建；调用图像检索服务，实现相同或相似图片的检索；通过以文搜图，实现同物品、同场景、同描述的图片检索；调用文本检索服务，实现以图搜意，检索出与图像中物体相关的文本、图像、视频等资源。对于文本查询式，需要调用检索式预处理服务，对其进行语义解析、规范化处理、扩展；调用图像检索服务，实现以文搜图；调用文本检索服务，实现以文搜文。对于语音查询式，调用智能语音处理服务，将其转换为文本查询式，进而按照文本查询式的流程进行处理。

融合实现中，除需要利用各服务组件的接口进行服务调用外，还涉及对输入、输出结果的处理。输入环节，需要按照服务组件对输入数据的格式进行预处理，以解决数据异构问题；输出环节，需要根据服务组件所输出的各字段的语义，按照过滤条件剔除不符合要求的输出结果，筛选出所需的字段。同时，在服务调用中，也需要根据系统的需要，合理设置输入、输出字段。

④人机交互界面。人机交互界面的定位是接收用户发起的视觉搜索请求，并对系统输出的检索结果进行组织处理后返回给用户。系统应支持的用户检索方式包括拍摄图片发起检索、上传图片发起检索、输入文本查询式、输入语音等多种类型。其中，为支持拍摄图片发起检索方式，需要支持系统调用智能终端；文本和语音查询式不同于制作和上传图片的发起检索，经转换后的查询式即为文本，因此其对应的后续处理流程也应具有针对性。

人机交互模块在接收到图像检索和文本检索服务组件返回的结果后，还需要按照展现模板的要求进行展现处理。一是要对检索结果进行分组展示，包括相同/相似图片检索结果、基于对象名称(或文本检索词)的检索结果、基于图片场景的检索结果、基于图像描述的检索结果、基于 OCR 识别的检索结果等，而且对于图片中包含多种对象的情形，还需要根据对象物品对结果进一步分组，以便于用户浏览。二是需要按照既定策略生成检索结果摘要：对于图像类结果，需要展现缩略图；对于文本类结果，则需要展现结果的文本摘要，以便于用户通过摘要判断结果的相关性。

8.5.2　行业信息融合服务中的视觉搜索组织

视觉搜索具有图像和文字描述交融的特征，体现了两种载体形式的内容交互。在行业信息服务中，视觉搜索的对象，如企业生产的各种产品、部件、原材料和企业供应链流程中的目标对象。在视觉搜索组织中，不同对象虽然具有不同的组织特征，然而搜索的基本架构和实现却具有一致性。对此，本书引用植物视角信息组织与搜索案例，进行植物图片的系统查询，通过植物数字图书馆的界面，展示其应用。以植物栽培为例，可进行植物视觉信息搜索融合系统构架和实现。

基于服务融合的植物信息视觉搜索原型系统界面如图 8-16 所示，原型系统功能包括：

①植物信息资源采集。中国自然标本馆网站（http://www.cfh.ac.cn/）是中国科学院植物研究主持建设的生物多样性信息平台，经过多年来的建设，积累了 60000 多种植物的 1400 多万张图片数据，能够为植物信息视觉搜索提供良好的数据支撑。基于此，选择了该网站作为植物信息资源采集的信息源。利用网络信息抓取工具对网站上的图片信息进行了抓取，共获得图片 20400 张，涵盖了蔷薇科、百合科、龙胆科、山龙眼科、芍药科、菊科、石竹科、山茶科、虎耳草科、锦葵科等多个科，其中 400 张图片作为选择服务组件的样本数据，剩余 20000 张图片作为植物信息视觉搜索原型系统的基础数据。

②面向植物信息视觉搜索的服务组件选择。为实现以图搜图的系统目标，需要选择相应的服务组件实现图像审核、物体识别、场景识别、图像描述、图像检索等功能。推进过程中，首先借助搜索引擎、信息服务开放平台进行了服务组件的搜寻，得到初步候选范围。综合考虑服务组件的先进性、多样性和易用性，将候选范围限定在百度 AI 开放平台和腾讯 AI 开放平台提供的相关服务。继而，参照前文模型中提出的 QoS 评价指标体系，对候选服务组件进行了细致评测。鉴于两个平台都是行业内较为优质的服务提供方，其信誉度、响应时间、可靠性均可以满足原型系统的要求，而且其提供的免费服务均可以满足原型系统的需要，因此，评测重点关注的是服务的准确性。

经过评测，选择了百度 AI 开放平台的 3 个服务组件，包括图像审核、物体识别、图像检索；选择了腾讯 AI 开放平台的 2 个服务组件，包括场景识别、图像描述。

③面向植物信息视觉搜索的服务组件融合实现。根据视觉搜索的处理流程，服务组件的融合包括两个方面，一是对采集的植物信息资源进行处理，形成搜索服务所需的资源库；二是接收用户的检索词，经处理后返回检索结果。

④建库环节的服务组件融合实现。首先，从采集的植物信息中，读取一张图片，并通过 SDK 调用百度提供的图像审核服务。其次，对于通过审核的图片，同时调用百度的物体识别、腾讯的场景识别和图像描述服务组件进行处理。再次，对于物体识别服务组件返回的结果，若前 $k-1$ 条结果的置信度之和小于 80% 且前 k 条结果的置信度之和大于等于 80%，则取前 k 条结果作为识别结果；场景识别服务组件返回的结果中，取置信度最高的作为图片对应场景，若图像描述服务组件只返回一条结果，对其进行规范化处理直接使用即可。最后，按照百度图像检索服务组件的输入要求，对通过审核的图片及其对应的物体识别、场景识别和图像描述结果进行规范化处理，并调用图像检索服务组件进行处理，实现资源库构建。

⑤服务环节的服务组件融合实现。首先，由原型系统接收用户上传的图像数据；其次，通过 SDK 调用百度的物体识别、腾讯的场景识别和图像描述服务组件进行处理，输出结果的要求与建库环节一样；再次，按照百度图像检索服务组件的要求，对上一步处理结果进行规范化处理，并连同图片一起输入，调用图像检索服务组件进行处理；最后，对图像检索的输出结果，按照原型系统预设的模板加以处理，并作为检索结果返回给用户。

⑥植物信息视觉搜索原型系统效果展示。在完成原型系统开发的基础上（首页如图 8-16 所示），对原型系统的可用性、稳定性和效果进行了测试。可用性和稳定性方面，连续 300 次的检索实验中，系统均运行平稳，正确完成了各服务组件的融合，并按预期返回了相关结果；运行速度方面，体验上与商业视觉搜索服务的效率相近，虽然仍存在一定的等待时间，但属于可接受范围。

为展示原型系统的检索效果，以图 8-17 所示的图片作为输入内容进行展示。该图片来源于一家花店内拍摄的照片，包含了洋桔梗、月季花、石竹、花毛茛等多种花草，但最突出的是洋桔梗和月季花。

图片上传后，原型系统调用物体识别、场景识别和图像描述服务组件进行了处理，返回的中间结果（表 8-1），对应的系统界面如图 8-18 所示。按照系统运行策略，植物识别结果取前 2 条，分别为洋桔梗和月季花；场景识别结果为室内花店；图像描述结果为"摆放着的一束花朵"。

图 8-16 植物信息视觉搜索
原型系统界面首页

图 8-17 查询图片示例

表 8-1 图像语义识别结果

项目	植物识别			看图说话	场景识别
结果	洋桔梗	月季花	玫瑰	摆放着的一束花朵	室内花店
概率	0.607	0.33	0.082		0.726

　　至此，原型系统将图片和物体识别、场景识别、图像描述结果一起输入，调用图像检索服务组件进行处理，并分别返回了不同输入条件下的检索结果，继而对检索结果按照模板进行加工处理，分组进行展现。默认状态下，展现相似图片检索结果，即从视觉角度出发，看起来较为相近的图片，如图 8-19 所示；并通过同物种植物图片、同场景图片和同语义图片三个标签展现其他三类检索结果，点击对应标签，则可以查看相关结果，如图 8-20 至图 8-22 所示。需要说明的是，一张图片中可能包含多种植物，为便于用户查看，在同物种植物图片检索结果中，按照物种对检索结果进行分组展示。

图 8-18　输入图像的识别结果

以上为原型系统的图片搜索过程，植物信息视觉搜索原型系统的总体检索效果较好，返回的相似图片、同物种图片、同场景图片和同语义图片的相关性较好(图 8-19 至图 8-22)，尤其是排序靠前的几条结果。从系统处理的中间数据看，物种识别服务组件的效果仍然不够理想，虽然能准确识别图片中的主要物种，但全面性仍有待提升。解决这一问题，需要实物体识别技术的进一步发展。对原型系统的可用性、稳定性和效果测试说明，服务融合模型的可行性较强，对于视觉搜索服务的效果也较好，基本可以满足现阶段的应用要求。从管理角度来看，采用服务融合方式进行面向行业的视觉搜索服务，能够避开复杂的技术实现工作，对提高开发效率和应用极具价值。

视觉搜索在商品检索、视频检索等领域已得到广泛应用，在行业信息服务中也广受关注。在行业的具体应用中，可将其分解为多个具体功能模块，选择能够实现行业所需功能的开放服务组件，通过 API 接口将这些服务组件融合为一个整体，以满足用户的视觉搜索需求。原型系统结果显示，基于服务融合的视觉搜索模型可行性强，同时能满足高效搜索服务的需求。

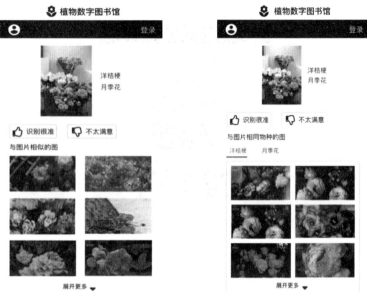

图 8-19　相似图片检索结果　　　　　图 8-20　同物种植物图片检索结果

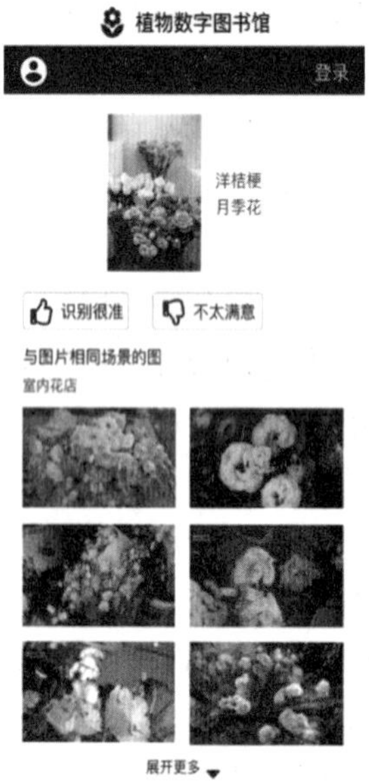

图 8-21　同场景图片检索结果 　　　　图 8-22　同语义图片检索结果

9 云环境下行业信息服务融合中的安全保障与监管

云环境下行业信息服务与安全监管具有相互关联的关系，在面向企业的跨行业信息资源组织与服务中，二者作为一个整体由相应的行业部门组织实现。随着大数据、智能技术和云服务的发展，行业信息跨系统开放共享机制的形成，提出了集中管理下的服务实施与安全监管规范化、法制化管理要求，因此需要进行统一、协调基础上的安全保障和安全监管的协同。

9.1 云环境下行业信息服务融合安全体制

基于全程安全保障的行业信息资源组织与服务，立足于国际信息化环境下的体制变革和制度建设，进行服务保障体系构建，与此同时进行安全保障的整体优化。

9.1.1 云环境下行业信息服务安全体制的形成

为适应云环境下行业信息资源安全机制的变化，需要进行相应的行业信息安全体制的变革。从广义上看，体制是国家机关、企事业单位在机构设置、隶属关系和管理权限配置上的制度安排建设制式。一定的组织建制框架下，存在一定的层次结构和组织关系，以及基于各类组织机构的责权确定。对于体制框架下的组织而言，存在着机构之间的交互、规则和程序规定，以此确定基本的组织建设定位。

在行业信息服务组织中，信息安全体制是指为保障信息资源及其利用安全而进行的机构设置和责权配置的体系化制度安排。行业信息安全体制建设涉及以下几个方面：行业信息资源安全保障机构设置，由政府部门和行业组织实施安排；信息安全保障机构隶属关系的确立和行业责任主体之间的管理协调。其中，安全保障机构间的权限、责任划分以及安全保障实施主体的职责规范是关键。

从互联网应用与发展的角度看，对基于互联网的信息服务实行统一的管理协调具有重要性。一方面，对于行业信息服务，应在社会化管理体制框架下，按照功能现实和交互影响的原则，将管理职能在行业信息资源与服务中进行合理配置，使基于互联网的行业信息服务进一步规范化、体系化和开放化。另一方面，为了全面行使互联网服务管理职能，应通过强化协调组织或调整安全的责权，对安全监管体制进行完善。在关联作用上，行业安全和网络安全作为服务监管的重要方面，在管理体制上应进行两方面管理的协同，同时按社会公平原则进行结构优化。基于此，在行业信息资源安全体制构建中，应按行业信息资源与服务组织形式，在国家安全体制基础上进行行业体制构建。事实上，行业信息安全作为信息网络安全的重要组成部分而存在，其安全体制应在网络信息安全监管体制的基础上确立；同时，在行业信息安全监管中，应注重跨部门的协同推进。在实施层面上，应根据信息服务安全机制要求和行业信息安全保障需要，进行监管机构的设置和职责调整。

在行业管理层面，新的信息组织与服务技术产生或应用的拓展，既可能导致原有行业自治职能和管理职能的变革，也可能会产生新的行业关系或引发行业体制的变革。在行业体制建设中，需要考虑新技术应用所产生的冲击和影响。因此，行业信息资源安全管理体制的确立，需要关注云计算和智能交互所产生的影响。

在行业信息安全保障实施中，新一代技术的应用需要同步调整原有的部门责任体系。因此，面对行业信息安全保障中的现实问题，需要充分考虑相应的实现对策和所采取的措施。

从总体上看，行业数字信息资源安全体制是基于全面安全保障的运行体制，其中的安全保障机制作为安全体制的基础而存在。这说明，大数据网络安全保障机制的形成从客观上决定了安全体制中的基本关系和权责分配。

如图9-1所示，行业数字信息资源安全管理体制、安全保障机制和安全支持之间存在着必然的联系。表现为：行业数字信息资源安全保障机制中的一个基本要素是安全支持，安全保障实施需要各方的协同支持，主要包括数字信息资源系统的上下游资源、技术和设施支持；在行业数字信息资源安全保障的组织实现中，需要适应安全机制的顶层安全管理体制确立，其建设与支持环境和机制作用密切关联；在安全保障实现中，先需要保证行业互联网的安全可用，

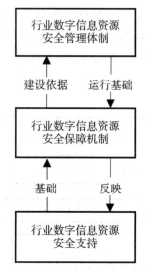

图 9-1　行业数字信息资源安全体制

为组织和协调资源利用提供保障，这就需要不同的资源和主体在一定体制下的参与，同时还需要相应的资源协同调配机制支持。如果其中的环节发生变化，则基于安全保障机制的安全体制也会随之改变，这说明行业数字信息资源安全体制的构建需要以安全保障机制和安全支持为依据。从体制作用上看，行业数字信息资源安全体系构建需要以信息安全支持为依托，构建与机构运行相适应的保障体制。

在信息化服务中，我国已具备完整的安全保障体系。在安全保障实施中，各方面主体的作用集中体现在信息资源安全体制和保障机制上。云服务和大数据网络环境下，网络信息安全机制正处于新的变革之中，因而需要确立与环境相适应的行业信息资源安全体制。对于行业信息资源跨系统安全保障而言，体制建设包括政府部门主导下的行业和机构信息安全保障的协同，以及安全保障的目标实现。

9.1.2　行业信息服务融合安全监管体制

行业信息安全保障不仅关系到行业信息资源组织与服务实现，而且涉及多方面主体，因而在服务融合安全监管中应确立整体化安全保障体制，以此出发进行安全监督的协同。互联网信息安全是一个全局性问题，基于互联网的行业信息资源组织和利用应在国家安全和信息环境安全框架下进行面向服务的安全监管。在实现上，围绕安全能力支持监督、基础设施安全和服务组织安全管理进行。在具体的实施构架上，实现信息服务组织、合作机构、行业部门、用户和相关主体的协同，从而全面实施信息资源安全、信息技术安全、信息业务安全、信息服务与用户安全保障。按安全保障协同机制，云环境下行业信息安全监管结构如图 9-2 所示。

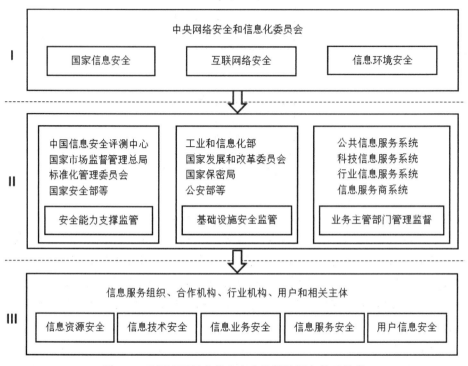

图 9-2　云环境下行业信息安全监管体制与体系结构

　　如图 9-2 所示，数字网络和云环境下的行业信息安全监管在国家信息安全、互联网安全和信息环境安全框架下实现，中央统一部署和国家安全保障层面上的组织，决定了行业信息安全保障的实施构架。在安全监管层面上，中国信息安全测评中心、国家市场监督管理总局、标准化管理委员会、国家安全部的监管具有对安全能力保障的约束性；行业信息服务所依托的基础设施安全监管，在工业和信息化部、国家发展和改革委员会、国家保密局和公安部等国家部门的管理下进行；政府部门针对信息服务业务流程和环节，进行公共信息服务系统、科技信息服务系统、各行业信息服务系统和信息服务商系统的安全监管；对于行业信息资源、技术、服务和用户安全管理，信息服务组织、合作机构和相关主体负责全面实施。从行业信息安全要素上看，信息资源、信息技术和网络设施安全处于核心位置。在面向对象要素的安全保障中，行业信息资源安全、行业信息技术安全和行业信息网络设施安全在安全保障的责任体系中应得到完整的体现。在信息技术安全保障与监管中，安全标准制定和监管实施的责任机构包括科技部、工业和信息化部、标准化管理委员会等。信息基础设施的安全监管部门包括工业和信息化部、国家保密局等，由行业信息服务主管部门会同相关部门执行。

行业信息服务融合安全监管中，面向产业链和创新价值链的跨行业信息共享和融合服务的开放特征决定了信息安全的协同保障责任。信息化发展中，行业信息资源的安全监管已不限于行业系统内的实施，而需要国家安全体制下的各部门、系统的协同实现。面对这一现实，需要确立与信息服务协同组织相适应的安全体系。在协同基础上，同步推进专门化的安全认证和安全监管。在信息服务安全认证中，协同推进可信服务认证。对此，自 2013 年 5 月开始制定标准以来，我国进行了认证的制度化推进，这一变革为行业信息服务的安全运行提供了可靠保障。

在行业信息安全管理中，行业组织作用的发挥具有关键性。我国的《网络安全法》明确规定了网络行业组织的作用，同时在制定网络安全法律条例中进行了进一步细化。在安全保障监管中，行业协会、联盟等自治组织应发挥各自的作用。就行业自律结构而言，安全监管主要包括行业信息资源服务组织及供应商行业组织、涉及网络安全的行业组织，以及信息安全评测、认证行业组织和部门等。在行业运行关系上，其组织构成如图 9-3 所示。

如图 9-3 所示，云环境下信息安全的行业组织结构是一种关联结构，行业组织在安全保障上的协同关系决定了信息安全的基本保障构成。按安全保障与监管要求，其职责结构如下：

①信息硬件基础设施安全的行业监管。计算机硬件、网络通信、信息采集和处理设备生产、供应是信息资源组织与服务的基础性保障，基于网络的基础设施安全因此而成为行业信息资源和服务安全保障的重要方面。在开放环境下，对硬件设施的安全设计、生产、供应和利用，应进行专门化的行业监管。按社会化协同管理的分工原则，包括通信行业协会、计算机行业协会、网络安全产业联盟和云计算联盟等行业组织在内的行业机构负有保证产品质量和使用安全性监督责任，这也是各行业信息安全保障不可缺少的组成部分。

②信息安全和网络安全的行业管控。信息安全与网络安全保障是网络运营和通信服务商开展服务业务的基本要求，其安全监管在国家安全框架下规范运

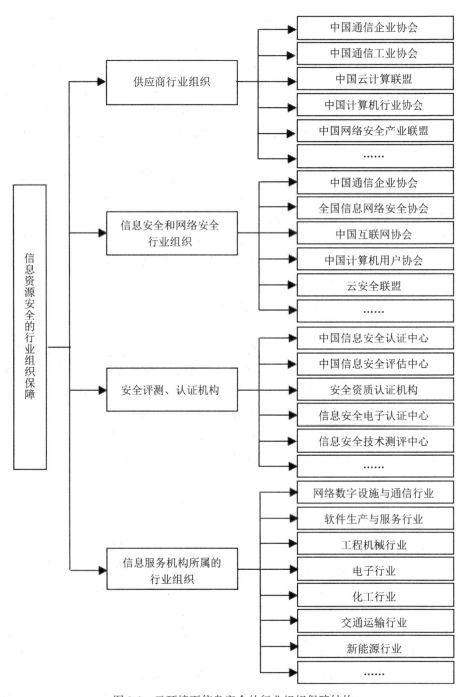

图 9-3 云环境下信息安全的行业组织保障结构

作，作为行业自律组织的协会或联盟在国家安全和网络安全法律法规的遵循和实施上负有制度所赋予的职责。在监管实施中，全国信息网络安全协会、中国通信企业协会、中国互联网协会和云安全联盟等负责行业安全规范和安全标准的执行，监督行业安全保障的实施，提升安全防护水平，维护网络环境安全。同时，在协助业务部门加强计算机网络安全监管中，推进信息网络安全突发事件的应急处置，建立联动机制。所有这些活动，体现了其在行业信息安全保障中的重要作用。

③信息安全评测和认证组织。基于互联网的信息资源组织服务，需要通信运营服务商、网络基础设施供应商、信息系统集成服务商、数据库服务商和云服务商的合作，因而存在多方面的资质管理、安全测评和认证问题。信息资源组织与服务各环节的资质和安全认证，旨在为各信息资源网络化组织、共享和服务的开展提供安全测评和资质管理依据，从而减少在产品和服务选择上的盲目性，降低其安全管理成本。面对信息资源云服务选择和利用安全问题，可信云服务认证具有针对性和现实性。在技术、系统和资源层面的测评和认证中，信息安全认证中心、安全资质认证中心、安全测评中心、技术认证中心等测评和认证在安全监管中具有不可替代性。

④行业信息资源服务机构的自治组织。各行业系统的信息服务组织需要所属行业的管理部门、行业协会或行业联盟机构履行安全监管职责。通过行业管理约束和自律，保障信息资源和服务安全。在跨行业的信息资源共享和服务协同中，行业组织通过对本行业信息服务的规范，发挥更加全面的协同治理作用。为保障跨行业信息融合服务安全，行业组织需要在网络安全、信息安全和服务安全框架下，进行面向本行业信息安全保障的部署；在此基础上，进行信息服务安全管理的行业规范和条例执行。这两方面的工作同样需要在跨行业信息资源整合与服务融合中进行，协同开展跨系统的信息安全监督。

9.2　行业信息云服务可信认证与主体责任划分

由于各行业信息服务主体的资源特征和安全需求具有较强的共性，因此面向行业云服务的安全保障组织构架具有普遍适应性。从总体上看，基于云服务的行业信息安全保障需要在各行业参与主体的交互和协同中实现，因而从安全链关系出发进行行业信息资源安全保障的组织具有必要性。其中，行业云计算应用服务还应注重可信云计算认证，以此出发为行业信息资源和云服务安全提供基础性保障。

9.2.1　行业信息资源云服务中的安全认证

云环境下跨行业信息资源融合中的安全保障,围绕行业云服务进行组织。基于平台的行业信息资源融合服务,除资源安全外,应注重云服务商的安全可信度,以此进行安全保障的可信组织。同时,由于各行业云服务所具有的共性特点,可以按统一的规范实施安全监督,在云服务安全认证的基础上进行服务安全规范。

从云服务面向行业的组织实施上看,云服务商进行集中安全保障的范围越大,对行业信息安全保障的要求就越强。据此,可以按云服务的范式进行SaaS、PaaS、IaaS 云服务的区分,从而构建相应的安全体系。基于此,云计算环境下行业信息安全体制的建设,需要强调不同云服务安全规范的标准化建设。

在面向行业资源的 PaaS 和 SaaS 服务组织中,其实现方式可区分为基于开放化服务的组织和公共供给模式的组织。在开放化的服务组织中,面向不同行业的 PaaS 和 SaaS 云服务在安全可信的前提下实现跨行业的开放利用;从云服务的公共属性出发的公有云服务,以公共模式进行服务的组织,由行业信息资源用户所共用。

在服务与安全保障的技术实现上,行业云服务可以采用多种方式进行。对于 PaaS 服务可以基于应用软件层进行部署,SaaS 服务可在数据平台上进行构建,IaaS 则可以进行基于开放化形式的安排。图 9-4 在 IaaS 基础上进行了PaaS 和 SaaS 云服务实现构架。其构架包括开放化 IaaS 公有云模块、面向行业的 PaaS 服务和面向信息资源的 SaaS 服务。在服务体系构建中,应强调面向信息资源的安全组件。

开放化 IaaS 公有云可以作为面向行业信息资源的 PaaS 和 SaaS 服务的基础,因而 IaaS 安全对 PaaS 和 SaaS 的安全至关重要。在云服务平台构建中,需要选择通过可信云服务认证的服务商进行合作。服务组织中为了确保交互性,应进行 IaaS、PaaS 和 SaaS 云服务安全的全面保障,避免某一安全事故的发生使整个服务中断,同时避免云服务商的锁定。

行业 PaaS 云服务既可以面向信息资源用户开展,也可以作为 SaaS 构建服务的基础。在服务实现中,除满足行业信息资源服务的功能需求外,同时需要满足运行中的安全保障需求。

SaaS 云服务组织既可以进行整体化的 SaaS 服务组织,也可以进行一系列功能模块的开发和部署，其中包括 SaaS 存储服务、SaaS 检索服务和个性化 SaaS 定制等。在进行 SaaS 服务构建时，需要针对行业信息安全和服务主体安全需求进行全流程安全部署和保障。

在行业信息资源云服务组件中，特定的安全保障可通过 PaaS 和 SaaS 服务内嵌的基础安全保障达到其安全要求，增强型安全保障工具因而具有较广的适应面。在面向行业用户开展云服务时，往往需要提供一些防护能力更强的安全云组件，如数据加密、DDoS 防御、访问控制组件等，其软件应用可根据需要进行定制。

如图 9-4 所示，无论是何种形式的组合服务，可信云服务认证都是规范云服务商信任关系和保证服务安全的基本方面。可信服务认证作为管理和技术融合的安全手段，在国内外实践中不断完善。

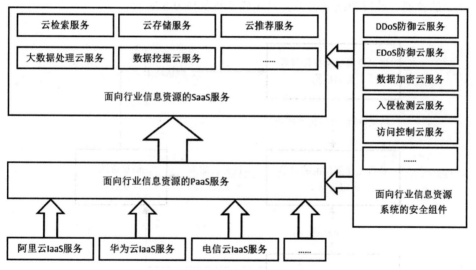

图 9-4　基于 IaaS 的行业信息 PaaS 和 SaaS 服务组织

可信云服务认证由数据中心联盟和云计算发展与政策论坛联合组织，于 2013 年 10 月正式启动。在我国工业和信息化部的指导下，认证的核心目标是为用户选择安全、可信的云服务商提供支撑。按科学性原则，可信云服务认证测评内容包括：数据存储持久性、数据可销毁性、数据可迁移性、数据保密性、数据知情权、数据事实性；业务质量、业务功能、业务可用性、业务弹性、故障恢复能力、网络接入性能、服务计量准确性；服务变更、终止条款，服务赔偿条款，用户约束条款和服务商免责条款。由此可见，当前的云服务可信认证主要是面向通用需求的认证，尚缺乏面向行业的针对性，因此需要拓展可信云服务认证的覆盖范围，完善面向行业信息服务的可信认证体系。

为推进面向行业信息服务的可信云服务认证，需要建全专门机构的认证体制，其所涉及的主体包括行业组织和第三方机构。另外，安全保障协调机构通过专门的委员会负责可信云服务认证标准体系建设，进行认证资质审核。在具体实现上，可通过审核可信云服务认证资质建立审核准入机制，以对其进行监督。信息行业组织的职责在于推进可信云服务认证标准建设，进行具体的认证组织和认证资质的管理。认证中，第三方机构的职责主要是在行业组织框架下，对行业信息资源可信云服务进行认证。

在面向行业信息资源的云服务安全保障实施上，可通过工业和信息化部主导的可信云服务认证，开展行业信息资源可信云服务的认证。按可信云服务认证中的管理、授权和认证关系，其实施流程如图9-5所示。

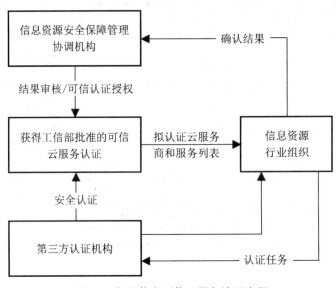

图9-5　行业信息可信云服务认证流程

如图9-5所示，获工业和信息化部批准的可信服务认证由第三方机构经授权承担；行业信息服务组织作为保障服务主体机构，在服务实现中可以获得需要认证的云服务商和相应的服务列表；在认证中，信息资源行业组织对第三方认证结果进行确认；信息资源行业组织将认证确认结果提交给信息资源安全保障监督协同机构；在可信云服务认证结果确认的基础上，进行云服务安全保障实施。

值得指出的是，可信云服务认证是一个持续性的工作。云服务商的可信云服务认证结果具有时效性，在颁布可信云服务证书之后，还需要对云服务进行质量和安全的持续性监督，同时要求云服务商定期提供基于可信认证标准的运行数据。认证中，认证有效期（如两年）满后，由第三方机构对其再次考评，考评合格则将有效期进行周期性顺延，否则将其可信资质证书注销。为更好地实现云服务协同管理安全目标，信息资源服务机构和云服务商需要明确各自的安全责任，在职责范围内推进云服务在信息安全保障下的融合。

9.2.2 云环境下行业信息安全保障主体责任划分

我国《网络安全法》规定，云应用系统上的云交付与服务，由云资源服务方和资源申请方共同承担信息安全责任。其中，云资源服务方应确保服务基础设施安全和云存储空间的网络服务技术支持安全；云资源申请方负责其开发、部署、运维的应用系统及相关内容安全，承担服务安全责任。云计算的技术构架和不同的功能定位决定了行业信息 IaaS、PaaS 和 SaaS 服务中的不同协同关系和安全责任。以此出发，应从不同的构架和服务组织关系出发，进行云服务商和行业信息服务机构的安全责任认定。

行业云服务组织中，IT 资源管理与服务的外包，以及行业信息资源服务机构与云服务商的合作，并未改变行业信息机构的主体安全责任关系，行业机构依然是行业信息资源安全的主体责任者。主体责任机构需要组织行业信息资源云安全保障的实施，同时对本行业、跨行业云安全保障负责。在安全保障实施中，其主体责任包括行业信息资源安全管理责任、服务组织安全责任和协同安全保障责任。在行业信息资源安全保障中，信息服务机构还具有安全保障实施责任和对合作、协同方的安全监管责任，这两方面交互融合而成为一体。

在行业信息资源云服务组织实现中，一是根据行业或跨行业融合信息需求和行业信息资源开发需要，进行可信云服务商和云服务业务的选择；二是明确云服务安全保障的职责范围，按其所采用的云服务模式进行基于云平台的资源组织与服务运行。如图 9-6 所示，在 IaaS 服务中，行业信息资源系统负责基础开发环境安全、数据安全、软件应用安全和平台客户端安全，可信云服务商负责基础设施安全、硬件环境安全和云计算服务及利用安全；在 PaaS 服务中，行业信息资源服务机构或行业信息服务联盟主体负责应用软件安全、数据安全和客户端运行安全，云服务商需要承担 IaaS 模式下的全部安全责任，同时负责操作系统安全和网络基础开发环境安全；在 SaaS 服务中，行业信息资源服务机构或联盟主体负责行业信息资源数据安全和云平台运行安全，云服务商承担包括 IaaS、PaaS 模式下的全部安全责任以及其他环节的安全保障。鉴于行业信息资源服务机构或联盟组织可能采用混合云部署模式，其在安全责任上的划分上需要在安全协议下进行约定，以确保全面安全保障的目标实现。

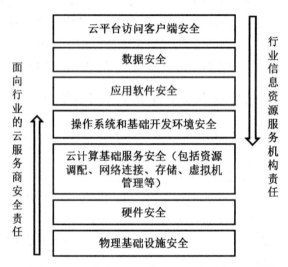

图 9-6　云服务模式下的行业信息服务安全保障责任

如图 9-6 所示，行业信息资源服务机构作为全面安全保障的安全监管主体，需要对可信云服务商的安全责任履行进行监督；同时，云服务商进行基于协议的安全责任监督、信息资源安全标准的执行、云服务安全事件处理监督和云服务平台的安全监测。另外，还需要在云服务商的协同下，对行业信息资源云服务安全性能指标、安全技术接口和安全应用等进行监督。

云服务商作为云安全保障的责任者，其信息资源安全保障围绕云资源存储、组织安全和云服务利用安全进行，在服务中确保公共安全、用户安全和行业信息资源机构的云交互安全。从图 9-6 可知，云服务安全保障职责与信息资源机构的安全职责具有互补性。在 SaaS 模式下，云服务商的安全保障责任涉及共享数据、操作系统与开发环境、云计算基础服务、硬件和物理基础设施；PaaS 服务商的主要职责在操作系统与基础环境、云计算基础服务、硬件和物理基础设施安全保障上；IaaS 服务商的主要职责在于对云计算基础服务、硬件和物理基础设施的安全保障。由此可见，云服务商安全保障责任与其所开展的服务相适应。安全保障中，云服务方接受安全监督的同时，提供应用于信息资源安全监管的工具，实现与信息资源服务机构的保障协同。另外，云服务商需要按安全符合性要求，开展周期性的风险评估，保证符合要求的安全响应能力。

行业信息机构与云服务商的安全保障责任划分，旨在实现二者在安全保障中的分工和合作，在协同安全保障中实现符合预期的目标。

为了建立安全保障的有效约束机制，需要在信息资源服务机构与云服务商安全责任划分的基础上，将责任落实在从物理基础设施到云平台客户端的多个环节之中。其目的在于，针对每一环节的安全责任，建立一体化安全监控体系，通过对行业信息资源组织与服务的约束，保证其全面安全保障的目标实现。

对于需要行业信息资源服务机构和云服务商共同负责的安全保障环节，在全面安全保障中应建立合作和响应机制。在行业信息资源云服务安全保障推进中，应进行优化安全保障的统一部署；为了协同安全保障的实现，还需要通过流程上的规范化增强安全风险应对和事故响应能力。对于云服务商所提供的安全防护和管理工具，应进行面向行业信息资源服务机构的应用规范，以改善安全保障效果。行业信息资源服务机构在进行云服务部署时，需要充分适应其安全机制，进行信息资源安全环境的构建，以适应云服务安全架构和实现要求。

9.3 行业信息服务融合安全测评

云环境下的行业信息资源建设与服务安全控制，主要涉及两个方面的问题。一方面，需要制定云环境下行业信息资源安全控制的规则；另一方面，需要保证云环境下行业信息安全控制的有效性。因此，云安全控制不仅是安全体制上的问题，还需要合理的安全控制实现保障。从整体上看，云安全保障的全面实现，在很大程度上依赖于安全监控测评，在按序进行数据获取、处理和分析的基础上，保证安全控制的可靠性。

9.3.1 云环境下行业信息服务安全测评流程与方法

云环境下的信息安全是行业信息云服务组织必须面对的。应对云安全风险，并不是进行事后的安全事故处理，而是适时进行预防和同步处置，这就需要通过测评进行有效控制。在与云服务商的合作中，行业信息资源服务机构将服务数据存储在云端，因而对数据和业务的安全性具有特定的要求。在这一情况下，数据和系统风险便成为不可回避的问题。对此，需要确定合理的数据和系统安全控制指标，以便在行业信息资源云服务中对其进行持续的把控，从而保障云环境下行业信息资源建设与服务的整体安全性。在行业信息资源云服务中，还需要适时进行安全控制的策略调整，以针对环境的变化提高安全控制的有效性。动态环境下，行业信息资源云服务安全测评过程如图9-7所示。

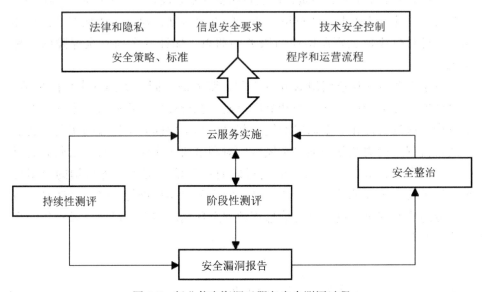

图9-7　行业信息资源云服务安全测评过程

在图9-7所示的安全测评中，云安全测评与信息系统安全评估具有一致性，因而行业信息资源云服务安全测评可视为信息系统安全测评在云计算环境下的发展。对于信息系统安全测评业已形成的系列规范，有早期颁布的美国《可信计算机系统评估准则》、英国《信息安全管理实施规范》(ISO/IEC1799：2000)等。在这些规范的基础上，随着云计算技术的发展和普及应用，在国内外形成了相应的测评准则。其中《可信计算机系统评估准则》按7个等级进行测试和评估。由于公布时间较早，《可信计算机系统评估准则》处于不断完善之中。

英国《信息安全管理实施规范》在面向信息系统安全运行的测评中进行安全规划、安全执行、安全检测和安全改进的管理规范；美国《信息系统安全控制评估指南》(SP800-53A)则规定了信息系统评估方法和规程，进行了概念框架的说明和测评。

云计算信息系统模式基础上的安全测评，需要在信息系统测评的基础上进行相应的变革，以适应云安全保障形态。在基于云服务的行业信息资源组织与利用中，云安全测评不断取得进展。其中，涉及云服务的用户隐私保护，美国的《联邦部门和机构使用云计算的隐私建议》明确了云服务隐私安全风险，在界定隐私范围和隐私权的基础上进行了隐私安全风险评测的规范；《公共云计算安全和隐私指南》针对公有云计算中的安全威胁和风险，提出了测评保障措施。与此同时，欧洲网络与信息安全局(ENISA)所提出的信息安全保障框架，针对网络虚拟服务的发展和云服务的应用，明确了云平台安全指标，为云安全测评提供了依据。云安全联盟(CSA)发布的云安全控制矩阵3.0中，对云客户端的整体安全风险评测进行了说明，按云供应商的基本安全保障环节进行了细分，其控制框架涉及16个领域，从整体上适应了行业标准与规则。

在云服务安全保障测评中，传统信息系统安全测评的基础上的发展主要集中在云服务商安全能力测评、云计算安全测评、云服务客户端安全测评和云存储资源安全测评等方面。面对云计算环境下的行业信息资源存储和服务安全保障的规范要求，需要进一步明确测评标准和规范测评内容。为了应对行业资源云计算服务风险，在提高整体安全防护能力的基础上，需要面对虚拟安全、数据安全、应用安全、多租户安全和系统安全方面的问题进行测评组织。与信息系统环境不同的是，云环境下的信息安全测评需要在系统异构、物理和虚拟混合的情况下进行安全融合测评。

我国从颁布《计算机信息系统安全保护条例》到安全等级保护的组织，其系统安全测评在较长时间的发展中形成了成熟的体系，从而为云环境下的行业信息安全测评提供了支撑。信息系统安全测评中的等级测试，以国家相关标准为依据进行。在系统安全测评的基础上，可进行有序化的云测评组织，其环节包括云安全测评准备、测评方案编制、现场云安全测评、安全测评分析和报告完成。云环境下行业信息安全测评流程如图9-8所示。

如图9-8所示，云环境下行业信息安全测评按安全测评准备、安全测评方案编制、安全测评组织和安全测评报告流程来实现。① 在安全测评准备阶段，完成测评启动，成立第三方测评小组，通过行业信息云服务数据搜集为测评实

---

① 李倩. 证券期货行业的信息系统安全等级评测[J]. 电子产品可靠性与环境试验，2013，31(1)：54-58.

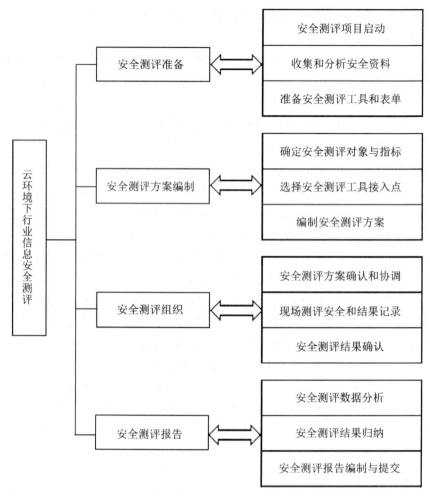

图 9-8　云环境下行业信息资源安全测评流程

施提供依据；在安全测评方案编制阶段，明确行业信息云安全测评的对象与内容，制定完整的测评方案；在安全测评组织阶段，按预定方案进行合规测评，处理测评数据并形成完整的记录；在安全测评报告阶段，对运行测评数据进行分析，生成行业信息云安全测评报告。在有序化的行业信息云安全测评中，需要测评方合规独立地完成测评工作，形成安全测评报告，以保障云安全测评的客观性、真实性和完整性。一般而言，行业信息云安全测评包含两方面内容：一是安全控制测评，二是平台整体测评。云环境下行业信息安全测评与信息系统安全测评具有一致性，其安全控制测评通过工作单元来进行，对工作单元的测评应与安全内容相对应。在测评实现上，行业信息云安全测评工作单元如图 9-9 所示。

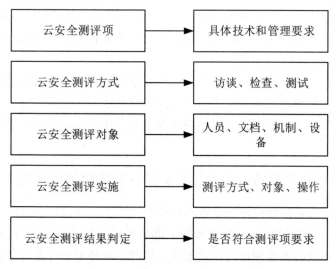

图 9-9　行业信息云安全测评工作单元

如图 9-9 所示，在行业信息云安全测评中，按具体的技术和管理要求，可通过访谈、检查和测试的方式进行数据获取。其中，访谈和检查方式用于面向应用体验的安全保障调查，通过规范化处理评定安全保障的等级；测试方法用于安全技术指标体系下的安全性能等方面的检测和实时数据获取，从客观上反映安全状态和水平。

行业信息资源云服务由于涉及多元对象和虚拟环境下的云安全结构，在信息资源系统云服务安全测评中，应明确涉及的人员、文档、机制和设施，采用面向对象的方式规范操作，以获取用于指定安全状况的数据。从安全管理角度看，可采用双向定级的方法，根据云服务认证等级进行基于等级标准的安全测试和分析，其测评结果由信息资源机构和云服务提供商协同确认。对此可采用《定级指南》等标准，确定行业信息资源云端数据和业务安全等级。为保证测试的客观性，可引入第三方机构进行安全测评，以此提高云服务的安全可信度。

在行业信息资源云安全测评实施中，云服务商提供的云平台和多方合作构建的云服务平台，存在平台安全结构上的差异。对于单一服务商提供的平台，可采用系统安全测试方式进行测试；对于多方合作平台，应着重于基于服务链的融合平台安全测评。在行业信息资源系统融合中，平台服务涉及多方合作机构，因而云服务平台的基于云供应链的协同安全保障结构决定了测评的对象和内容。安全测评包括云服务提供商、行业信息资源机构和合作方的服务运行安全，需要根据多元测评对象确定测评构架，从而使云供应链安全得以全面保障。

从总体上看，云环境下行业信息资源安全测评是对系统测评的发展，所不同的是测评对象和测评技术上的差异，因而应着重于云数据安全、虚拟化服务安全和云资源应用安全测评，具体测评方式和实现手段需要进行相应的调整和改进。

9.3.2 基于安全基线的行业信息服务融合安全测评实施

云环境下行业信息资源安全管理在系统层面上，源自组织管理层和任务流程层的信息安全控制要求。不同云服务部署模式下的不同安全关系和风险来源，决定了不同的安全测评与控制形式。因此，云环境下行业信息资源安全管理应针对信息资源云服务的不同模式，采取不同的信息安全管控策略；与此同时，在安全风险控制上设立统一的安全基线标准，以实现跨系统协同安全保障的目标。

由于云环境下行业信息资源云服务平台的构建和基于平台的服务组织涉及多元主体，需要应对结构复杂和服务多元的问题。因此，行业信息资源云安全测评和基于测评的安全管控，必须适应复杂环境和要素作用下的信息安全控制要求。从总体上看，云环境下行业信息资源安全管控中，必须进行统一规范和基于基线的安全控制目标。

安全基线是一种基本的安全底线，云环境下设立行业信息资源安全基线是为了有效控制云安全风险。行业信息资源服务及运行，通过安全基线加以明晰，在信息安全基线内进行云系统和行业信息资源的维护和利用。行业信息资源安全基线的设立，对云环境下行业信息安全具有重要作用。事实上，由于云服务的虚拟性和多元安全因素的影响，云服务商的安全承诺往往限于抽象性描述，缺乏对安全标准的硬性规定，从而使用户感到失望。针对这一现实，高可信度的云计算安全，需要通过严格的云安全基线设置运行来保障。在不同云服务模式下，对安全基线的确立应有不同的规范。在 IaaS、PaaS 和 SaaS 服务中，可根据云服务的范围、内容和对象，在安全责任规范的基础上实现基于基线的安全保障。在安全基线管理中，美国联邦风险与授权管理的云安全构架具有标准规范上的意义。联邦风险与授权管理(FedRAMP)是一项美国政府范围内的计划,旨在为云产品和服务的安全评估、授权和持续监控提供标准化的方法,要求所形成的解决方案满足合规标准。在 FedRAMP 计划中,根据 FISMA 标准化要求使用 NIST800-53 控件进行安全授权,完成授权后的持续评估和安全维护任务。① 包括 FedRAMP 在内的实践表明,对于云服务而言,可以充分利用云安全控制基线制定安全控制策略。从整体上看,云安全基线需要在系统安全的基础上设立,FedRAMP 云安全基线在联邦信息系统和组织的安全及隐私控制(NIST SP800-53)的基础上,实现了云环境下安全控制的拓展。

参照 FedRAMP2.0 和 NIST 800-53,行业信息资源云安全基线设置可以从安全评估和授权、标识和鉴别、事件响应、物理和环境保护、风险评估、系统和信息完整性等方面着手,进行基于大类的安全管控。其中,NIST 800-53r4进一步扩充了访问控制以及系统和服务采购的内容,以期覆盖云供应链安全要求。②

行业信息资源云安全基线的设置具有复杂性和关联性,COBIT 作为一个IT 治理框架和工具,在信息安全控制目标、技术和风险之间建立的关联关系,可用于定义和制定安全基线,因而在云信息安全控制中具有普适性。③

安全基线的设立为行业信息资源云服务安全测评提出了基础性要求,在跨行业云服务融合中,以此建立基于安全等级的测评标准和可信服务的认证准则具有可行性。

在基于安全基线的行业信息资源云服务测评中,目前尚无统一的行业云计算安全测评标准。鉴于云服务安全测评和系统安全测评总体构架上的一致性,可按信息系统等级保护原则将其分为管理层面和技术层面上的测评,在管理和技术框架下分解为各项指标,即在信息系统安全基线评测的基础上确立云安全测评的基线指标。

根据安全基线进行云资源和行业云服务安全测评具有现实性,以此出发可以确定可信云服务认证关系。从云服务组织和应用上看,《可信云服务认证评

① Gartner:企业应建立高水平云计算安全基线[EB/OL]. [2016-03-20]. http://zhuanti.cww.net.cn/tech/html/2013/4/24/20134242029317705.htm.

② 美国标准与技术研究院特别出版物 800-53 版本 3[EB/OL]. [2016-03-06]. http://dx.doi.org/10.6028/NIST.SP.800-53r4.

③ 周亚超,左晓栋. 网络安全审查体系下的云基线[J]. 信息安全与通信保密,2014(8):44-46.

估方法》为云计算在各领域的应用提供了可信安全保障依据。① 根据可信云服务认证评估要求，行业信息资源云服务安全测评包括云数据库安全测评、云主机服务安全测评、对象存储服务安全测评、块存储服务和云引擎服务安全测评。② 行业信息资源云安全测评基础上的评估，从可信云服务角度可进行进一步细化。

ISO/IEC27017 和 ISO/IEC27001 系列标准对云服务提供商和云客户安全责任作出了界定，从云服务安全认证出发对信息资源客户系统安全进行了规范。基于标准的监控实施，对于行业信息资源云服务而言具有适用性。在行业信息资源整合和服务融合中，云服务所提供的数据存储和交互平台已成为行业信息服务不可缺失的重要部分，其安全保障因而处于重要位置。因此，行业信息资源云安全测评需要从云服务提供商和行业信息资源机构关联关系出发，进行基于 ISO/IEC27001 标准的安全认证与测评。在安全测评实施中，应将安全管理测评与安全技术测评相结合，围绕网络安全、虚拟化安全等方面的核心安全保障，构建安全测评体系和内、外部安全控制体系。

行业信息资源云安全测评，是基于对云环境下行业信息资源云服务平台的安全防护而展开。其中：物理安全和基础设施安全测评在 IaaS 服务、PaaS 服务、SaaS 服务中具有一致性，其作用在于支持云服务和行业信息资源系统的安全运行，如果物理基础设施存在安全问题，那么整个行业云服务安全也难以保障，因此需要对物理设施安全进行实时监测和控制。虚拟化是行业信息资源云平台服务的基本特征，通过虚拟化可以实现资源的协同共享，因此虚拟化安全测评需要围绕资源配置安全、虚拟机安全和访问控制安全等方面的核心安全保障内容进行。鉴于 PaaS 和 IaaS 的不同组织机制，其测评组织应有不同的基点。PaaS 安全测评需要围绕开发环境、安全接口和多用户安全隔离测评进行，需要采取针对性的安全控制措施。SaaS 安全测评需要强化应用安全防护、数据安全控制和虚拟网络安全等，需要进行针对服务环节的安全评估。行业信息资源云存储服务中，如何保证云端数据安全，是云服务安全控制的关键部分，因此在测评中应注重数据存取安全、备份管理安全、数据传输安全和数据访问控制安全。

在管理上，进行云服务的安全管理策略和合规控制具有重要性，其系统运

① 何明，沈军. 云计算安全测评体系研究[J]. 电信科学，2014(S2)：98-102.
② 可信云服务认证标准和评估方法[EB/OL]. [2016-03-20]. http://www.chinastor.com/yun-jisuan/0429151C2015.html.

维安全测评、应急管理测评等可以参照信息系统安全管理测评指标。另外，对于云环境下的虚拟化管理安全和合规安全监督，需要在信息系统安全管理测评的基础上进行细化。行业信息资源云服务安全测评内容与服务内容具有相互对应的关系，以云存储服务为例，其测评内容应包括存储数据安全、隐私安全、数据访问控制安全、数据合规性监控安全、密钥管理安全、云数据容灾与备份安全等。对于云主机安全测评而言，其内容应包括虚拟层安全测评、安全控制测评、变更安全管理测评等。另外，云服务不同的层级安全防护应各不相同的指标体系，因此所进行的管理测评应针对不同层次的关键点进行组织。对于基本的安全管理要求，可采取基线达标或扩展方式建立行业信息资源云安全测评体系，对此，表9-1按不同的云服务模式进行了归纳。

表9-1　行业信息资源云安全测评内容

测评层面与对象	信息资源云服务测评内容
物理安全与基础设施安全	物理设施安全、物理访问控制安全、入侵防护、接入控制安全、基础设施运行安全等
网络通信安全	虚拟网络安全、虚拟机安全、虚拟浏览安全、云管理平台安全、共享隔离安全等
应用/内容安全	安全隔离、代理安全、API安全控制、接口/中间件安全、开发环境安全、应用安全等
数据存储、管理安全	云存储数据安全、数据传输安全、数据访问安全、数据隔离安全、数据容灾与备份安全、数据删除安全等
身份认证/访问控制安全	身份安全管理、访问控制安全、加密/密钥管理安全、安全权限管理、访问安全协议等
安全运维管理	日常安全管理、安全防护、安全风险评估、平台运行维护、虚拟运行安全、应急安全响应等
安全管理机构和人员	安全管理机构设置、安全管理人员配备、安全管理责任、安全认证等
安全建设管理	安全管理制度建设、第三方安全监管、安全服务协议、安全认证等

在行业信息资源云安全测评中，对于不同的模式有着不同的要求和着重点。IaaS基础设施服务模式，主要围绕包括虚拟机监视器、硬件、云用户、操

作系统、中间件及应用在内的安全测试；PaaS 平台即服务模式，着重于网络硬件设施、虚拟机、操作系统、中间件等方面的安全测试；SaaS 软件即服务模式，其测试范围包括物理设施、硬件、虚拟机、监视器操作系统、中间件应用和云用户。行业信息资源云安全测试依据 GB/T22239.1 标准，从设施、运行、使用和管理安全出发来实施。

9.4　云环境下行业信息服务安全监测与响应

云环境下行业信息服务融合安全保障，仅仅依赖于安全防护是不够的，还需要针对安全事件的发生建立有效的预警和响应机制。在实施中，行业信息资源云安全风险控制需要通过全程的安全监测，对异常情况作出反应，以便按预案形成合理的安全控制方案。这说明，在安全预案的基础上，实现行业信息云安全事故的响应是必要的，旨在实现云环境下行业信息资源安全事故的风险控制和系统安全运行的目标。

9.4.1　云计算环境下行业信息资源安全监测

云环境下行业信息资源系统安全和服务平台安全监测围绕服务业务流程和客户端安全展开，监测的目的在于实时反映安全运行状态，对安全事件进行及时响应，以确保各方面的安全。行业信息资源云安全监测是进行安全防御和安全风险控制的基本环节，通过行业信息系统和云服务运行数据采集、分析和报告，实时展示用户端、应用程序和云平台系统安全状态，及时发现异常，在分析安全数据的基础上，为行业信息资源云安全事件的处置提供支持，以便将事件影响控制在合理的安全风险范围内。云环境下行业信息资源的多元组织和服务协同关系决定了安全监测构架。其安全监测及反馈过程，如图 9-10 所示。

图 9-10 在整体安全构架上反映了行业信息资源云安全监测流程，展示了反馈作用机制。事实上，安全监测作为行业信息资源云安全控制的重要环节，其作用在于通过监测实时应对事故和风险。在面向产业链和创新价值链的行业信息服务融合中，由于云服务的融入和行业资源的集中，其平台服务易受各方面的攻击或因非授权应用而形成安全隐患。行业信息资源云服务系统安全监测作为对抗攻击和威胁的有效手段，可通过实时的安全数据采集、分析和评估，及时采取针对性的安全控制措施或进行应急响应。

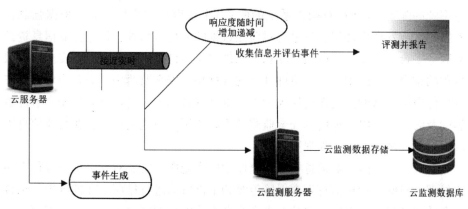

图 9-10 行业信息资源云安全监测及反馈过程

行业信息资源云安全监测不仅是实时安全响应与控制的重要环节，而且可以用于检验安全防护措施的有效性。在安全风险控制和时间响应中，安全控制策略一般是面向执行层的，因而缺乏对复杂系统安全监测的适应性。而行业信息资源云安全监测通过对事件数据的同步处理，可以及时反馈控制的执行结果。如果行业信息资源云安全控制策略是有效的，那么其所控制的安全事件就不会产生进一步影响；如果监测事件数据异常，那么则反映安全控制失效，而需要进行进一步响应或处置。云服务的虚拟组织特征和组织架构风险对行业信息资源服务安全的影响是必须应对的，云安全监测所提供的漏洞检测、事件监测和可用性监测支持具有关键性。对于 SaaS 服务而言，可以在用户无感知的情况下发现安全漏洞，锁定入侵事件，关停仿冒系统，以确保行业信息资源和用户云安全。行业信息资源云安全监测以信息资源服务机构和云服务提供商认可的方式进行，在安全事件尚未造成损失前进行自测，通过相应的安全监测规则判断监测事件的影响及可控性，以便发现安全漏洞及操作错误，同步进行响应和处置。另外，行业信息资源云安全监测的作用还在于为打击信息犯罪提供证据支持，通过云环境下行业信息资源安全监测数据的保存和合规调用，提供访问行为、系统运行等可信取证数据。①

---

① NIST Special Publication 800-37 Revision 1, Guide for Applying the Risk Management Framework to Federal Information Systems, A Security Life Cycle Approach[EB/OL]. [2016-03-20]. http://dx. doi. org/10. 6028/NIST. SP. 800-37r1.

对于云计算服务应用而言，运用云系统所具有的安全事件应对能力，可通过系统的配置（如通过对操作系统的配置）生成审计或系统日志，根据强制标签控制生成安全事件集，以进行对监测数据的分析。另外，通过行业信息资源云服务平台网络设施、应用程序和中间件安全事件流的生成，进行安全事件数据源的整合，形成用于安全事件处置的数据集。安全监测中，需要应对大量安全事件数据，这就需要在充斥大量安全事件的数据中，进行对紧急安全事件数据的及时处理，以发挥信息安全监测的应急作用。对这类情况，在行业信息资源云服务安全监测中应加强重视。

在云环境下的行业信息资源安全监测的实施中，需要对安全事件进行有序化处理，对此可针对信息安全保障等级和事件影响进行排序。在处置中，结合安全监测场景进行组织，避免有重大安全影响的数据因得不到及时处理而造成损失。行业信息资源云安全监测，需要确定安全监测的等级排序。对于安全监测而言，安全监测数据的处理效率直接关系到安全监测响应，对此可以采取相应的对策：其一，对汇集的安全监测数据进行同步过滤，然后汇总处理；其二，生成行业信息资源云信息安全监测核心数据集，同时从对应的信息安全监测区域调集监测数据。

在信息安全监测中，通过获取行业信息资源云安全监测数据，可以明确安全事件流，继而通过对安全事件流的分析，进行云环境下的行业信息资源安全预警。对于简单预警，采用基于事件警报的直接映射方式，这种预警结构的复杂度相对较低；对于告示方式的预警，采用事件的关联评估方式，其结构的复杂程度相对较高。无论采用何种方式进行预警，都需要通过审查，在技术实现上利用关联规则和数据处理算法来完成。在安全监测和预警中，对于安全事件生成安全影响关联分析，完成从初始事件到态势感知的转变展示。在实现流程上，行业信息资源云安全监控如图 9-11 所示。①

如图 9-11 所示，行业信息资源云安全监控在安全监测、预警组织层面和安全监测数据处理、分析层面上进行。在安全监测、预警中，针对监测事件进行数据采集、过滤、警报，形成初步分析基础上的态势感知；与此同时，进行基于初始事件和影响的预警、告示和行动指引。在安全监测数据处理、分析中，进行水平层次上的分析评估、监测数据的分析和序化、分析结果的置信水平确认和按事件结构的监测事件展示。这一流程的有序性决定了应用环节上的

---

① ［美］Winkler J R. 云计算安全［M］. 刘戈舟，杨泽明，等，译. 北京：机械工业出版社，2012：154-155.

安排。

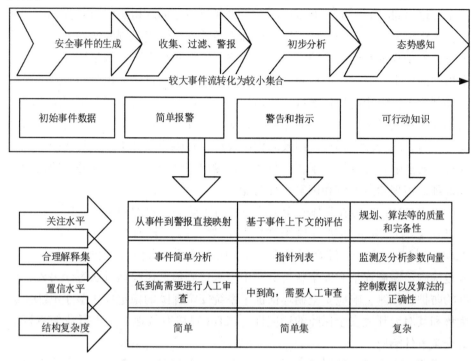

图 9-11　行业信息资源云安全监控

9.4.2　云计算环境下行业信息资源安全响应

行业信息资源安全应急响应，旨在应对突发的外部攻击、内外安全事故和系统运行灾害等，按事故的影响可区分为不同的响应级别。在应急响应机制和预案基础上，行业信息资源安全应急响应具有运作有序的特点。在实现上，行业信息资源云安全应急响应，在行业系统云信息安全监测的基础上进行。在应急响应上，安全应急响应与安全监测是实现行业信息资源与服务安全控制的两个重要方面。这说明，云计算环境下行业信息资源安全响应在行业信息资源安全控制的框架下，通过信息资源云服务安全监测反映行业信息资源的安全状态，在系统警示的情况下进行应对，从而将行业信息资源云安全风险控制在允许的范围内，以实现行业信息安全控制目标。

在系统安全预警响应和安全事件处置中，P2DR 安全模型具有适应性。在安全防护中，该模型已成功应用于医疗、金融等领域的安全应急响应，体现了

293

模型的拓展性。P2DR 模型是关于动态网络安全体系的模型之一，其组成包括安全策略(Policy)、防护(Protection)、监测(Detection)和响应(Response)。其中：策略定义网络系统监控周期，在确立系统安全恢复机制的前提下，明确系统总体安全规划和网络访问安全控制策略；安全防护主要是修复控制、预防安全事件的发生，通过定期检测发现系统的脆弱性，通过访问控制和监测手段防治外部攻击，采用防护技术进行数据加密、身份控制、授权和专用网防火墙安全扫描与数据备份。安全监测作为动态响应和安全防护的依据，通过持续监控发现威胁和脆弱性，通过反馈及时作出反应，在响应事件中形成与防护系统的互补。安全响应的作用在于，一旦系统检测出入侵或发出安全预警，即启动事件处理，实现紧急响应和恢复系统功能。

由于 P2DR 模型在整体安全策略下进行了防护、检测和响应的构架，特别是以安全响应为主导进行检测和防护部署，因而具有应用上的完整性。[①] P2DR 的优势还在于，综合利用防火墙、操作系统、身份认证和加密技术，在入侵检测、漏洞评估和安全状态监测中力求达到最低风险运行状态。另外，模型的防护、检测、响应安全循环保证了系统安全保障的稳定性。鉴于 P2DR 的优势和其对云环境安全保障的适应性，P2DR 可以有效地应用于行业信息资源云安全事件响应。

借鉴 P2DR 安全模型，云环境下行业信息资源安全应急响应，实际上可视为整体安全防护上的一个关键环节。因此，可将行业信息资源云安全应急响应分解为前期安全预警、中期同步安全响应和后期安全防护。响应前的监测在云环境下针对行业信息资源安全控制进行，需要进行规则上的处理；为了能够快速响应并处理安全事故，需要针对数据丢失与泄露、不安全 API 等不同安全事故制定应急预案；安全事件应急响应中，基于行业信息资源安全监测数据，在明确安全问题的前提下进行应对，从而将安全损失降到最低；响应后的处理要及时修复行业信息资源安全漏洞，加强行业信息资源与服务安全防护，降低同类安全事故的发生概率。

行业信息资源云安全响应过程中，除自动识别和处理外，仍然需要人员的介入，通过人员参与强化安全响应意识，进行信息安全控制方案的优化。因此，行业信息资源云安全应急响应需要对相关人员进行管理，提升其专业素质的同时提升应急安全响应的水平，以应对行业信息资源与服务安全事故的动态

① 冯毅. 基于 P2DR 模型的网银安全体系方案设计[J]. 中国科技信息，2011(14)：104-105.

发生。

行业信息资源云安全响应模式与云服务模式直接相关，这就需要进行安全响应的分类组织。行业信息机构和云服务提供商在不同模式下承担的任务，决定了各自的安全响应责任。在 IaaS 和 PaaS 模式下，相应的应用程序和服务的信任边界都在行业信息资源服务机构和云服务提供商协议中确定，因此云服务提供商和行业信息服务机构应做好各自的应急响应准备。对云计算环境下，对服务过程中的漏洞或攻击，应采取安全责任管理措施进行控制。不同服务模式下的行业信息服务机构和云服务商的安全事件响应责任，如表 9-2 所示。

表 9-2　行业信息资源服务机构和云服务提供商的安全监测和事件响应责任

责任	服务模式		
	IaaS	PaaS	SaaS
安全监测	行业信息资源服务机构负责：监测网络接口；监测主机入侵安全事件；监测虚拟机、应用程序、存储安全事件	①行业信息资源服务机构负责：监测对应用程序的入侵行为②云服务提供商负责：监测共享网络、系统、基础设施、应用程序等	行业信息资源服务机构负责：监测对网络、系统、应用程序和数据库的入侵
事件响应	行业信息资源服务机构负责：对虚拟服务器上的事件和数据破坏进行响应；对入侵事件发出通知	①行业信息资源服务机构负责：通知受影响的行业信息资源用户；通过取证对应用程序进行补救，对事件进行响应②云服务提供商负责：通知行业信息资源服务机构入侵行为或损害结果	①行业信息资源服务机构：通知受影响的信息资源用户，与云服务提供商合作采取补救措施②云服务提供商：通知用户相关入侵行为或损害结果

如表 9-2 所示，行业信息服务机构和云服务商的安全监测与响应责任具有不同的结构。IaaS 模式下的信息安全监测和安全响应原则上由行业信息服务机构负责，这是因为 IaaS 仅限于提供基础设施即服务，而行业信息资源机构直接管控服务业务。PaaS 的平台即服务和 SaaS 的软件即服务模式，由行业信息

机构与云服务商协议决定其安全监测与响应责任。

9.4.3 云计算环境下行业信息资源安全合规审计与风险管理

云环境下的行业信息资源协同服务的组织具有外包形式上的与云服务商的业务合作关系，除云服务安全认证和协议管理外，合规审计是其中的必需环节。从总体上看，合规审计在传统的外包服务中是必不可少的，鉴于云服务提供商和行业信息资源服务机构所面临的安全威胁以及安全控制挑战，需要进行协同合规审计和安全保障。云环境下行业信息安全合规审计主要包含政策、法律层面的合规审计和服务组织与实施上的合规审计。从信息服务业务关系上看，合规审计的目的在于明确法律法规、标准和规范，在程序化管理和过程实施中满足安全规范要求。与此同时，进行服务安全监测程序和过程的有效性审计。

行业信息服务合规性要求，其作用在于对有关各方安全和云安全与资源安全进行合理的安排和控制。在公共云环境下，该要求应用于公共云产品，必须成熟和遵守标准；为了全面满足云合规性要求，公共云供应商必须与机构用户签署符合标准的规范合同协议。

在云安全标准的基础上建立标准化审计框架，以法规与准则进行云信托协议、评估控制等方面的专项审计。

基于服务等级协议在云安全保障中的约束力，进行云供应商的协议执行和业务合规审计，为避免云服务业务的中断，应有相应的约束条件。

通过合规审计支持安全目标的有效实现，在行业信息云服务中应注重云供应商的合作安全，以保障安全目标的全面实现。

对于云服务提供商而言，要通过安全审计提高服务水准和安全保障能力。按相应的 IT 流程控制需求，依据合规原则对内、外部安全进行统一的处理，以提高协同审计效率并满足多组合的合规性要求。审计中，合规管理 KPMG 确立了合规审计的实现机制，通过合规管理控制，进行合规评估，强化合规管理基础上的优化组合，继而实现审计流程的标准化。[①] 在 KPMG 的基础上，云服务提供商和行业信息资源服务机构在服务协同中，可便捷地进行协同服务安全审计。

---

① 操作风险管理及与内控、合规管理的有机结合[EB/OL].[2016-03-20]. http://wenku. bai-du. com/link? url = b9vUGQ2PqlCQqFYeSb99WkONRhzGoARajVMbRIkTlSdsIzuR3FJiundiy9YdUQMWEocmHTGxYoTsTQAj3crjkH1Kx8tcKY0zhbMTRgbUfcu.

GRC 云合规关键内容包括风险评估合规、关键控制合规、监测报告合规、持续改进合规、风险评估合规和系统服务合规。① 其中，云合规所包括的合规风险评估，决定了云服务商和信息资源服务机构的合规监测以及安全风险的合规控制。其中，风险评估的合规要求需要在安全保障中予以确认。合规监测的目的在于将关键控制的监测结果应用于安全审计；同时，行业信息资源服务机构可以通过合规报告，确认与云服务商的安全协同状态，从而实现服务安全目标。

云环境下的行业信息资源安全风险控制在合规审计的基础上进行，其风险控制机制由行业信息资源服务机构和云服务提供商协同实现。与 IT 构架下的信息服务组织不同，行业信息资源云服务的数据所有权归属于行业信息服务机构或开放存取的用户，而数据管理权限却在云服务方。数据所有权和管理权的分离导致数据管理和使用上的风险。2013 年，云安全联盟（CSA）将云安全威胁归纳为数据泄露、损坏、外部攻击、不安全接口、技术漏洞、服务滥用和审计不充分等方面。这些方面的问题引发了信息资源云服务组织和利用上的风险。从安全管理角度看，行业信息资源云服务风险主要包括以下方面：

①运行管理风险。行业信息资源服务链节点上的硬件、软件供应商的协同安全保障，应有明确的安全责任认定和安全管理规则上的约束，同时需要各方面的配合，以保证节点安全和服务环节的安全。在运行管理中，需要面对外部环境的不确定性和合规管控上各环节进行监控，以适时响应不确定性引发的安全事故风险。

②安全监管风险。云环境下行业信息资源安全机制已发生深刻变化，如果沿用 IT 环境下的安全模型进行风险控制和监管，往往会因为安全边界的模糊和多方参与安全保障监督的多元化而失效。这就需要在开放环境下，根据多元化安全监管需求和基于安全链的服务组织需求进行安全监管合规性认证，同时强化等级保护基础上的安全监管原则，实现 IT 监管模式向开放云模式监督转变。

③合规审计风险。行业信息资源云服务安全审计涉及面广，其合规审计包括服务链节点协议审计、各方安全责任认定、安全评测和安全运行审计等。审计的客观性和完整性直接关系到云服务安全保障的全面实施，审计中的风险控制旨在消除各方面的不确定因素的影响，进行合规审计标准的认定，在安全协

① Brandis K, et al. Governance, Risk, and Compliance in Cloud Scenarios [J]. Applied Sciences-Basel, 2019, 9(2).

议框架和可信云服务认证的基础上进行。

④安全响应风险。对安全事故的及时与合理响应是行业信息资源云服务安全保障中的一个重要环节，安全响应风险包括安全预案风险、安全响应实施风险、安全事故监测风险和系统安全恢复风险。安全响应风险管控不仅涉及技术层面的问题，而且需要管理上的保障，主要包括安全响应的规范、标准和权限管理等。

⑤控制权风险。云环境下行业信息资源跨系统服务融合和协同，导致了安全控制权的分散，多元主体的控制往往导致机制控制权的削弱。协同控制主要通过协议方式进行，难以从全局上及时应对来自客户端、服务器和网络的安全威胁。面对这一现实，需要确立权限管理和控制机制，防治有可能出现的身份混乱影响。

针对以上情况，在行业信息资源云服务安全风险管理中，应强化标准化建设。根据全国信息安全标准化委员会云计算标准工作组明确的云安全框架、云安全技术、云安全服务和云安全管理要求，按《信息安全技术云计算服务能力要求》和《信息安全技术云计算服务安全指南》进行安全风险管理。在组织实施上，从安全风险控制和安全环境治理两个层面进行人员责任管理、风险控制和风险控制评估，以保证行业信息资源服务系统的安全运行。

结　语

"互联网+"背景下企业运行模式已发生深刻的变化，在大数据、智能化与云环境下的行业信息服务跨系统组织中，资源层面上的跨系统共建共享向内容层面上的数据集成转变已成为一种必然的趋势。在行业信息服务组织中，需要实现面向产业链的行业信息服务融合组织目标，进行基于产业链和创新价值链的跨行业、部门和系统的变革。在大数据智能技术条件下，行业信息资源服务的拓展，以及行业信息服务面向用户的嵌入已成为必然的战略选择。在这一背景下，数字制造、智能物流和企业信息化的深层发展，提出了面向企业服务融合的新问题。面向全球化中的创新发展需要，本书从企业运行机制、发展模式、产业关系和价值链关联关系出发，进行行业信息资源跨系统融合服务构架，在面向产业链和创新价值链的服务组织中，进行信息组织形态、作用机制和服务体制演化分析，开放服务和全球化环境下，在体系构建、技术支持、资源组织和服务融合实施中形成了相对完整的体系。

行业信息资源服务融合，有别于 IT 环境下的服务资源整合，其基点：一是进行产业链和创新价值链的关联，将行业信息系统间的服务融合，推进到与服务企业创新的信息系统融合，从而实现网状融合服务目标；二是进行基于云数字平台的服务组织构架，实现云服务向行业和企业的融入，继而确立面向企业的服务结构；三是将行业信息资源服务与安全保障作为一个整体对象，构建面向产业链的一体化信息安全保障体系。与此同时，在服务实现中，确立面向企业服务嵌入的创新发展方式，明确"互联网+"深入发展中应进一步关注和解决的关键问题。

本书以企业创新价值链为基础，在行业信息服务与"互联网+"的深度结合中，提出了行业信息服务嵌入企业供应、生产及创新产业集群的融合理论，对于跨系统、跨行业部门的创新需求满足具有重要的现实意义。其研究：一是在行业信息服务融合中将行业信息资源整合与服务嵌入创新价值链之中，为产业链创新提供支持；二是在服务协同基础上的信息融合中，形成信息服务融合实现方案，为产业集群中的行业创新发展应用提供支持；三是在"互联网+"环境下对行业信息服务融合安全保障与服务体制的安全评估进行规范，旨在为行业信息服务融合的深层拓展提供保障。

　　值得指出的是，面向产业链的跨行业信息服务融合，随着数字智能技术的发展和新一代互联网的产生，其内容、形式和组织方式将不断发生新的变化，基于行业信息融合平台的智能化服务嵌入和"互联网+"企业运行的数字化保障实现等，有待进一步拓展。因此，后续的相关实践与研究将进一步深化。

参 考 文 献

1. Bell G G, Zaheer A. Geography, Networks, and Knowledge Flow [J]. Organization Science, 2007, 18(6): 955-972.

2. Bernstein P A, Haas L M. Information Integration in the Enterprise [J]. Communications of the ACM, 2008, 51(9): 72-79.

3. Halbert L. Collaborative and Collective: Reflexive Co-ordination and the Dynamics of Open Innovation in the Digital Industry Clusters of the Paris Region [J]. Urban Studies, 2012, 49(11): 2357-2376.

4. Patel A, Seyfi A, Taghavi M, et al. A Comparative Study of Agile, Component-based, Aspect-oriented and Mash Up Software Development Methods [J]. Technical Gazete, 2012, 19(1): 175-189.

5. Casanueva C, Castro I, Galan J L. Information Networks and Innovation in Mature Industrial Clusters [J]. Journal of Business Research, 2013, 66(5): 603-613.

6. 胡昌平, 张晶. 面向产业链的跨行业信息服务协同组织 [J]. 情报杂志, 2013, 32(4): 166-170, 182.

7. Hsu P F, Ray S, Li-Hsieh Y Y. Examining Cloud Computing Adoption Intention, Pricing Mechanism, and Deployment [J]. International Journal of Information Management, 2014, 34(4): 474-488.

8. 张公一, 郗玉娟, 李渝. 面向产业集群的信息资源集成服务平台功能设计 [J]. 图书情报工作, 2015, 59(23): 130-136.

9. 严炜炜, 张敏. 面向科研协同的跨系统技术创新信息服务融合平台构建 [J]. 科技进步与对策, 2017, 34(2): 32-37.

10. Hoyer V, Stanoevska-Slabeva K, Vom Brocke J. On the Contribution of Reference Modeling for Organizing Enterprise Mashup Evironments [C]//

Business Process Management Workshops, 2010：695-706.

11. Fujiwara I, Aida K, Ono I. Combinatorial Auction-based Marketplace Mechanism for Cloud Service Reservation[J]. Ieice Transactions On Information And Systems, 2012, 95(1)：192-204.

12. Bianchini D, De Antonellis V, Melchiori M. A Linked Data Perspective for Collaboration in Mashup Development[C]// 2013 24th International Workshop on Database and Expert Systems Applications, Los Alamitos, CA, 2013：128-132.

13. Choi C R, Jeong H Y. Quality Evaluation and Best Service Choice for Cloud Computing Based on User Preference and Weights of Attributes Using the Analytic Network Process[J]. Electronic Commerce Research, 2014, 14(3)：245-270.

14. Smirnov A, Levashova T, Shilov N. Patterns for Context-based Knowledge Fusion in Decision Support Systems [J]. Information Fusion, 2015 (21)：114-129.

15. Wang G, Han Y, Zhang Z, Zhang S. A Dataflow-pattern-based Recommendation Framework for Data Service Mashup [J]. IEEE Transactions on Services Computing, 2015, 8(6)：889-902.

16. Huang G, Ma Y, Liu X, Luo Y, Lu X, Blake M B. Model-based Automated Navigation and Composition of Complex Service Mashups[J]. IEEE Transactions on Services Computing, 2015, 8(3)：494-506.

17. Deng S, Wu H, Taheri J, Zomaya A Y, Wu Z. Cost Performance Driven Service Mashup: A Developer Perspective [J]. IEEE Transactions on Parallel and Distributed Systems, 2018, 27(8)：2234-2247.

18. Cayirci E, De Oliveira A S. Modelling Trust and Risk for Cloud Services[J]. Journal of Cloud computing, 2018, 7(1)：7-14.

19. Malki A, Benslimane S M, Malki M. Towards Rank-aware Data Mashups[J]. International Journal of Web Services Research (IJWSR), 2020, 17 (4)：1-14.

20. 朱英明. 论产业集群的创新优势[J]. 中国软科学, 2003(7)：107-111.

21. 高长元, 杜鹏. 高技术虚拟产业集群成员企业合作竞争与知识创新关系研究[J]. 管理学报, 2010, 7(2)：212-217.

22. 胡昌平, 等. 创新型国家的信息服务与保障体系研究[M]. 北京. 学习出版社，2013.

23. Kwon L N, Choi K S, Kim J S, et al. A study on Semantic Web Design for Global National R&D Status Analysis[J]. Cluster Computing, 2013, 17(3): 791-804.

24. 刘建准，姜波. 现代信息服务业区域发展集成一体化模式研究——基于信息生态理论视角[J]. 现代情报, 2016, 36(12): 19-23.

25. 严炜炜，张敏. 面向创新集群的跨系统信息服务融合推进——以光电子信息产业为例[J]. 情报理论与实践, 2016, 39(3): 113-117.

26. Wang L, Xue Y, Guang J. Customization of Remote Sensing Workflow Service Based on Ontology[C]//IEEE International Geoscience and Remote Sensing Symposium(IGARSS), 2016.

27. Wang X V, Wang L H. A Cloud-based Production System for Information and Service Integration: An Internet of Things Case Study on Waste Electronics[J]. Enterprise Information Systems, 2017(11): 952-968.

28. Vesyropoulos N, Georgiadis C K, Katsaros P. Ensuring Business and Service Requirements in Enterprise Mashups[J]. Information Systems and E-business Management, 2018, 16(1): 205-242.

29. 李春旺，肖伟. 集成融汇：概念、模式与应用[J]. 现代图书情报技术, 2008(12): 22-26.

30. 刘芳，李春旺，王昉. Mashup 组件技术研究[J]. 现代图书情报技术, 2009(12): 7-11.

31. 徐赐军，李爱平. 基于本体的融合知识测度分析[J]. 控制与决策, 2014, 29(9): 1649-1654.

32. 孟健，张李义. 一种基于 REST 服务和 Mashup 的分布式商品信息集成模型[J]. 现代图书情报技术, 2010(1): 15-21.

33. 翟晓娟. 运用 SOA 构建促进复用的图书馆采访微服务模型[J]. 情报资料工作, 2011, 32(1): 55-60.

34. 严玲. 组织协同导向下的企业信息服务融合模式选择[J]. 情报科学, 2012, 30(10): 1497-1501.

35. 蒋黎黎，梁坤，叶爽. 基于粒度计算理论的知识融合模型研究[J]. 计算机应用研究. 2012(10): 3698-3700.

36. 张斌，马费成. 大数据环境下数字信息资源服务创新[J]. 情报理论与实践, 2014, 37(6): 28-33.

37. 王桂玲，曹波，张赛，耿美珍，张峰. 一个用户主导的情景数据集成应用构造环境[J]. 计算机科学，2014，41(9)：96-100.

38. 严炜炜，胡昌平. 面向创新集群的跨系统信息服务融合需求与推进研究[J]. 情报资料工作，2015，36(3)：63-67.

39. Yan W, Deng S, Zhang Y. Factors Influencing the Intention to Use Information Service Mashups：An Empirical Study of Digital Libraries in China[J]. Electronic Library，2016，34(4)：696-716.

40. Mayer S, Verborgh R, Kovatsch M, Mattern F. Smart Configuration of Smart Environments[J]. IEEE Transactions on Automation Science and Engineering，2016，13(3)：1247-1255.

41. Zhang F, Chen B, Liu C. Web Service Instant Recommendation for Sustainable Service Mashup[J]. Sustainability，2020，12(20)：8563.

42. 胡昌平，等. 信息服务与用户[M]. 武汉：武汉大学出版社，2014.

43. 刘捷先，张晨. 公共服务平台下虚拟联盟成员选择机制及联盟企业间协同制造问题研究[J]. 中国管理科学，2020，28(2)：126-135.

44. [美]尼葛洛庞帝. 数字化生存[M]. 胡泳，范海燕，译. 海口：海南出版社，1997.

45. 国务院关于积极推进"互联网+"行动的指导意见[J]. 中华人民共和国国务院公报，2015(20)：11-23.

46. 唐明伟，蒋勋. 数字图书馆异构性成因分析及对策研究[J]. 图书情报研究，2015，8(3)：77-81，26.

47. 王凯. 企业集群创新系统缺陷与集群政策构建[J]. 科技管理研究，2009，29(5)：462-464.

48. 刘友金，叶文忠. 集群创新网络与区域国际竞争力[M]. 北京：中国经济出版社，2011.

49. Keene C. Five Free Mashup Tools You Should Know About[EB/OL]. [2013-08-27]. http://web2.syscon.com/node/955886.

50. 张晓林. 从数字图书馆到 E-Knowledge 机制[J]. 中国图书馆学报，2005(4)：5-10.

51. 饶扬德，等. 创新协同与企业可持续成长[M]. 北京：科学出版社，2012.

52. Dong F, Li W. Research on the Coupling Coordination Degree of "Upstream-midstream-downstream" of China's Wind Power Industry Chain[J]. Journal of Cleaner Production，2020：1-13.

53. Bergiel B J, Bergiel E B, Balsmeier P W. Nature of Virtual Teams: A Summary of Their Advantages and Disadvantages [J]. Management Research News, 2013, 31(2): 99-110.

54. 田小平. 天津滨海新区电子信息产业集群发展的动力机制分析[J]. 企业活力, 2010(8): 10-14.

55. 胡潜, 黄丽姿. 信息服务的融合技术实现研究综述[J]. 数字图书馆论坛, 2018(11): 19-25.

56. Bassiliades N, Symeonidis M, Gouvas P, et al. PaaSport Semantic Model: An Ontology for a Platform-as-a-Service Semantically Interoperable Marketplace[J]. Data & Knowledge Engineering, 2018(1): 81-115.

57. 董欣, 杨皎平, 李庆满. 异质性团队离心力、向心力与创新绩效: 以共享领导为调节变量[J]. 科技进步与对策, 2015, 32(12): 144-150.

58. 马艳, 张峰. 利益补偿与我国社会利益关系的协调发展[J]. 社会科学研究, 2008(4): 34-38.

59. 胡昌平, 谷斌, 贾君枝. 组织管理创新战略——国家可持续发展中的图书情报事业战略分析(5)[J]. 中国图书馆学报, 2005, 31(6): 14-17.

60. Sunercan H K, Alpdemir M N, Cicekli N K. A Systematic Approach to the Integration of Overlapping Partitions in Service-oriented Data Grids[J]. Future Generation Computer Systems—The International Journal of Escience, 2011, 27 (6): 667-680.

61. 胡潜. 信息资源整合与服务集成中的权益保障[J]. 情报科学, 2008(8): 1236-1239.

62. Lu X, Mori K. Autonomous Coordination Technology for Correlated Services Access to Achieve High Assurance in Seamless Information Integration System [C]// Proceedings of the IASTED International Conference on Parallel and Distributed Computing and Networks, 2008.

63. Deepak A C. Intersections Between Engaged Learning, Social Capital, and Information and Communication Technologies in Social Work Education [J]. Sswr, 2015.

64. 黎建辉, 沈志宏, 孟小峰. 科学大数据管理: 概念, 技术与系统[J]. 计算机研究与发展, 2017, 54(2): 235-247.

65. 胡昌平, 等. 国家创新发展中的信息服务跨系统协同组织[M]. 武汉: 武汉大学出版社, 2017.

66. Hofer B. Geospatial Cyberinfrastructure and Geoprocessing Web — A Review of Commonalities and Differences of E-Science Approaches［J］. International Journal of Geo-information，2013，2（3）：749-765.

67. 曹鹏. 数字学术资源云服务安全保障［D］. 武汉：武汉大学，2016.

68. 东方. 基于 OpenURL 和关联数据的图书馆资源整合新模式［J］. 新世纪图书馆，2013（9）：61-64.

69. 张晓林. 元数据研究与应用［M］. 北京：北京图书馆出版社，2002.

70. 张付志，刘明业，等. 数字图书馆互操作综述［J］. 情报学报，2004，23（2）：191-197.

71. 王思丽，马建玲，王楠，李慧佳，张秀秀. 开放知识资源登记系统集成关联数据的方法及试验研究［J］. 情报理论与实践，2016，39（2）：124-128.

72. Chianese A，Fasolino A R，Moscato V，et al. A Novel Approach for Semantic Interoperability in the Web Based on the Semantic Triangle Communication Model［J］. International Journal of Software Engineering & Knowledge Engineering，2011，21（7）：1037-1073.

73. 焦玉英，李进华. 论网格技术及其信息服务的机制［J］. 情报学报，2004，23（2）：225-230.

74. 张继东. 基于 WSMO 的数字图书馆语义网格服务动态组合框架研究［J］. 图书情报工作，2012，56（17）：109-114.

75. Skillen K，Chen L，et al. Ontological User Modelling and Semantic Rule-based Reasoning for Personalisation of Help-on-Demand Services in Pervasive Environments［J］. Future Generation Computer Systems，2014，34：97-109.

76. 许芳，徐国虎. 基于 SOA 理论的服务供应链模型构建框架研究［J］. 物流工程与管理，2011，33（3）：74-76.

77. 胡媛，胡昌平. 面向用户的跨系统协同信息服务平台构建与定制服务推进［J］. 信息资源管理学报，2013（2）：29-35.

78. 康瑛石，郑子军. 大数据整合机制与信息共享服务实现［J］. 电信科学，2014，30（12）：97-102.

79. Perera D. Military Won't Commit to Single Cloud Computing Architecture，Say Panelists［EB/OL］.［2016-01-12］. Fierce Government IT：The Government IT New Briefing. http://www.fiercegovernmentit.com/st-ory/military-wont-commit-single-cloud-computing-architecturesaypanel-ists/2011-05-17？utm _ medium = nl&utm_source=internal#ixzz1RQqkS8Na（2011）.

80. 李军，王翔. 云数据中心网络安全的新挑战［J］. 保密科学技术，2013（8）：6-11，1.

81. Jimson E R, Nisar K, Hijazi M H A. The State of the Art of Software Defined Networking（SDN）Issues in Current Network Architecture and a Solution for Network Management Using the SDN［J］. International Journal of Technology Diffusion, 2019. 10（3）：33-48.

82. Piggy Bank—SIMILE［EB/OL］.［2011-03-09］. http://simile.mit.edu/Pi-ggy _Bank.

83. Housingmaps 的集成融汇服务［EB/OL］.［2011-03-09］. http://www. housingma-ps.com/.

84. iSpecies［EB/OL］.［2011-03-09］. http://ispecies.org/？q＝Leo&submit＝Go.

85. Ort E, Brydon S, Basler M. Mashup Styles, Part1：Server-Side Mashups ［EB/OL］.［2011-03-09］. https://www. oracle. com/technicalresources/ articles/javaee/server-side-mashups.html.

86. 李峰，李春旺. Mashup 关键技术研究［J］. 现代图书情报技术，2009（1）：44-49.

87. Ort E, Brydon S, Basler M. Mashup Styles, Part 2：Client-Side Mashups ［EB/OL］.［2011-03-09］. https://www. oracle. com/technicalresour-ces/ articles/javaee/server-side-mashups.html.

88. OCLC Research Software Contest［EB/OL］.［2011-03-09］. http://www.oc-lc.org/.

89. Repository Maps［EB/OL］.［2011-03-09］. http://maps.repository66.org/.

90. Butler D. Mashups Mix Data into Global Service［J］. Nature, 2006（439）：6-7.

91. Belleau F, Nolin M, Tourigny N, et al. Bio2RDF：Towards a Mashup to Build Bioinformatics Knowledge Systems［J］. Journal of Biomedical Informatics, 2008, 41（5）：706-716.

92. Liu X, Hui Y, Sun W, Liang H. Towards Service Composition Based on Mashup［C］// IEEE Congress on Services. IEEE, 2007：332-339.

93. 夏立新. 新时代社科情报学研究的新挑战、新举措［J］. 情报资料工作，2020，41（4）：5-10.

94. 韩敏，段彦忠. 融合可信性评价的 Web 服务组合 QoS 优化［J］. 控制与决策，2020，35（8）：1859-1865.

95. 鲁城华，寇纪淞. 基于多目标多属性决策的大规模 Web 服务组合 QoS 优化 [J]. 管理学报，2018，15（4）：586-597.

96. 李倩. 证券期货行业的信息系统安全等级评测[J]. 电子产品可靠性与环境试验，2013，31（1）：54-58.

97. 瞿成雄. 跨系统知识创新信息保障平台构建与服务组织研究[D]. 武汉：武汉大学，2012.

98. Gartner：企业应建立高水平云计算安全基线［EB/OL］．［2016-03-20］．http://zhuanti.cww.net.cn/tech/html/2013/4/24/20134242029317705.htm.

99. 美国标准与技术研究院特别出版物 800-53 版本 3［EB/OL］．［2016-03-06］．http://dx.doi.org/10.6028/NIST.SP.800-53r4.

100. 周亚超，左晓栋. 网络安全审查体系下的云基线[J]. 信息安全与通信保密，2014（8）：44-46.

101. 何明，沈军. 云计算安全测评体系研究［J］. 电信科学，2014（Z2）：98-102.

102. 可信云服务认证标准和评估方法［EB/OL］．［2016-03-20］．http://www.china-stor.com/yunjisuan/0429151C2015.html.

103. NIST Special Publication 800-37 Revision 1，Guide for Applying the Risk Management Framework to Federal Information Systems，A Security Life Cycle Approach［EB/OL］．［2016-03-20］．http://dx.doi.org/10.6028/N-IST.SP.800-37r1.

104. ［美］Winkler J R. 云计算安全[M]. 刘戈舟，杨泽明，等，译. 北京：机械工业出版社，2012.

105. 冯毅. 基于 P2DR 模型的网银安全体系方案设计［J］. 中国科技信息，2011（14）：104-105.

106. 操作风险管理及与内控、合规管理的有机结合［EB/OL］．［2016-03-20］．http://wenku.baidu.com/link? url = b9vUGQ2PqlCQqFYeSb99WkONRhzGoARajVMbRIkTlSdsIzuR3FJiundiy9YdUQMWEocmHTGxYoTsTQAj3crjkH1Kx8tcKY0zhbMTRgbUfcu.

107. Brandis K, et al. Governance，Risk，and Compliance in Cloud Scenarios[J]. Applied Sciences-Basel，2019，9（2）.

108. 张维冲，王芳，赵洪. 多源信息融合用于新兴技术发展趋势识别——以区块链为例[J]. 情报学报. 2019，38（11）：1166-1176.

109. 霍国庆，姜威. 我国新能源汽车产业链与其纵向整合的特点研究［J］. 现代管理科学，2016(9)：12-14.

110. 宋新平，陈梦梦，申彦，刘昊来. 大数据下基于多源信息融合的企业竞争对手评价模型研究[J]. 情报理论与实践，2020，43(2)：60-65.

111. 朱学芳，丁笑舒，江莹. 面向 LAM 数字资源融合服务需求分析及主题可视化展示研究[J]. 情报科学，2020，38(5)：20-26.

112. 潘泉，胡玉梅，兰华，等. 信息融合理论研究进展：基于变分贝叶斯的联合优化[J]. 自动化学报. 2019，45(7)：1207-1223.

113. 化柏林. 多源信息融合方法研究[J]. 情报理论与实践，2013，36(11)：16-19.

114. 贾君枝. 面向数据网络的信息组织演变发展[J]. 中国图书馆学报，2019，45(5)：51-60.

115. 刘志忠，王勇，贺毅辉，彭辉. 服务组合中面向端到端用户 QoS 需求的QoS 聚合机制研究[J]. 计算机科学，2013，40(06A)：19-21，26.

116. 朱庆华，吴琼，郭雨辰，左美云. 养老服务数据融合需求分析和框架设计[J]. 文献与数据学报，2020，2(3)：3-16.

117. 宛玲，马守军，霍艳花. 数字信息服务中个人信息保护研究框架[J]. 情报理论与实践，2016，39(8)：18-21，11.

118. 徐志强. 数据新闻与地方旅游公共信息服务融合创新研究——以河南省为例[J]. 决策探索(下)，2020(9)：17-18.

119. 胡昌平，邓胜利. 数字化信息服务[M]. 武汉：武汉大学出版社，2012.

120. 叶翠. 数字时代出版机构与图书馆知识服务融合研究[D]. 武汉：武汉大学，2017.

121. 柳洲. "互联网+"与产业集群互联网化升级研究[J]. 科学学与科学技术管理，2015，36(8)：73-82.

122. 革家象，刘子豪，许斌. 基于 Mashup 和服务语义的可组合服务推荐[J]. 小型微型计算机系统，2015，36(11)：2434-2438.

123. 冯志勇，陈世展，王辉，梁其烜. 基于语义关系的服务计算支持工具[J]. 计算机科学，2014，41(9)：67-70，87.

124. 胡乐明. 产业链与创新链融合发展的意义与路径[J]. 人民论坛，2020(31)：72-75.

125. 胡慧源. 新版权环境下中国数字音乐产业链整合模式研究[J]. 中国出版，2017(11)：57-60.

126. 朱向雷，赵帅，张鲁. 大数据驱动下的汽车产业链数据整合研究[J]. 汽车工业研究，2016(1)：4-11.

127. 吴敏. 全产业链的嵌入与耦合：数字出版融合发展策略[J]. 现代视听，2020(2)：74-77.

128. 严炜炜，张敏. 面向创新集群的跨系统信息服务融合推进——以光电子信息产业为例 [J]. 情报理论与实践，2016，39(3)：113-117.

129. 张宇，任福兵，周霜菊，张莲萍. 融合信息设计的情报研究服务模式与实现路径研究[J]. 现代情报，2018，38(7)：42-46.

130. 韩玺，孙霄凌，张玥，等. 图书馆移动视觉搜索服务现状、障碍与对策研究[J]. 图书馆，2018(7)：91-96.

131. 周源，董放，刘宇飞. 融合新兴领域知识融合过程研究——以生物信息领域为例[J]. 图书情报工作，2019，63(8)：127-134.